银行经营逻辑

欧阳卫民　著

人民出版社

自　序

　　逻辑是研究理念自在自为的科学。银行经营逻辑是研究银行经营理念自在自为亦即理所当然的学问。"著作家特别是哲学家的任务是发现真理，阐述真理，传播真理和正确的概念。"(《法哲学原理·序言》)

　　凡是合乎理性的东西都是现实的，凡是现实的东西都是合乎理性的。银行已有数百年历史，一些想法和做法完全地或部分地消失了，因为其内在合理性和外在适应性完全地或部分地消失了。现存的银行一言一行、一举一动或多或少具有时代性、合理性与适应性。但是，银行经营理念无论对错均须经过实践检验：无理，迟早成为过去；有理，终将变为现实。不符合逻辑的东西、不符合理性的东西终将被革除。唯有真理永恒，唯有变化不变。

　　每个人都是文化和时代的产儿，银行家也不例外。特殊论、精英论是错误的。银行必须为国家政治经济服务，为实体经济服务并从中获取利息等合法收入。达人达己，互惠互利。不存在纯粹的、超越时空的、完全自我的银行家和银行理论，银行家身上都带有文化（法律规章、体制机制、道德伦理等）的胎记、时代的烙印。

　　实践与认知的关系是辩证的、相辅相成的。银行经营逻辑是在实践过程中形成和完善的，反过来又指导新的实践。所谓理念哲学"总是来得太迟"的说法没有根据。

黑格尔讲:"自由是意志的根本规定,正如重量是物体的根本规定一样。……自由的东西就是意志。意志而没有自由,只是一句空话。"(《法哲学原理·抽象法》)每一间银行都有自己的经营目标和方向、定位和定性、职责和职能,一句话,都需要伴随经营自主权。离开这一点,银行经营逻辑将被阻断或打乱。监管权与经营权必须清晰界定。代理人理性存在如何在所有权缺失、经营权不足情形下维持是个大课题。知而行是真知,行而知是真行。逻辑是知行合一。

2019 年 10 月—2023 年 2 月,我有幸担任国家开发银行行长。其间,我一直在思考和践行银行经营内在逻辑,探索和运用银行经营规律,尽可能不辜负组织的期望和员工的期盼。可以说,这本书是我这三年学习思考的结晶,经营管理的心得。古人云:聚沙成塔,集腋成裘。吾人日思夜悟亦能积句成书也。希望这本书能给读者某些启迪,得到业界学界一些肯定。同时,不对之处也请诸位批评指正!

本书得以出版,要特别感谢人民出版社,感谢曹春同志。出版社的严谨和曹春同志的认真给我留下了深刻的印象。

欧阳卫民

二〇二三年五月一日于北京

目 录

第一章
货币·资本·银行

关键词：货币　资本　银行

第一节　货币

　　提要：货币是一个形而上概念。"价值尺度"是货币的核心意义，是货币的本质和基本功能，是灵魂。货币资本总是与利息连在一起，而财富总是与折旧连在一起。货币是天生的革命家。货币作为激进的平均主义者把一切差别都消灭了。货币的德性源于其特性。货币是有效需求的标识。货币不仅是致富欲望的一个对象，而且是致富欲望的唯一对象。货币与资本在商品世界是一对互逆操作。钱本身没有干净、肮脏之分，但获取它的方式、方法有。追求商品使用价值抑或价值（货币）是古代经济与近代经济的主要区别。成为世界货币是主权货币的梦想。Bitcoin、Ether、BNB、Luna等都是骗人的把戏。到底需要多少货币？货币需求理论见仁见智，但基本逻辑大致相同。商品货币平衡是一条规律。货币信贷政策有用但不是灵丹妙药。广义货币增速应略高于GDP增速。要始终遏制恶性通货膨胀。钱在穷人和富人那里功能和印象不一样。稳定币值既是中央银行的天职，也是银行系统的共同责任。

货币是一个形而上概念。形而上学从 13 世纪起被用作哲学术语，旨在研究超经验的东西，例如灵魂、意志、自由等。货币也是一个形而上概念。然而，货币史特别是钱币史却把它当作某些具体物件，例如，贝壳、金银铜纸、银行卡等，并且建了许多货币"衣冠冢"（钱币博物馆），进一步强化了货币的形体。事实上货币是价值量、价值尺度，是商品世界唯一的神，是不同使用价值的共同价值。它看不见、摸不着但又确实存在！"金钱流出去，流得无影无踪了。"（莫泊桑：《一生》）货币像安拉存在伊斯兰信徒心中一样存在商品生产者和交易者的心中。博物馆展示的"货币"不是真正的货币，就像寺庙里的塑像、教堂里的雕刻不是佛和上帝本身一样，它们是货币曾经穿戴过的旧衣服、旧面罩，是价值数字，由于 IT 技术的突飞猛进而恢复原型，无须再借助于任何物质呈现。它就是价值量，它本来就是价值量，它一直是价值量，现在在银行不同账户上记录和变更即可实现商品和劳务交易，实现财富贮藏、转移。货币历史上私铸滥发、变造伪造、印制销毁等问题一去不复返。当然，黑客、网络骗子等新的问题又冒出来了。

货币的本质是价值量（价值数字）。许多人没弄懂货币的本质即价值符号、价值量（价值数字），炒什么"数字货币"。过去没有 IT 技术，这个数字不得不借用金银铜纸等外衣表示；现在技术上没问题了，所以，货币还原了，形神统一了。炒作，只能表明炒作者外行或别有用心（骗人）。世界货币地位取决于发钞国的实力，而其他货币最终都以它（例如美元）为准。这也是美联储一旦上调或下调联邦基准利率时，为了保持汇率稳定大多数国家不得不跟着上调或下调利率的原因。

货币的"真身"是财富数字或价值量。历史上，充当货币的材料多种多样，货币出现的形式也是多种多样。但是，货币的"真身"——财富数字或价值量是一贯的、连续的、普遍的、唯一的。今天所谓的数字货币是货币形式与实质的高度统一。这完全得益于科技进步，特别是计算机技术的出现、互联网的应用和远程通信的发达、移动智能手机的使用。在此之前，所有的货币都披上了外衣，戴上了面具，隐去了真身，乃至形成货币物像崇拜和财神幻觉。可以说，完成货币数字化靠的是技术，而推动货币数字化是一个漫长的历史过程。从称量货币到铸币，从法定足值铸币到事实不足值铸币，从事实不足值铸币到纸币，从纸币到银行账户数字……这些是货币数字化道路上出现的几座里程碑。其中，由于流通自然损耗出现的新旧相克、私铸滥铸导致的劣币驱逐良币、人为刮取诈伪等行为客观上助推了货币数字化进程，古人为此伤透脑筋，很多人利益受到损害！

货币的意义。"价值尺度"是货币的核心意义，是货币的本质和基本功能，是灵魂。流通手段和贮藏手段都是从这个意义衍生出来的。作为流通手段，货币是为商品交易服务的。货币流通速度与货币需求量成反比；作为贮藏手段，货币是为财富积累服务的。财富余额与货币需求量成正比。作为贮藏手段的货币量远比作为流通手段的货币量多。货币资本总是与利息连在一起，而财富总是与折旧连在一起。这一增（利息率）一减（折旧率）会造成货币与财富缺口。这个缺口只能用通胀来解决。缺口大小与通胀率高低正相关。或者说正常情况下：通胀率＝资金加权平均利率＋实物加权平均折旧率。

货币是天生的革命家。恩格斯在论封建制度瓦解和民族国家产生时肯定了货币在其中的作用。他说："在 15 世纪末，货币已经把封建制度破坏和从内部侵蚀到何等程度，从西欧在这一时期被黄金热所迷这一点看得很清楚……它们通过货币，已经在一定程度上使封建主在社会方面甚至有的地方在政治方面从属于自己；甚至在农村中，在农业由于特别有利的条件而得到发展的地方，旧的封建桎梏在货币的影响下也开始松动了。"① 货币是价值的最高形式和唯一形式，具有同质性，因此与差异、等级等互不相容。"货币作为激进的平均主义者把一切差别都消灭了。"② 货币是流通手段、支付手段，具有广泛适应性，因此与土地束缚、职业固化、组织管制等对立。货币的革命性是天生的，什么时候发挥这种天性，取决于时机，具体来说取决于商品经济的发达程度。历史上，一切保守势力、反动派、伪君子都嘲讽、蔑视、诅咒、压制货币权力。马克思在《政治经济学批判》中就货币的革命性有过极其深刻的论述："没有任何绝对的价值，因为对货币来说，价值本身是相对的。没有任何东西是不可让渡的，因为一切东西都可以为换取货币而让渡。没有任何东西是高尚的、神圣的等等，因为一切东西都可以通过货币而占有。"③ 随着货币最后获胜，一个不同的时代——资本主义时代出现了。

货币的有用与无用。按照马克思的说法，古代的著作家虽然只能看到金属流通的现象，但已经把金铸币理解为象征和价值符号，即货币作为铸币的使用价值，只是从它的职能本身得来的，而不是从它本身所固有的使用价值得来的。马克思引用了亚里士多德一段话："货币似乎是一种虚空的东西，不是天然的，而是法定的，因此，它处于流通之外就毫无价值，对任何需要都没有用处。"由此扯出货币的用途。一些贪官在忏悔书中写道："要那么多钱有什么用呢？分文未花，毫无用途，除了给自己定罪量刑！"钱在流通之外毫无价值，只有使用才有价值，这是问题的一方面。另一方面，货币作为价值

---

① 《马克思恩格斯全集》第 28 卷，人民出版社 2018 年版，第 231—232 页。
② 《马克思恩格斯全集》第 42 卷，人民出版社 2016 年版，第 116—117 页。
③ 《马克思恩格斯全集》第 31 卷，人民出版社 1998 年版，第 252 页。

贮藏手段，随时可以进入流通满足需要，贪得无厌和惩戒的原因都在这里。

货币的数量与价值。无论货币是有形的，如金属、铸币、纸币，还是无形的，如一组数字。只要货币总量非经济增长，即超过财富的价值总量，单位货币就会贬值，物价就会上涨，这叫货币数量论。马克思对他以前的货币数量论有过高度概括："（关于价格决定于流通手段量的学说，最初是洛克提出的，1711 年 10 月 19 日的《旁观者》复述了这一学说，休谟和孟德斯鸠把它发展了并作了优雅的表述；李嘉图在它的基础上从形式上把它推到了极端，劳埃德、托伦斯上校等人则把这一学说连同它所有的荒谬之处实际应用于银行业等等。）斯图亚特反对这一学说，而且他的阐述实质上几乎预示了后来博赞克特、图克和威尔逊所主张的一切。"① 在这里，马克思讲的是西方的情形，他并不否定包括中国在内的东方国家类似观点的存在。

货币的形与神。在物物交换的情形下，交换的是使用价值。但是，双方心中有杆秤，社会有杆秤，从而决定交换的比例。这杆秤即价值尺度，马克思所说的社会劳动量。它是习惯的、公认的，同时是无形的、形神分离的。货币出现以后，特别是称量货币，神形合一，名实一致。铸币出现后，货币形神逐步分离。马克思分析说：外国货币流入、财富增长、君主伪造等，是历史上有决定意义的原因。纸币出现后，与铸币形重于神不同，货币作为价值符号的特点进一步凸显，神重于形了。如果需要进一步发展马克思主义货币学说的话，货币因为信息技术（计算机和互联网、数据安全和电子防伪技术等）运用而回归本真，即形灭神不灭状态。

---

① 《马克思恩格斯全集》第 31 卷，人民出版社 1998 年版，第 185—186 页。

货币自定与国定。 货币作为商品生产和交易的结晶是自然的，有着自身的流通规律。同时，货币发行、规制、防伪、管理等又是人为的、法定的。历史上始终存在两派。自定论者强调货币流通规律，要求维护币值的稳定。相反，国定论者强调主观能动，为聚敛、搜刮民财，弥补赤字辩解。用马克思的话说："法学家早在经济学家以前，就宣扬货币是单纯符号、贵金属价值纯属想象的观念；这些法学家这样做是为了向王权献媚，他们在整个中世纪时期，一直以罗马帝国的传统和《学说汇纂》中的货币概念，作为国王伪造铸币的权利的依据。"[①]

货币的特性与德性。 货币的德性源于其特性，而所有的特性都可以从正、反两面引导。例如，货币作为一般等价物，作为支付手段，让社会变得更开放、自由、活跃。而另一方面，政府的管理难度明显增大，贫富更加悬殊，分配不公和掠夺更方便和隐蔽。再如，"货币难道不是一切纽带的纽带吗？……它难道不也是普遍的离间手段吗？"马克思说："货币的力量多大，我的力量就多大。货币的特性就是我的——货币占有者的——特性和本质力量。因此，我是什么和我能够做什么，决不是由我的个人特征决定的。"[②] 货币是神，因此持有者也是神。但神有善、恶之分，一念之差。

货币是有效需求的标识。 人们对需求有不同的划分方法。马克思以货币为基础对有效需求和无效需求进行了划分："以货币为基础的有效需求和以我的需要、我的激情、我的愿望等等为基础的无效需求之间的差别，是存在和思维之间的差别，是只在我心中存在的观念和那作为现实对象在我之外对我而存在的观念之间的差别。"[③] 简言

---

① 《资本论》第 1 卷，人民出版社 2004 年版，第 110 页。

② 《马克思恩格斯全集》第 3 卷，人民出版社 2002 年版，第 361—362 页。

③ 马克思：《1844 年经济学哲学手稿》，人民出版社 2018 年版，第 140—141 页。

之，有钱需求才有效，无钱只是想想罢了。

货币拜物教。恩格斯在《家庭、私有制和国家的起源》中，对货币拜物教有一段精彩论述："这种商品以隐蔽的方式包含着其他一切商品，它是可以任意变为任何值得向往和被向往的东西的魔法手段。谁有了它，谁就统治了生产世界……一切商品，从而一切商品生产者，都应该毕恭毕敬地匍匐在货币面前。"① 货币拜物教就是这么产生的。用马克思的话说："货币不仅是致富欲望的一个对象，并且是致富欲望的唯一对象。"②"货币，因为具有购买一切东西、占有一切对象的特性，所以是最突出的对象。货币的这种特性的普遍性是货币的本质的万能；所以它被当成万能之物。货币是需要和对象之间、人的生活和生活资料之间的牵线人。"③ 君子不器，货币成了真正的君子，受到普遍的欢迎、追捧乃至于崇拜。

计算货币。《资本论》第一卷讲："每当需要把一物当做价值，从而用货币形式来确定时，货币就充当计算货币。"④ 马克思在注中引用了阿泰纳奥斯《学者们的宴会》中一段对话进一步解释："有人问阿那卡雪斯，为什么希腊人要用货币？他回答说，为了计算。"然而，"野蛮人"总是把现在的价值同过去的价值相比较，过去的价值对他们来说是标准，并且只是继续存在于他们想象中。"一方面竭力把价值尺度当作固定的价值抓住不放，另一方面却机智地通过迂回的途径避免受到损害。"⑤ 事实上，现代人也是这样，特别是老年人。作为买

---

① 《马克思恩格斯选集》第 4 卷，人民出版社 2012 年版，第 183 页。
② 《马克思恩格斯全集》第 31 卷，人民出版社 1998 年版，第 526 页。
③ 《马克思恩格斯全集》第 42 卷，人民出版社 1979 年版，第 150 页。
④ 《马克思恩格斯全集》第 43 卷，人民出版社 2016 年版，第 95 页。
⑤ 《马克思恩格斯全集》第 31 卷，人民出版社 1998 年版，第 206 页。

方，他们忘不掉过去的物价，竭力把价值尺度当作固定的价值抓住不放。作为卖方，他们适应并利用新的物价，避免自己受损。所以，货币、物价给年长者的印象是深刻的、持久的、复杂的，而给新生代的印象是自然的、合理的、天生的，就像姥姥天生是老太太一样自然合理。

货币贮藏哲学。有个叫贺雷希的西方人，写了一首讽刺诗：

> 买来弦琴置一旁，不爱音乐不弹唱。
> 不做鞋匠买刀剪，不去航海买帆桨。
> 世间若有这等人，谁不说他是疯狂？
> 今有人焉攫黄金，黄金到手即埋藏。
> 平生不敢动铢两，试问此人狂不狂？

钱是用来"用"（消费）的，不是用来存的。马克思说他完全不懂货币储藏的哲学。那么，马克思的货币贮藏哲学又有哪些主要观点呢？（1）贮藏手段是货币主要功能之一，货币是抽象财富，有了它，可以满足一切需要。（2）货币贮藏者将禁欲主义与勤劳相结合，在宗教上他就实际成了新教徒，尤其是清教徒，为资本主义经济提供了原动力。（3）金银制的商品实际上不过是贮藏货币的美学形式。（4）窖藏货币被侵略者从一国迅速移到他国，以及它的一部分突然涌入流通的现象，是古代经济的特点。（5）产品作为商品的性质越是不发达，交换价值控制生产的整个广度和深度越是小，货币就越是表现为真正的财富，表现为抽象的财富，而同财富在使用价值上所具有的有限形式相对立。货币贮藏就是建立在后者上面的。（6）货币贮藏是资本主义经济中总生产机构的附属职能。（7）早在古代人那里，国家的货币贮藏就被看作主要是提供国际支付手段的后备基金，看作歉收时应急的等价物和作战时补贴的来源。

货币与资本在商品世界是一对互逆操作。货币的主要功能是价值尺度和流通手段，为商品生产和交易服务。没有商品生产和交易，就没有货币。货币是中性的、平等的、一般的交易工具；资本与货币不同，本质上是一种经济关系，即以占有雇佣劳动创造的剩余价值为目的的人剥削人的关系。没有雇佣劳动剥削，就没有资本。但两者又有联系，正像加（减）法与乘（除）法、次方与开方、求导与积分等是一对对互逆操作一样，货币与资本在商品世界（市场经济）是一对互逆操作，即货币可以变成资本，而资本可以还原为货币。这种互逆操作是商品经济周而复始、生生不息的原因，也是其内在逻辑和必然要求。如果不可逆，即相当于不可导、不连续，经济危机必然爆发！

货币有肮脏和干净之分吗？早有人说，货币没有臭味。马克思也讲过，在货币身上看不出任何差异，即看不出它是什么商品换来的，如何取得的。总之，钱没有肮脏与干净之分。可是，洗钱与反洗钱的必然逻辑是：存在赃钱！英文叫 dirty money 或者 dodgy money，中文叫臭钱、不义之财等。这是怎么回事？《论语》讲："君子爱财，取之有道。"又讲："富与贵，是人之所欲也，不以其道得之，不处也；贫与贱，是人之所恶也，不以其道得之，不去也。君子去仁，恶乎成名？君子无终食之间违仁，造次必于是，颠沛必于是。"可见，钱本身没有干净、肮脏之分，但获取它的方式、方法有，即是否符合法律和公德，违法或违反公序良俗赚的钱就是人们说的"赃钱""臭钱"。不过，仅此而已。一旦追缴、没收这些钱，现金或一组数字，从犯人或缺德者门下、账上转移到国库，赃也不见了，臭也不闻了。是故泉币者，无色无味也！

追求商品使用价值抑或价值（货币）是古代经济与近代经济的主要区别。按照马克思的说法，亚里士多德把 W—G—W 看作合乎自然的和合理的，而把 G—W—G 斥之为违反自然的和不适宜的。前者为买而卖，目的是使用价值；后者为卖而买，目的是价值本身。可以想象，典当、钱庄、票号、银行等赤裸裸的 G—G′，在古代思想家、政治家、一般民众的心目中多么反自然和不适宜，偏见之深，至今还影响某些人。

金银货币贬值和长期使用的原因。历史上，金银作为货币也可能贬值、替换、重新铸造，但却长期使用，这是为什么呢？马克思在《政治经济学批判》中做了很好的解释："要求金银作为独立化的交换价值、作为直接存在的货币具有固定不变的价值量，这是金银所办不到的。在这里，金银作为特殊商品的性质同它们作为货币的职能发生冲突。不过，正像亚里士多德已经指出的，金银同其他商品的平均情况比较起来，还是具有比较稳定的价值量。"① 简言之，理论上，价值尺度是不能变的，但实际上，只能退而求其次，即求价值相对稳定的金银。

货币的梦想。成为世界货币是主权货币的梦想，其利益与好处是多重的、巨大的。本币成为世界货币意味着：（1）从金融角度来看，世界实现了"大同"和统一；（2）本国中央银行事实上成了世界中央银行，向全世界征收铸币税，让全世界消化其多余的货币；（3）在货币政策上（主要是利率和汇率政策）权衡利弊，作出有利于本国的宏观金融调控，甚至给他国酿造金融危机，为富不仁；（4）廉价商品大量涌入，超发货币却未必导致相应通胀，美国是典型；（5）将世

---

① 《马克思恩格斯全集》第 31 卷，人民出版社 1998 年版，第 345 页。

界经济牢牢捆绑在本国经济战车上，纵横捭阖，让他国欲罢不能。总之，本币成为世界货币意义重大。银行在从事国际信贷业务过程中，一定要积极主动营销本币，促进本币国际化。

Bitcoin、Ether、BNB、Luna 等都是骗人的把戏。历史证明，货币只能由国家或共同经济体发行，Bitcoin、Ether、BNB、Luna 等试图由私人部门发行，是开历史倒车，不可能成功。

理论证明，多种货币同时流通，只有一种货币能充当价值尺度、价值标杆和价值参照物。Bitcoin 等网上交易工具本身与其他任何商品一样，价格由美元标示、折算，其升值或者贬值皆由美元计量。所以，它不是一种真正的、广泛认可的货币。充其量像预付卡或赌场筹码，在一定范围内发挥货币的替代作用。说它能独善其身，抵御通胀和黑客攻击，纯属无稽之谈。①

实践证明，所谓数字货币是一个悖论，货币从来就是价值符号，是体现价值量、表达价值的一组数字。与商品具有质的区别不同，货币只有量的差异。过去因为技术落后，这种符号、量上的差异、数字以某种实物来表示，例如贵金属、防伪纸等。随着 IT 技术在金融领域应用，货币的形式与内容、形与神完全统一了，即银行账户上的数字及其变更完全可以表明财富及其增减情况。微信支付的、银行转账的，就是典型的数字货币、真正的数字货币。此外，不存在别的什么神乎其神、稀奇古怪的数字货币。难怪有人说：NFTs and Crypto are 100% based on greater fool theory. 有人把 Bitcoin 比作 rat poison，不是吗？比特币价格腰斩不知道害死了多少天真而又愚蠢的"老鼠"！2022 年 9 月，韩国一家法院对加密货币生态系统 Terraform Labs 的创始人、加密货币 Luna 的主要开发商权道亨（Do Kwon）发出了逮捕

---

① 参见 "Why does Bitcoin keep crashing"，*Time*，Jun 13，2022。

令，他创办的稳定币 Terra USD（UST）2022 年 5 月的价格狂泻引发了一场全球加密货币崩溃，令投资者损失惨重。Luna 跌 37.89%。首尔地方法院对 Do Kwon 和另外五人发出了逮捕令，该逮捕令与违反资本市场规则有关。由于持有者的继续抛售，稳定币 Terra 的价格跌至不足 10 美分，正在快速偏离其预期挂钩的 1 美元。Terra 崩盘动摇了人们对数字资产行业的信心，该行业迄今尚未收复大部分损失。Terra是一种旨在保持与美元一对一挂钩的算法稳定币。与由现金和资产支持以维持价值的稳定币（如 Tether 和 USD Coin）不同，算法稳定币没有资产支持，而是通过与另一种加密货币的套利关系来维持价值。如果其价格低于 1 美元，交易者可以将这种货币兑换成加密货币 Luna，通过减少供应来提高 Terra 的价格。相反，如果 Terra 价格超过 1 美元，交易员可以将 Luna 兑换成 Terra，以保证 Terra 与 1 美元挂钩。然而，这种设计存在巨大风险，算法稳定币依赖交易员把价格推回 1 美元，如果交易员不愿意购买，这种货币就会陷入"死亡旋涡"。Terra的崩盘引发了韩国和美国监管机构的调查，以及全球范围内对稳定币的新一轮监管审查。美国财政部长耶伦曾表示，Terra 的崩盘再次体现了稳定币的风险，要进一步加强稳定币的监管，并尽快立法规范。美国金融稳定监督委员会（FSOC）表达了对加密货币行业未来可能损害货币网络的担忧。欧盟委员会正在考虑对稳定币的广泛使用进行严格限制，要求在每日交易量超过 100 万时停止发行稳定币。等等。

官方研究部门有人定义数字人民币说："数字人民币是人民银行发行的数字形式的法定货币，具有价值特征。价值特征是理解数字人民币法律属性的基础，使其与实物人民币一样，具有物权属性，适用'占有即所有'规则，并通过币串交付完成所有权转移，实现支付和结算的同步完成。"也有权威人士指出："中国发展 DC 的重要考虑之一是强调零售支付系统的现代化"，"DC／EP 项目计划可能包含着若干种可以尝试并推广的支付产品，这些产品最后起的名字是

e-CNY"。①

事实上，中国人民银行当今发放的再贷款、再贴现，开展的回购业务等，商业银行开展的转账等电子银行业务以及支付机构客户智能手机支付都符合这个定义，因此都是数字人民币，都具有产权属性和结算最终性。这个"数字"不是一般意义上的数字，它是银行账户上的数字，代表一定的价值量和所有权，具有法律效应，是社会公认的抽象财富数字，等同现金及其支付效应，不可随意更改，包括银行系统在内无权单方面变动。世界各国中央银行一直在货币数字化道路上踔厉奋发，货币自身也随着科技进步一直在顺其自然地数字化并且占比越来越高，相应的变化是现金印制和使用比例持续下降。有诗为证：

价值多少货币知，金银铜纸皆外衣。

如今还原财富数，信息技术功第一。

货币的"毒性"与金融"二性"（政治性、民族性）。 2022 年俄乌冲突期间，俄罗斯央行希望国有企业弃用不友好国家的"有毒"货币。俄罗斯央行希望政府下令国有企业将所持外币兑换为没有对俄罗斯实施制裁的国家的货币，认为持有不友好国家货币的企业将"有毒"货币兑换为其他货币是合理的。俄罗斯央行表示，俄罗斯面临经济结构转型、经济现代化、实现技术主权和国际经济关系重新定位的庞大任务，银行系统必须通过积极参与经济发展融资来回应这些挑战。俄央行还表示，可能需要额外的举措，来促使所有的非金融机构将所持"有毒"货币兑换为俄罗斯所认为的"不友好"国家以外的货币。

众所周知，货币由各国中央银行垄断发行，是市场上法定的价值尺度、流通（支付）手段、贮藏手段，更是该国中央政府签发的通

---

① 中国人民银行数字人民币研发工作组：《中国数字人民币的研发进展》，2021 年 7 月。

用债务凭证。一旦流向国际市场或为国外政府、企业、居民所拥有，即构成该国"外汇""外汇储备""世界货币"。发钞国不但坐享铸币税，还能影响甚至操纵持有国金融市场。国际关系正常情况下，外汇是国际贸易和投资的自然结果，按照重商主义者的观点，多多益善。然而，一旦双方交恶，交易结算便弃用之，或如俄罗斯央行做法，鼓励乃至于要求美元、欧元持有者兑换成友好国家货币，则属斗争策略的一部分，体现了货币的政治性和民族性，势必造成发钞国货币声誉损失和流通市场收缩，增加发钞国通胀预期和压力。应该说，俄乌冲突期间，俄罗斯中央银行十分老练，卢布令和兑换令充分体现了俄罗斯金融系统战时的智慧和力量！

到底需要多少货币？货币需求理论见仁见智，但基本逻辑大致相同。

第一，马克思货币流通理论（货币必要量公式），$M=PQ/V$。式中，M 表示执行流通手段职能的货币量；PQ 表示商品价格总额；V 表示同名货币的流通速度。

第二，费雪方程式（现金交易说、货币数量论），$MV=PT$。式中，M 表示一定时期内流通中的货币平均量；V 表示货币的流通速度；P 表示平均价格水平；T 表示商品和劳务的交易总量。由于所有商品和劳务的交易总量资料不易获得，而且人们关注的重点往往是国民收入，所以上述交易方程式通常被写成 $MV=PY$，表示以不变价格计算的一年中生产的最终产品和劳务的总价值亦即实际国民收入。

第三，剑桥方程式（现金余额说），$Md=kPY$。式中，Md 表示名义货币需求；P 表示价格水平；Y 表示总收入；PY 表示名义总收入；k 表示以货币形式拥有的财富占名义总收入的比例。

第四，凯恩斯货币需求理论（流动性偏好论）。（1）三大动机。交易动机：是指人们为了日常交易的方便，而在手头保留一部分货币的动机。交易动机的货币需求和收入水平成正比。预防动机：又称谨慎动机，是指人们为了应付未来未曾预料到的支付而需要保留一部分货币的动机。预防动机的货币需求和收入水平成正比。投机动机：是指人们根据对市场利率变化的预测，需要持有货币以便满足从中投机获利的动机。投机动机的货币需求和利率成反比（市场利率与债券市场价格成反比）。（2）凯恩斯的货币需求函数 $M/P=M1+M2=L1（Y）+L2（r）$。式中，M1 为消费性货币需求，是收入 Y 的增函数；M2 为投机性货币需求，是利率 r 的减函数。凯恩斯认为利率是影响货币需求的重要因素。

第五，弗里德曼货币需求理论，$Md/P=f（YP，w；rm，rb，re，1/P \cdot dp/dt；u）$。式中，Md/P 表示实际货币需求；YP 表示恒常收入，也称恒久性收入或持久性收入；w 表示非人力财富占总财富的比；rm 表示货币的预期收益率；rb 表示固定收益证券（如债券）收益率；re 表示非固定收益证券（如股票）收益率；1/P \cdot dp/dt 表示预期物价变动率；u 表示其他随机因素。弗里德曼认为在货币需求函数中起重要作用的只有持久性收入。

如此等等，不一而足。

事实上，实际工作部门操作很简单：根据市场 CPI 升降（一般都是升，升多升少罢了）情况，运用"三大法宝"（存款准备金、再贷款、公开市场操作），调控（收缩或扩张）货币供求，实现物价即币值相对稳定。上述理论和计算公式既繁杂又难以操作，有理论价值而无实际意义；变量多且快，追求所谓最适货币，犹如夸父追日、精卫填海，既无可能也无必要。

水和面。水多加面，面多加水，面包越做越大。如果把水比作货币资本，面比作实体经济需要，那么，所谓货币政策、货币调控就是一个水多加面、面多加水的过程。"最适"当然最好，但可遇不可求。

经济像面包,在水和面轮流"加"的过程中越做越大!

重商主义与金银饥渴症。重商主义信奉金银本位,即一个国家拥有的黄金和白银的数量是该国财富与权力的象征。这种观念让 15 世纪的欧洲患上"金银饥渴症",政府到处寻找金银,时间长达 500 年之久。[①] 在这里,财富、荣耀、货币、欲望,是同一个东西。

中央银行货币政策通过普通银行传导和实施。维持币值基本(相对而不是绝对)稳定是中央银行的基本职责,也是货币调控的主要目标及货币政策的核心内容。在这里,他们遵循的是商品货币平衡规律,使用的是货币数量和 / 或价格工具,比如存款准备金比率,属于数量工具。隔夜拆借利率、再贷款利率、再贴现率是价格工具。公开市场操作是量价合用工具。作为中央银行的交易对手,普通银行充当了货币政策传导和实施的通道。

商品货币平衡是一条规律。如果物价不变,CPI 为 0,则商品与货币在量上保持平衡。如果量上不能平衡,商品或货币过多 / 少,则物价必变,在价格上保持平衡。物价变化,是商品货币平衡规律的表现和作用结果。所以,货币当局只能做事后诸葛亮,即根据物价目标调控货币供应量。

杀敌一千,自损八百。"杀敌一千,自损八百。"这句话据说是从《孙子兵法》的谋攻引申出来的,意谓硬干只会两败俱伤。美国特朗普政府挑起贸易摩擦,舞起关税棒,害人害己。拜登政府萧规曹

---

① [美] 杰瑞·马克汉姆:《美国金融史(第一卷):从克里斯托弗·哥伦布到强盗大亨(1492—1900)》,高佳译,中国金融出版社 2018 年版,第 4 页。

随，知错不改，以至于联邦通胀一天比一天高，高到最近 40 年美国物价之最。美元一路走来，为了价值稳定，让货币环境松紧适度，先盯黄金，后盯通胀、盯 CPI。现在看来，美国政府折腾，CPI 也控制不住了，日子难过的还是普通民众。

货币市场参与者的资格是神圣的崇高的，而身份是变幻的。金融市场包括货币市场大多采取会员制，对会员的要求和门槛设置总的比较高，目的是防止那些披着羊皮的狼混入羊圈，这是市场最基本的考虑。但是，参与者身份不同，代表的风险和门槛又有所区别。比如，投资者身份代表的风险低于筹资者，或者说筹资者进入市场的门槛应高于投资者。

货币信贷政策有用但不是灵丹妙药。干一行爱一行是可以理解的，但片面夸大自己的工作是有问题的。本·伯南克很清醒："正如我在领导美联储时经常说的那样，货币政策不是灵丹妙药，但它很重要，而且非常重要。"[①]这句话也可以引申为：货币信贷政策很重要，但不是灵丹妙药。金融服务具有反作用，但经济仍然决定金融而不是相反。事实证明，货币信贷工具用过了头，通货膨胀和社会不满就在旁边等着。

货币是如何被"票"下神坛的？货币自其诞生之日起就为人们所追逐和钟爱，乃至于人们像崇拜万能的神一样崇拜它。然而，计划经济时代、物资短缺年代，它被粮票、布票、油票、自行车票、电视机票等五花八门的"票"请下了神坛，被剥夺了"购买资格"。作为支付手段，它必须携手或借助"票"才能完成。货币处境是前所未有

---

① ［美］本·伯南克：《21 世纪货币政策》，冯毅译，中信出版社 2022 年版，"前言"。

的屈辱、从属和悲哀，它的形象猥琐而扭曲。这着实让鲁褒、莎士比亚等人扼腕兴嗟，一脸蒙圈。

通胀：商品与货币的作用。通胀是一种货币现象，但货币不是通胀的唯一原因。商品和劳务短缺也可以导致通货膨胀。在商品和劳务链条中，从低端到中端、高端，从原料到半成品、产品，从必需品到日用品、奢侈品，通胀边际效能是递减的。换句话说，原料、必需品价格上涨对 CPI 作用更明显、更深远、更直接。

增长与通胀。经济增长与通货膨胀有四种组合：一是高增长，高通胀；二是高增长，低通胀；三是低增长，低通胀；四是低增长，高通胀。四种情形只有高增长，低通胀，是理想的组合，表明财富增长的速度超过 M2 增长速度，货币和信贷政策是有力的、有效的，发展质量是高的、可持续的。

通胀演变。任何国家和地区，任何时期商品的价格和货币的价值都不是一成不变的。全球低通胀环境可以发生变化，例如，从最初主要经济体超常规刺激政策导致的需求拉动型通胀，到随后供给短缺、需求拉动、成本推动相互叠加的复合型通胀，都是可能的。工资与物价相互作用、螺旋形上升，高债务、高股价、高通胀等"三高"在个别发达经济体中，同疫情失控、遏制成瘾一样，变成了现实。

广义货币增速实际上应略高于 GDP 增速。广义货币 M2 由现金、活期存款、定期存款构成。它的增速应略高于 GDP 增速，体现货币的先导作用，即生产要素黏合剂、财富催化器功能。但是，又不宜过高。否则，容易导致通货膨胀。历史经验表明，CPI 控制在 2% 以下为宜。

通货膨胀与铸币贬值。铸币贬值是古代金属货币流通时代通货膨胀的一种形式。或以次充好（劣币驱逐良币，成色上做文章），或以一当十（新币代替旧币，重量上做手脚），总之，投入更少的金属材料，铸造名义价值等同或更高的货币。大盗窃国，小盗窃钩，政府每次钱法变更差不多都会伴随民间盗铸。例如，宋朝方勺《泊宅编》卷二载："崇宁更钱法，以一当十，小民嗜利，亡命犯法者纷纷，或捕得数大缶。"可见，朝野都在货币不断虚化过程中逐利揩油！

要坚决遏制恶性通货膨胀。温和通货膨胀，比如，CPI<2%，人们是能够接受的，并且有利于生产要素的黏合和财富的催化。而恶性通货膨胀，人们不能接受，它将人们辛辛苦苦积攒的财富一夜间化为乌有，影响人们正常生活，加剧社会动荡。谴责恶性通货膨胀的文字，古今中外很多。我能说什么呢？我只能想起君特·格拉斯的小说《铁皮鼓》最后一段文字：

> 一直在我背后的厨娘真黑。
> 如今她迎面朝我走来，真黑。
> 言词，大衣里子往外翻，真黑。
> 用黑市通货付款，真黑……

通货数量与价值。最适货币供应量，理论上说是有的，实际也是存在的，但人们却只能通过 CPI 事后察觉和感知：CPI 上升，通货膨胀，货币多了，钱不值钱；CPI 下降，通货紧缩，货币少了，钱值钱。要事先确定或计算"最适"货币供应量，既没必要，也不可能，因为可变因素太多。实践证明，没有事前"最适"，只有事后"差不多"，即人们普遍接受的 CPI。在金属货币时代，由于货币材料供应一时短缺，紧缩的可能性是有的，较纸币、电子货币、数字货币时代概率大得多。纸币出现以后，紧缩很容易化解，因此，出现的概率极小。相反，通胀成了大概率事件。对此，学者见仁见智，莫衷一是。或谓通胀引发的不理性力量造成混乱，宽松的货币政策最终损害人类自由，高能货币必须由一种极独特的资产组成，正像 1914 年前的金本位那样。或谓刺激经济，非他不可；或谓温和（2% 以下）则可，恶性必防。我赞成温和通胀，基于货币具有要素先导引领和黏合功能，具有财富生成催化功能；基于价值和欲望的无限性与消费的有限性两者矛盾，需要调动市场主体的积极性、主动性和创造性，从而为社会创造更多的财富或使用价值。

通胀是如何输出的。通胀输出主要通过汇率升降。谁能操纵汇率呢？是发达经济体。发达经济体如何操纵呢？通过国内基准利率升降，影响本币价格从而影响本币与外币的兑换比率。比如，美元降息放水刺激经济到一定时候突然转向，人为提高利率，其他国家货币即应声贬值，商品和投资纷纷涌入美国。这一举措在稳定美元国内价值的同时启动并加剧了其他国家通胀；过一段时间，美联储又故技重演，降息放水，开始新一轮通胀输出，收割其他国家财富。这就是美联储的秘密和可怕之处。他们的确不在乎谁做总统，他们只在乎谁控制世界货币发行和利率汇率。明白这一点后，应对办法就相对简单了，即不能被美联储带节奏，牵着鼻子走。要实行有管理的浮动汇率制度和有管理的资本项下放开。所谓有管理，即秉持"于我有利、于人无损"原则，汇率随着双方经济实力和购买力变动而变动，把控波动幅度，严控资本项下收放。通俗地说，美元让人民币贬，人民币不能贬；美元让人民币升，人民币不能升；美元希望回流和涌入，不能牛栏关猫、听之任之。这样做，美国一定会生气，贼喊捉贼般指责你操纵汇率，但恰恰说明，你做对了：维护了本国利益，没有上他们的当。

金钱的意义。金钱的意义和价值完全取决于金钱存在的情境假设。动用，它是有意义的；不动用，它是无意义的，比如，陪葬用的钱有什么意义呢？没有。需要，它是有价值的；不需要，它是无价值的，比如，黑死病暴发期间，富人需要的是健康而不是更多的金钱，因此感染的富人愿意给仆人支付异常高的报酬。即使从经济学角度分析，如果没有商品生产和交易，金钱也是没有意义和价值的。货币因商品生产和交易而诞生，也因它而具有意义和价值。一切仇恨金钱的空想主义者，一定厌恶商品生产和交易，反对在利他中利己，痛恨等价交换原则，因此潜意识里充满着严格的封建等级思想和以自我为中心的彻头彻尾的利己主义。

钱在穷人和富人那里功能和印象不一样。钱在穷人那里，像神一样供奉着，充当贮藏手段以备不时之需，用作支付手段购买生活必需品，像老年人步履蹒跚周转慢，像一篮准备吃的鸡蛋，像被通胀利刃千刀万剐的犯人，总之，像货币；钱在富人那里，充当价值尺度，代表抽象财富，像年轻人活力四射行动快，像鸡群鸭群生生不息，是赛过通胀的长跑冠军，总之，像资本。钱的命运与其主人的命运是完全一致的，它们互为因果。在穷人那儿，钱是目的，人服从钱；在富人那儿，钱是工具，钱服从人。

土地与货币。自然经济与商品经济显著区别之一是对财富的定义。财富对封建贵族而言主要是土地。而对商业社会的人而言主要是货币。与土地财富相应的社会皇权至上，贵族、地主阶级统治着社会，他们控制国内大部分土地，老百姓安土重迁，到处是人身依附，整个社会崇尚忠诚、简朴；而与货币财富相应的社会民权至上，资本主义发展，银行保管和经营大部分金钱，人口自由流动、平等，崇尚等价交换和奢侈、张扬。

变是货币政策常态，利是货币当局目标。 强势货币如美元政策常变：量上时紧（缩表）时松（量化宽松），价上时高（加息）时低（降息），汇率呢？时升时贬，以渔人之利。强势货币当局如美联储类似球场高手：不断变化，前后、左右、高低、快慢，出其不意，攻其不备，掌控主动权，让对手疲于奔命，力竭而输。这种做法，名为调控，实为"凌迟"或割人韭菜：凌几刀、割一茬，养一段，再凌、再割。真正负责任的货币当局及其货币政策是确保利率、汇率和币值的基本稳定，而不是"大夫种勇而善谋，将还玩吴国于股掌之上，以得其志"（《国语·吴语》）。即，不是玩世界财富于股掌上，以损人来利己。

产业政策与财税政策、货币政策。 不同政策由不同部门拟定、实施，这是政策区别最显眼的地方。但所有政策目标，理论上说，都是一致的、共同的。因此，与大目标相比，产业政策、财税政策、货币政策都是工具。与产业政策如支持集成电路、芯片制造、小微企业等相比，财税政策、货币政策又沦为工具。财税政策对产业的支持及结构调整具有直接且显著的效果，而货币政策的力度和实施效果取决于利率优惠能否覆盖风险成本。如果不能覆盖，货币政策结构性目标在市场规律面前苍白无力，其调整作用十分有限，可持续性也令人怀疑。如果财政贴息甚至承诺风险兜底，那么，真正发挥结构调整作用的是财政杠杆效应，货币政策已变性异化为财政政策工具。

现金存取登记说明。 到银行存取一定量的现金，比如 5 万元以上，需要登记并且报告资金来源或用途，是反洗钱和打击洗钱上游犯罪如逃税、行贿受贿等的需要，与个人隐私保护没有关系；也是现代支付系统高度发达（货币数字化，转账自动留痕、可追索），从而使现金作为支付手段（无痕、不可追索，大额存取行为和动机令人怀疑）日益失去其必要性和重要性的结果。信息技术改变支付结算，支付结算改变银行经营和监管，改变传统与习惯，这是趋势。当然，银行是企业，是信用组织，不是情报机构和检察机关，在防范和打击犯罪过程中，是配角不是主角。

思前想后。俗话说："国难思良将，家贫思贤妻。"类似句子和箴言很多。有时是知难行易，有时是知易行难。这不，经济困难、财政赤字、失业率居高不下……人们就想到万能的货币，想到"注水"（以超发货币为核心内容的量化宽松政策），忘了通胀的历史教训！而一旦物价飙升，资产泡沫破裂，人们牢骚满腹怨气冲天，才又想到货币不是万能的，货币政策不是灵丹妙药，货币流通是有规律的，救心丸是不能当饭吃的，稳定币值既是中央银行的天职，也是银行系统的共同责任。

金钱的态度。金融即资金融通，银行以金钱为经营对象。人们对金钱的态度，在一定程度上，表明他对金融尤其是银行的认知和态度。欧·亨利的小说《财神与爱神》阐述了两种极端态度：一是夸大金钱。以老安东尼为代表。"我始终认为钱能通神，我已经把百科全书翻到了 Y 字，还没有发现金钱所办不到的东西。""别忘了时常去庙里烧烧香，敬敬伟大的财神。你说金钱买不到时间吗？唔，你当然不能出一个价钱，叫人把'永恒'包扎得好好的，送货上门；但是我看到时间老人走过金矿的时候，脚踝给磕的满是伤痕。"二是贬低金钱。以儿子理查德和埃伦姑妈为代表。"金钱连一分钟的时间都买不到；如果能买到，有钱人的寿命就可能长些啦。""十个百万富翁凑在一起也不能把社会规律拖动一步。""爱情才是万能的"，"同真实的爱情比较起来，金钱简直成了粪土"。尽管小说的结局还是钱能通神，但客观地讲，金钱不是万能的，银行也不是神庙！夸大或贬低金钱、金融的功能作用都是不对的。

银行资金循环。 众多银行、金融机构构成一个系统、一个体系、一个相对于产业资本以外的独联体。资金在银行、金融系统内周转，叫体内循环，不分青红皂白而诟病者甚多；系统外周转，叫体外循环，银行收不回贷款，如哑巴吃黄连有苦说不出；体内外正常周转，叫双循环，皆大欢喜。理论上，利息源于利润。生息资本只有变为产业资本才能真正生息，而不限于改变银行间收益分配。这种资本属性决定银行资金体内外双循环是"正态""常态"。不过，这并不等于说资金体内循环"变态"而要全盘否定。因业务需要，如流动性管理需要引起的拆借、回购、融券等，是必要的且重要的。只有银行资金体内循环收益率和安全度高于直接放贷，同时存在大量资金掮客诱惑，才会规避监管，滥用同业业务，拉长资金链，推高资金价格，加大实体经济融资成本……这样做，的确要不得，要约束和整治。一旦资金高价进入产业领域（纯粹的、绝对的、永恒的体内循环是不可持续的，正像无源之水不可长流一样）而又不能如约返回时，系统性或/和区域性金融危机可能出现。至于资金体外循环，也不是纯粹的、绝对的。如果那样的话，银行就惨了，意味着资产不良、贷款损失，导致国家信用危机甚至国际金融危机发生。总之，银行金融机构像胎盘，实体经济像母体，金融市场像脐带。胎盘和母体都有各自的循环系统，但只有通过脐带连接才能孕育生命。

一国货币在 SDR 中的权重说明什么。 SDR 即 IMF 特别提款权。由一篮子世界主要主权货币构成，如美元、欧元、人民币、日元、英镑等，是重要的全球储备资产。根据贸易和金融市场结算量大小不同，IMF 给予入篮货币不同的权重。人民币是 2016 年入篮的，这是中国对外开放的结果，也是国际社会对中国开放的认可。那时的权重是 10.92%。6 年后，经过价值评估，提升了 1.36 个点，权重达到 12.28%。显然这是进步！但依旧排第三位。与美元提升 1.65 个点、达到 43.38% 相比，人民币国际化还有很长的路要走，国内金融市场开放、外汇管制放松还有很多的事要做。同时，与美元霸权的斗争一刻也不能懈怠。

金钱异化：从流通手段到以自我增值为目的的产品。异化现象似乎普遍存在，金钱也不例外。从助力商品实现价值到脱离商品货币循环进行自我增值，金钱类似买办：从帮人做生意到自己做生意。金钱异化了，银行脱实向虚了，资金体内循环了，这种现象不是一种好现象，应该适可而止。

数字美元试点是一场闹剧。2022 年 11 月 15 日，纽约联储声明称，大约 10 家华尔街机构与美国纽约联储构建合作伙伴关系，将试水数字美元。

包括花旗集团、汇丰控股、万事达卡、纽约梅隆银行、富国银行、PNC 银行、多伦多道明银行、Truist、美国银行等在内的华尔街金融机构将与纽约联邦储备银行开始为期 12 周的数字美元试点。此外，全球金融信息服务提供商 Swift 正在支持跨国际金融生态系统的互操作性。

在一份声明中，纽约联储创新中心表示，该试点项目被称为受监管负债网络美国试点项目（the regulated liability network U.S. pilot, RLN），将在测试环境中进行，并仅使用模拟数据。

该试点将测试银行和金融机构如何在通用数据库中使用数字美元来帮助加快支付速度。

看到上述声明，人们不禁要问：今天的美元和其他任何主权货币，在信息化、数字化、智能化、终端化的年代不是数字是什么呢？难道世界上还存在比电信更快的支付效率？是现代支付促成货币数字化还是所谓数字货币帮助支付现代化？

关于加密货币及其监管。 2023 年 4 月 20 日，欧洲议会以 517 票赞成、38 票反对的投票结果通过了首个欧盟范围内加密货币法规 MiCA，这也是全球首个全面监管加密资产市场的规则。MiCA 确定并涵盖了三种类型的加密资产，分别是资产参考代币（asset-referenced tokens）、电子货币代币（electronic money tokens）和功能型代币（utility token）。

法案提到四个具体目标，分别是：为欧盟现有金融服务立法未涵盖的加密资产提供法律框架；通过建立健全和透明的法律框架以支持创新，促进加密资产发展和更广泛地使用分布式账本技术（DLT）；确保适当的消费者、投资者保护以及市场完整性；考虑到一些加密资产可能被广泛接受，将进一步增强金融稳定性。

理论上说，货币是价值符号。代币作为符号的符号，只能是特殊情形下的运用，不可能变成普遍现象。变成普遍现象，说明货币再一次更新迭代了。历史上，从实物货币到金属货币，从称量货币到铸币，从铸币到纸币，从纸币到电子（数字）货币，既是商品经济发展的必然，也是技术在货币发行、支付结算领域应用的结果。变化的始终是货币形态形式，不变的是货币本质。代币不是货币，所以谈不上货币的新的形态。它是特殊情境下的货币代理人、冒牌货。除了加密币外，作为促销工具的商业机构代金券、方便赌博的筹码、锁定客户的预付卡等，都是代币。代币本不是货币，正如特使不是总统一样，尽管在授权条件下发挥同样的作用。对它们进行监管，或为防止欺诈，或为维护货币发行国家垄断地位，或为维护持牌银行公共簿记特权，总的说是对的、值得赞赏的。

第二节 资本

提要：银行计息，不分昼夜，不分职业，不分春夏秋冬，不分工作日节假日，不分东西南北，不分男女老少。而企业利润只能在劳动时形成，在销售后实现。资本恣意妄为，则道德蔫矣；道德正襟危坐，则资本怂矣。资本与道德看似水火不容，实际可相得益彰。息差昭示生息资本的天性、激情和欲望，无论存款、贷款，只有低进高出即息差存在，生息资本才有意义和价值。等量资本不会自然地、必然地获得等量利润。资本充足可以减少银行倒闭风险但不能完全消除风险。资本分级与风险分类、资本补充渠道密切相关。资本是经济增长的种子。资本无序扩张，银行有责任。系统重要性银行要求不能停留在资本层面上。

本金与利息。资金充裕，市场宽松，则银行竞争激烈，利率走低，这是正常的。但是，一个客户、一个项目，合理利息都承受不了，极其计较，可以肯定：合作缺乏真诚，本金偿付也会出现困难！

为什么人们更想办银行而不是一般企业？银行计息，不分昼夜，不分职业，不分春夏秋冬，不分工作日节假日，不分东西南北，不分男女老少。而企业利润只能在劳动时形成，在销售后实现。按每周40小时生产利润计算，产业资本的艰难程度相当于生息资本的4.2倍（$7 \times 24 \div 40$），或者说，银行资本赚钱的轻松程度是企业的4.2倍。即使企业实行三班倒，采用不间断流水线生产，产业资本平均盈利难度也是银行的3倍。

杠杆是如何放大的？杠杆放大有很多方法，其中之一，是允许债券资金和银行贷款做资本金，即"软贷款""股东借款""股权投资基金"等。叫法不一，但实际上都是在放大杠杆。这种曲里拐弯、扭扭捏捏、犹抱琵琶半遮面的做法，与直接降低资本金比例要求异曲同工。事实上，资本金要求与企业所有制性质有着密切的联系。国有企业、公有制企业，它们的信任基础是政权、政府、主权，所以，有没有资本金、资本金多少并不重要。私人企业资本金比例再高，按照《公司法》规定，它的责任是有限的；而政府对其下属企业承担的责任往往是无限的、全面的、彻底的，是对整个企业的负债负责，而不仅是政府出资的那部分。这也算中国特色金融的一个例证吧！

生息资本与道德。资本恣意妄为，则道德蔫矣；道德正襟危坐，则资本夙矣。资本与道德看似水火不容，实际可相得益彰。司马迁说："礼生于有而废于无。故君子富，好行其德；小人富，以适其力。渊深而鱼生之，山深而兽往之，人富而仁义附焉。"①简言之，财富和资本可以彰扬道德。孔子说："富与贵，是人之所欲也，不以其道得之，不处也；贫与贱，是人之所恶也，不以其道得之，不去也。"②简言之，道德应该引导资本。生息资本内化于心、外化于行者，银行也。长期亏损的银行肯定没有前途，坐吃山空，资不抵债，云何公益和善举？而唯利是图的银行天怒人怨，迟早死路一条。银行必须营利，同时崇德向善。

生息资本的逐利性。息差昭示生息资本的天性、激情和欲望，无论存款、贷款，只有低进高出即息差存在，生息资本才有意义和价值。生息资本充满欲望，渴求息差，害了马克思说的"相思病"，它

---

① （汉）司马迁：《史记·货殖列传》。
② 《论语·里仁》。

不像果戈理笔下的旧式地主:"在那里没有一个欲望能飞过包围着小小庭院的栅墙,飞过生满苹果树和梅树的花园的藩篱,飞过农人的小舍,飞过倾斜在一边、荫蔽于杨柳、接骨木和梨树底下的泥房周围的东西。"它必须飞过一切障碍物,寻找并吮吸产业资本掠取的利润。它不能躺在账上,只要躺下,它就会现出货币的原形。它像患了消渴症,永远吃不胖。

在国有全资或控股的银行,资本具有形式意义而不是实际意义。尽管监管部门规定,银行的主要股东应当以书面形式作出在必要时向其补充资本的长期承诺,作为银行资本规划的一部分,并在公司章程中规定公司制定审慎利润分配方案时需要重点考虑这一点。但事实上,作为国有股东代表——财政部门更为强势,并且理由充足:与私人银行不同,国有独资或控股银行,其信用由国家保证,风险由国家财政而不是银行资本金兜底。

给资本设置红绿灯十分必要。给资本设置红绿灯是中国特色社会主义市场经济管理一大特色。防止资本无序扩张、引导资本健康发展,银行责无旁贷。银行不能迷信"大而不能倒",不能为虎作伥助力资本无序扩张。

强化大型支付平台监管、推动平台经济专项整治,实践证明是非常正确的。大多数人知道银行主营业务是存贷汇,很少有人知道银行发家史是汇存贷。"汇"在前还是在后,涉及历史与逻辑统一。许多支付机构、互联网科技公司正是通过"汇"(支付结算、线上收银台)潜入银行业务领域而又游离在银行监管视野之外。风险暴露如胰腺癌患者发现即晚期。当然,亡羊补牢犹未为晚,政府整治总比放任好!

资本与利润。等量资本获取等量利润,是一种理想状态、完全自由公正平等状态、符合理论和逻辑状态。事实上，等量资本不会自然地、必然地获得等量利润。第一，人为门槛和技术壁垒等存在，客观促成行业垄断和业务排异，妨碍资本自由流动。第二，资本只是利润形成的诸多要素之一。个人能力、市场供求等都会影响利润。等量资本等量利润必须假定非资本因素等量等效作用。第三，不同时空下等量资本难以获得等量利润。早起的鸟儿有虫吃：资本边际回报呈下降趋势，这是规律。橘生淮南则为橘，生于淮北则为枳，利润率在经济社会发展水平不同的地方有差距。资本跨区流动是事实，挡不住。总之，等量资本不会自然地、必然地获得等量利润。

资本金重要但不宜夸大。按照监管部门的设想，系统重要性银行应该拥有充足的资本和债务工具，增强总损失吸收能力，在经营困难时能够通过减记或转股的方式吸收损失，实现有序处置。事实上，由于银行强大的负债功能和特性，一旦危机发生或财务窟窿暴露，银行即病入膏肓：靠资本金吸损，无异于杯水车薪！对资本金的要求，恰似扣押对方的人质，遇到无赖，诸如吸损之类的威胁是没有用的。他们以少博多，深知公司责任"有限"，完全不惧股金冲销。任何时候信用都是根本，资本只是形式和工具。

资本充足可以减少银行倒闭风险但不能完全消除风险。银行监管部门和银行自身通常把资本金看得跟命根子一样重要。其实它只能减少银行倒闭风险，并不能完全消除风险。正像美联储前主席本·伯南克在《21世纪货币政策》中说的："一家银行的资本大致是其资产与负债的差额，而这又等于其股东的权益。资本可以吸收贷款和其他投资的损失，而不会引发破产，因此拥有大量资本的银行倒闭风险较少。"[1] 注

---

[1] [美] 本·伯南克：《21世纪货币政策》，冯毅译，中信出版社2022年版，"前言"。

意，这里说的是"较少"而不是"消除"。当意料之外的损失超过资本实力即出现资不抵债时，银行从理论和法律层面上都可以进入清算破产。况且资本金的本义或本质是股东对债权人的信用明示，一旦股东是国家或取得国家信用，资本金的意义即流于形式。资本金要求对私人股东的确是一种约束，但于身陷银行破产清算的债权人而言，仍是杯水车薪，覆盖或弥补不了损失。回头一看，资本金更像安慰剂！总之，要重视资本金但不能神化资本金。

资本金荒。对于一个一穷二白的国家，或者说，对于一个没有经过长期原始资本积累的国家，同时其证券市场门槛过高，资本金荒是一种普遍现象。然而，从银行那里获取资本金，就像从河马嘴里拔出象牙一样，几乎是不可能的。银行是债权债务管理机构，不是投资机构，所以，银行的"投资"一定名不副实。他们不参与项目和企业的日常管理，却要求固定收益回报以及到期强制赎回。因此，本质上属于借贷行为。相关企业、项目单位之所以接受近似虚假的资本金，看中的是比贷款利率更低的固定资金成本。在不确定的情况下，比如遭遇风险时，希望银行履行股东职责，承担有限责任；而产生高额收益时，又希望银行回归债权人地位，约定收益，不参与共享。解决资本金问题，长期靠积累，短期靠积聚（募股），权宜之计包括降低资本金比例，尤其国有银行对国有企业融资有关资本金到位比例要求。在银行间接融资处于绝对优势的国家，靠银行提供"软贷款""基金"等解决企业或项目公司资本金短缺问题，无异于指鹿为马，自欺欺人，资本金约束、杠杆率管控最终流于形式。如果一定要银行帮助企业或项目公司解决资本金短缺问题，那么，首先须解除法律障碍，即允许银行自身进行战略或财务投资，允许成立子公司、控股公司专注投资，并按照"收益共享、风险共担"这一基本原则运作。总之，债权、股权两股道，用管理债务的思路和方式方法，不可能实现股权投资目标。

银行资本分级的本意。资本分级是银行行业特色，很少听说其他行业有类似做法。根据巴塞尔银行监管委员会颁布的《统一国际银行资本衡量与资本标准的协议》，银行总资本分为一级资本（核心资本）、二级资本（附属资本）和三级资本。一级资本主要包括：（1）实收资本，（2）公开储备。二级资本主要包括：（1）非公开储备，（2）资产重估储备，（3）一般储备金／一般呆账准备金，（4）混合（债务／股票）资本工具，（5）长期次级债务。三级资本是指短期次级债券，且只有在一级资本和二级资本足以应对信用风险前提下，用于弥补市场风险。可见，资本分级与风险分类、资本补充渠道密切相关，其初衷不外乎明确一旦银行出现亏损需要减记或补充资本、调减权益时的先后顺序以及破产、重组需要清偿债务时的先后顺序。

资本是经济增长的种子。刘易斯讲，经济增长是与人均资本的增加相关的，资本值与产值的比率在边际上似乎是相当稳定的（大约 3：1—4：1）。换句话说，长袖善舞，多钱善贾。人均信贷及其变化是一个相当重要的指标和指向。但是，资本像种子，阳光雨露不足，土地贫瘠，是不能扎根开花结果的。刘易斯说，资本并不是增长的唯一要求，是必要的但不是充分的。而且，如果提供了资本但同时却没有提供使用资本的有效框架的话，资本将被浪费掉。换言之，信贷资本或从储蓄到投资的过程是必要的但不是充分的。金融生态、信用环境、契约精神、科技水平以及产品质量、市场份额、竞争力等，决定信贷资本的有效性和生命力，而这些外部性问题都不是银行可以解决的。既要解决企业贷款难问题，也要解决银行难贷款问题。

变性与异化：从财富到资本。劳动是财富之父，土地是财富之母，一切财富都源于劳动与土地的结合。如果这种结合即生产，不是直接为了满足自身需要，而是为了出售，为了价值或钱，为了市场，财富或人工制造品、产品的性质立即改变了，变成了商品，而商品是使用价值与价值的统一。当一种商品脱颖而出，成为其他商品的价值尺度和交易媒介时，这种商品的性质又改变了，变成了货币。当货币用于逐利时，比如贸易、放贷、雇佣劳动力和购买生产资料进行商品生产等，追求利润或利息时，这种货币即变性了，变成了资本（商业资本、生息资本、生产资本等）。资本原本是劳动力创造的却被资本家占有的剩余价值，此时反过来成为压迫、剥削、支配劳动力的一股力量。显然，财富在变性过程中实现了自身功能异化和力量强化。劳动和土地是财富的祖宗。产品、商品、货币、资本等是它们的子孙。五代同堂，一代比一代强乃至出现异化现象：人为物役！一部经济史就是一部产品变性和异化的历史，一部创造财富而又被财富奴役的历史。

资本无序扩张，银行有责任。 1969 年 2 月，一个叫阿道夫·伯利的人说："有一天，美国会发现，有那么一小部分人，通过他们所领导的银行机构，有可能成为美国经济的实际主宰。恐惧由此而生。"[1] 这不是危言耸听，这是可能真实发生的事。社会的、历史的财富，都以货币形式存在银行。就像全身的血液都经过心脏一样，所有的资金和资本都被银行直接或间接掌控着。如果没有限制和强有力的控制，银行主宰经济乃至整个社会的可能性极大。到目前为止，有关银行法规，或多或少，或有意或无意，都在压制、限制金融资本冲动乃至肆无忌惮的行为。但是，却忽略了金融资本在产业资本无序扩张恣意妄为方面为虎作伥的行为。可以说，没有银行的无节制支持，任何企业或产业资本都不可能滑入盲目、无序扩张状态。

---

[1] ［美］杰端·马克汉姆：《美国金融史（第二卷）：从 J.P. 摩根到机构投资者（1900—1970）》，高凤娟译，中国金融出版社 2018 年版，"扉页"。

系统重要性银行要求不能停留在资本层面上。 世界是矛盾的，矛盾分主要矛盾和次要矛盾，主要方面和次要方面。眉毛胡子一把抓，是不对的。做银行业务的机构很多，但各行的资产规模不一样，可替代性不一样，同业往来深度和广度不一样，客户资源和关联度不一样，损失吸纳能力或风险消化能力不一样，市场地位和影响力不一样……所以，不能一刀切，不能平均用力，必须抓主要矛盾和矛盾的主要方面，即分级确定系统重要性银行名单，并对它们提出特别监管要求，如资本充足率更高、资本约束更严、附加资本等。需要注意的是，与银行资产规模相比，银行资本永远偏少；与实体经济负债率相比，银行负债率永远偏高。并且，这一"少"一"高"体现的是银行本质特征，是银行法赋予银行的特权，是被允许的、合理的、必要的现象存在。银行是天然的、法定的高额负债经营企业。一般企业负债率超过60%就算高杠杆率企业了，法定资本占投资总额20%就算最低资本要求了，即负债最多为资本的5倍。而银行资本充足率一般为8%，负债或资产可以是资本的12.5倍！可见，靠资本抵御风险、吸纳损失是有限的。况且，资产与资本的关系恰如水与面粉的关系：水多了加面粉，面粉多了加水。资产规模越大，即使相对风险不变，绝对风险敞口必然越大。所以系统重要性银行附加资本也不是越多越好，尤其是附加资本不能作为资产继续扩张和膨胀的依据。此外，系统重要性银行数据基础设施建设、软硬件灾备、通信及电力供应等，要有更高的要求。经营风格应更加保守，站位应更高，趋势判断应更准。

第三节　银行

提要：银行的根基在客户，血脉在客户，力量在客户。没有特色

的银行，没有独立的生存空间。社会基本制度决定银行的制度，政党的政治追求决定银行的经营方向。银行的本质是信用，信用的基础是信任，信任的前提是了解。跳出银行看银行。银行必须不断增强"四力"即生存力、竞争力、发展力、持续力。银行的最大危险是脱实向虚，重利轻义。银行是经济的泵站。为实体经济服务是银行的天职。银行的主责主业即银行的压舱石、基本盘。对特色银行理论和实践要有信心。银行的子、孙公司不是越多越好。开门办行闭门思过。非银行金融机构不能银行化。银行机构不是越多越好。现代银行既是信贷银行，又是交易银行。银行在不断地工具化过程中失去了原有的中立和中性。银行也有烦恼。银行要敢于自我革命。业务拓展与责任追究是辩证统一的。守住银行的初心和使命。杰出的银行清楚自己扮演的角色，且随时随地切换。数字银行是当代银行的基本特征。逻辑学的"三大规律"：同一律、矛盾律、排中律，必须贯穿银行经营管理全过程。为什么需要银行或为什么说 P2P 荒谬。契约精神是银行的生存基础。银行业是否适合做"鲍莫尔病"病理分析。守住银行的道德底线，做一间高尚的银行。

银行的根基、血脉和力量。银行的最大底气是什么？是客户！银行心目中的"人民"是客户。银行的根基在客户，血脉在客户，力量在客户。银行必须树立"客户第一""客户优先"理念。

特色银行。做银行要作出特色。没有特色的银行，没有独立的生存空间。而要作出特色，必须深入基层、企业、产业、项目，将金融资本与产业资本深度融合，在一线、现场形成办法、模式和成功范例。

银行的政治性。银行不可能生活在真空状态，它是无数社会组织中的一类。社会基本制度决定银行的制度，政党的政治追求决定银行的经营方向。银行必须懂政治，否则，要吃大亏。例如，在中国，"中国共产党是领导我们事业的核心力量"。显然，事业包括金融事业，办银行必须服从党的领导。

跳出银行看银行。银行经营、管理，既要进得去，也要出得来。进得去，在于深、细、实，做到家底清、情况明、措施实；出得来，即跳出银行看银行，在于广、大、远，做到与时俱进，相向而行，不犯方向性和颠覆性错误。

银行的大逻辑。银行的本质是信用，信用的基础是信任，信任的前提是了解。知之然后信之。了解必须近乎绝对、全面、彻底；必须从过去、现在、未来三个维度考察和判断。一个真正的银行家知人、明理、审时、顺势缺一不可。

银行与世界的关系。就银行谈银行，约而不博；整天守在银行大楼，两耳不闻窗外事，钻进银行报表里出不来，银行等于你的全部世界，自己没有出息，也不一定办得好银行；反之，走出去，跳出银行看银行，把握大势，跟上时代，抓住机会，踩准节奏，世界都是你的银行。

优秀的银行应该像一匹千里马，"四力"即四蹄。要办百年老店，在竞争中生存、发展、可持续，银行必须不断增强"四力"，即生存力、竞争力、发展力、持续力。生存是基础，竞争是环境，发展是手段，可持续是目标。优秀的银行应该像一匹千里马，"四力"即四蹄，蹄疾步稳方可致远。

银行成绩单。银行的成绩单是银行人用理想和信念书写的，用拼搏和奉献赢得的，用风险和损失铸就的。来之不易，弥足珍贵。银行发展是连续性与阶段性的统一。每一代银行人都要跑好属于自己这一代人的接力赛。

银行的义与利。银行因功能定位不同而价值取向有所区别。商业银行义利兼顾，利在义先。政策性银行义利兼顾，利在义后。政策性银行服务政府、落实政策，由其功能定位决定。商业银行以营利为目的，由其法定职责明确。

银行与政治。银行不能参与政治投机，但不能不了解政治，不能不对政治敏感。银行必须走人间正道，站在正义的一方，与真理同在。义利兼顾，重义轻利。否则是要吃大亏的，甚至招来灭顶之灾。

银行的心与义。民心是最大的政治，正义是最强的力量。对银行来说，客户的评价或者说客户的内心感受是最重要的。而守正创新、服务实体经济是银行立身之本和康庄大道。银行的最大危险是脱实向虚，重利轻义；脱离客户，失去客心。

银行是经济的泵站。银行好比经济的泵站，不断地将社会闲散资金泵到产业领域，将储蓄泵到投资领域，将货币泵成资本。让枯木（死劳动）逢春（活劳动），让抽象财富（价值）变成具体财富（使用价值）并增值。从货币升到资本，就像水从低处升到高处，从河水变成农作物灌溉用水一样，银行这个泵站功不可没。

效率于银行服务仍然是重要的。尽管美国人杰里米·里夫金在其《韧性时代》一书中对效率至上主义及其恶果（如自然环境破坏、生存环境恶化等）进行了批判，但对于银行这类服务机构来说，效率仍然是必要的和重要的。效率意味着客户时间的节约、金融科技的应用和市场竞争的强大作用。

为实体经济服务是银行的天职。"发展是党执政兴国的第一要务。"① 发展的根基在实体经济，发展的重点在实体经济，尤其是制造业、农业、生产性服务业，它们构成真正的、实在的、牢固的、永久的经济基础。中国特色社会主义银行业是服务业，即为国家战略和实体经济服务。要充分发挥货币先导作用，同时控制物价，防止通胀。要引导利率下行，降低实体经济融资成本。要改善服务，切实解决中小微企业融资难问题。

主责主业·压舱石·基本盘。银行要有主责主业意识，要恪尽职守。不能四面出击，不能撒胡椒面，不能见异思迁、无序扩张。银行的主责主业即银行的压舱石、基本盘。市场如海，银行如舟。舟在大风大浪中航行，压舱石十分重要。主责主业反映在占比最大、较大业务上。只要它们不出问题，银行就不会犯颠覆性错误。

主责主业意识体现的是分工、效率等经济学原理和抓主要矛盾及矛盾的主要方面等哲学原理。每一家银行成立之初都有自己的初心和使命，都有自己的经营范围和服务对象即主责主业划分。正像不是所有的医生都看同一种病一样，不是所有的银行都做同样的业务，服务同一批客户。牢固树立主责主业意识，银行才能行稳致远，方向明确，目标清晰；才不至于随波逐流，左右摇摆，心神不宁。

---

① 《习近平谈治国理政》第二卷，外文出版社 2017 年版，第 38 页。

银行的道义。 银行无疑是典型的市场经济组织，但作为社会成员之一，同时是道义组织，即肩负道义、履行社会责任。例如，在扶贫、减贫工作中，银行必须有所作为。按照世界银行的说法，低收入国家的贫困线——每人每天 2.15 美元。据此，中国已基本消除了农村极端贫困。但按照中等偏上收入国家贫困线——2022 年标准：每人每天 6.85 美元，中国仍有约 19% 的人口（2.73 亿人）低于这个水平，扶贫、减贫工作尚需继续努力！否则与中等收入国家这个称号不相适应。

虚拟银行。 大卫·查默斯《现实 +》一书的核心观点是：虚拟现实是真实的现实。依此类推，可以说：虚拟银行是真实的银行，包括柜台交易、支付、工资发放、扣费、存贷款业务等场景的虚拟化。不过，目前线下的、面对面的活动仍然较多，例如，谈判、抵质押事务、贷款"三查"等。随着科技的进步和运用，银行业务虚拟化比重肯定加大。当然，这种虚拟化是以真实为基础和前提的，是严肃和认真的而不是随意和想当然的，背后由法律支撑着保障，因此也是真实的现实。

银行的某些"古怪"要求。 在某些企业看来，银行的要求是古怪的，如贷款要求企业在银行存款。企业说：自己有闲钱存银行，还要什么贷款？又如，贷款期限，企业希望与再生产周期吻合，而银行却热衷于流贷，越短越好。企业说：果子尚未成熟，就想榨汁了！又如，银行为了资金安全，要求贷款企业有抵押、质押并且打折融资。企业说：这样的银行与当铺有啥区别？

对特色银行理论和实践要有信心。 中国特色社会主义银行理论是中国特色社会主义组成部分，是银行一般原理同中国具体实践、优秀传统文化、时代印记的结晶，是中国特色社会主义基本要求在银行经营管理中的必然体现，包括但不限于：坚持中国共产党的领导，党管银行干部和信贷政策；设立党委和派驻纪检组，不设或取消监事会；全过程体现政治性和人民性，反对唯利是图；着重解决经济社会发展不平衡、不充分问题；恪守新发展理念，服务国家战略和人民需要；薪酬基本固定；等等。

银行的子、孙公司不是越多越好。2020 年财政部门出台政策，要求银行压缩附属机构在三级以内。这是完全正确的！俗话说："多子多福。"但银行的附属机构绝非越多越好。第一，银行信用容易被利用、滥用，风险很大。第二，银行总部没有能力穿透管理。古人说："养不教，父之过。"胡作非为不如不要。第三，实践证明，子、孙公司太多，五花八门，偏离主责主业，滋生腐败。

银行眼中只有党纪、国法和契约。银行是社会的一部分，眼中只有党纪、国法和契约。依法经营、按章办事是银行的基本信念和工作原则。银行面前不是债权人就是债务人，没有所谓"神秘人物"和"特殊背景"。说神秘，讲背景，不是骗子、傻子，就是居心叵测的不良分子。

开门办行闭门思过。银行最忌内向、内卷、内耗。开门办行理念先进，它提倡与客户在一起，与项目在一起，与市场在一起；走出去、请进来，在互动中想办法、谈生意、抓机会。银行也会犯错误，因此在开门办行的同时，也要闭门思过。闭门思过的目的是为了更好地开门办行、稳中求进！

开银行≠办医院。开银行不是办医院，客户不是病人。人病了，去医院，求医生。不去不求可能一命呜呼！银行永远没有医院"牛"，因为金钱永远没有生命宝贵。有钱客户像大爷，银行争着取悦；钱不够、手头紧的客户可以向银行借，也可以向亲戚朋友借。借不了，最多省一点或者消停一时。好企业、好项目融资需求急且巨，同业竞争又激烈，等客户上门恐怕做不成一笔生意。资金短缺时，银行或许能守株待兔；市场需求不足、优质项目和客户稀缺、同业竞争过度时，银行必须主动作为、善于作为！

大小型银行。望远镜有大型的，有小型的。大型望远镜有两个明显的优势：集光能力，即捕获光子的能力；分辨能力，即区分细节的能力。同样，与小型银行相比，大型银行也具有两个明显的优势：集合资金的能力和分辨客户的能力。

混沌与分形。整个银行业与单个具体银行完全可以用混沌与分形理论解释。资产、负债、所有者权益构成三角形的三个点。随着时间推移，三角形不断分形，自相似原则和迭代生成原则持续作用，银行业的面貌即如万里江山图呈现在世人眼前，那些资不抵债的银行成了山谷、沟壑，相反经营稳健的银行成了大山、高山、巅峰。

银行成了宏观调控的平台和工具。银行的确可以成为宏观调控的平台和工具，但银行的过度竞争会削弱调控的效果和效率。自由市场竞争可以做很多事情，但是它也在很多领域不能很好地发挥作用。银行是国民经济的"牛鼻子"，要牵住这个"牛鼻子"，才能更好地引导经济发展。当然，这里有前提：政府的调控是科学的、适度的和必要的。

非银行金融机构不能银行化。信托公司、租赁公司、担保公司、财务公司等非银行金融机构要回归主责主业，名副其实。不能充当资金掮客，高进高出，推高社会资金成本的同时埋下风险隐患。要记住：名不副实是对自身的否定，对自身的价值和意义的否定。

央行"声控"与金融市场预期。声控是引导预期的一种方法。央行适时发声、引导预期即"声控"。据说，美联储等机构绝大多数场合是靠"说"，真正采取行动的场合很少。因此，中央银行对宏观经济形势分析、判断至关重要，央行的主要官员应该同时是经济学家。这一点与商业银行不完全相同。

银行的权力与义务。（1）银行的权力源于货币权力，具体说，源于货币资本分配权。而货币权力源于其作为一般等价物的性质和功能，源于商品生产和交换的内在需要，源于市场经济的本质。所以，银行作用的发挥可以反映市场经济的发达程度。银行的义务源于银行作为数量庞大的债权人的集中、单一债务人身份。银行要求贷款人还本付息，是因为它必须无条件对存款人还本付息。因此，控制贷款风险，减少贷款损失，确保不发生支付危机，是银行与生俱来的职责和义务。

（2）银行从面上看是资金中介服务组织，实质上它不同于一般中介服务组织：只收手续费，不承担风险。银行是要承担多重风险的。的确，从资金供求双方粗略观察，它似乎是中介。但细细考究，银行将中介（媒婆）角色劈成了新郎（借）和新娘（贷）两个角色，并在每个角色扮演过程中拥有权利同时承担义务，其借其贷都是买断的，借贷行为表现为两张角色相反的合同或两次角色相反的契约。银行既扮演总借款人角色，又扮演总贷款人角色。而每一个角色及其转换都充满了权利和义务。银行在追求利润的过程中须履行义务、承担风险。责任重于泰山，在银行看来，即全行上下感受的压力。

银行机构不是越多越好。一是因为银行集中是趋势。中小银行、村镇银行尤其是被民营企业控股的银行不能过多、过滥。牌照管理部门要保持清醒，不要学洪太尉放出"魔君"祸害金融系统，应该控制增量，减少存量。出险银行可改为托管银行的分支机构。中小银行、村镇银行要严格禁止股东以任何形式在本行融资或发生其他经济往来。有钱入股银行，逻辑上，股东不应缺钱也就无须再从银行借钱。二是金融科技进步，银行柜台替代率已经相当高了，大银行甚至都没有必要新增银行分支机构和物理网点了。金融科技（互联网、大数据等）让金融服务全覆盖、全天候、零距离、刹那间。中小法人金融机构过多过滥，只会增加金融风险和金融混乱。

信贷银行与交易银行异同。现代银行既是信贷银行，又是交易银行。信贷是传统业务，体现的是债权债务关系，以客户为中心；交易是相对新的业务，以金融市场为舞台，归属投资类：包括有价证券买卖、外汇买卖、大宗商品期货期权等。信贷追求的是息差；交易追求的是价差。息差相对固定，价差完全随行就市。信贷银行关键在于了解你的客户，交易银行关键在于了解你的产品。交易风险远远大过信贷风险，而且损失无影无踪乃至莫名其妙。因此，交易银行管理难度更大，要求更高，风控更严。

堵点痛点难点。总行运筹帷幄，分支行冲锋陷阵。总行业务管理的重点在：打通堵点，消除痛点，解决难点。如此则全行业务自然增长，发展顺畅。优质客户信贷市场竞争主要靠较低的利率，所以，定价最容易成为堵点。银行必须根据综合成本、收益灵活定价，开辟廉价负债渠道尽量降价。按照同性相斥原理，银行的痛点源于同业的攻打，市场退出、份额减少即痛点。消除痛点，必须吸取教训，补短板、强弱项。例如，在信贷扩张困难时期，要适当调整授信条件，降低信贷门槛，扩大基层审批权限。所谓"难点"，指影响银行运行和发展的机制、体制问题，如总分行协同问题、部门间配合问题等。

银行与非银行金融机构的融通与风险隔离。银行与非银行金融机构同属金融机构，同具融资功能，因此它们之间资金理应融通，头寸相互调剂。由于担心风险转移引发系统性风险，人们强调分业经营、分业监管，要求高筑防火墙。例如，将非银行金融机构完全排斥在同业拆借市场之外。于是，这类机构不敢涉足长期实业融资市场或股权市场，害怕出现流动性危机。这是矫枉过正的做法。正确的做法是，允许所有金融机构参与所有金融市场，并根据机构的性质和资本实力给予一定的融资便利。

银行与小贷公司。小贷公司是民间金融机构，在满足民间短期、紧急资金需求，形成完全的、纯粹的、自由的市场资金价格方面有一定作用。但其利率偏高，最高可达法定利率的四倍，催债方式也可能粗暴。根据政策，它们可以从银行获取资本金等量的信贷资金进行转贷，因此它们既是一个自营信贷方，也是一个银行转贷机构。由于小贷公司不是存款机构，它的资金及其支付结算仍然依靠银行，所以它依旧是银行众多客户中的一个。

银行与企业。好企业不缺钱，银行想给，企业不需要，存量贷款都要清零；差企业缺钱，想贷款，银行不给。不好、不差、不确定的企业是多数，是银行主要营销和服务对象。所以，银行要长一双火眼金睛，慧眼识珠，在扶优限劣的过程中寻找机会实现双赢。

银行与财务公司。银行为实体经济服务，这是天职，是初心和使命。财务公司是实体经济集团公司内部结算中心、融资机构，最贴近实体经济，最了解实体经济，尤其是集团本身、成员企业和上下供应链、产业链上的企业。银行与财务公司应当彼此信任，相互合作，扬长避短，通过银行信用与商业信用深度融合，实现银行、财务公司、相关实体企业三方共赢。因此，财务公司服务对象应该突破以股权为纽带的成员企业，扩大或延伸至供应链、产业链上的企业。银行与财务公司合作，既贴心服务了实体企业，又很好地控制了风险。因为链上企业的商业信用夯实了银行信用。

银行与租赁公司。无论贷钱、贷物，都是贷，这是银行与租赁公司的共同点。银行收息，租赁公司收租金，利息与租金的确定都离不开基准利率或报价利率（LPR），这也是两者的共同点。共同点存在这一事实，决定银行办租赁公司这一现象的合理性。除了投资控股外，它们之间可以适当进行融资和业务协同。但是，租赁公司有一个租赁物批零差价、本身价值评估和到期残值处理等问题，这是其业务的特殊性和专业处。

银行与基金。银行做存、贷、汇，基金做份额销售、投资和赎回；银行的本金是不变的，基金份额价格是波动的、估算的；银行签订的是债务合同，接受《民法典》合同条款约束，承担风险。基金遵循的是委托投资协议，接受信托条款或公司条款约束，委托人自己承担风险；银行吃的是不同息差，基金靠的是相对固定的管理费和超额回报分成；银行为企业直接提供资金，是信贷机构。基金只在证券二级市场进出，是集合投资人。但是，它们同样是金融机构。除了托管、结算、估值外，它们应该有更多的适合的业务往来。不能把风险防火墙理解为"不与秦塞通人烟"。例如，银行给予基金一定的流动性支持，基金即可放心做某些长期股权投资，这样有利于中小微科创企业成长。

银行与证券公司。证券公司两大功能，即一级市场帮助企业筹措股本金，二级市场帮助企业股票交易流通，所以，证券公司是资本市场金融机构。银行不同，它属于货币市场金融机构。前者从事的是股权活动，后者反映的是债权债务关系。由于证券公司主要搞承销和经纪，所以本身资本金要求没有银行严和高，但承销中经销、业务中自营规模大、比例高，要消耗资本。银行业务多为买断式业务，依靠的是自身信用，所以资本金管理是银行经营管理的核心内容之一。尽管银行与证券公司分属于不同市场，但资本市场与货币市场应该有序、适度联通。银行除了为证券公司提供结算服务外，证券公司除了为银行提供 IPO 或代客买卖其股票、存款外，双方应该在流动性支持方面互相帮助。

银行与保险公司。保险公司本质上是互助机构。其理论基础是大数法则、概率论。通过销售保单筹集资金，因理赔对外支付，所以它的金融机构性质是明显的。销售金额与理赔金额之间的差即营业收入。赔付率决定保单价格高低和保险合同条款的拟定，因此保险精算的重要性，不亚于银行存贷款利率的确定。对保险公司来说，银行是最重要的线下销售渠道和平台，反过来，保险公司是银行的存款大户，结算大户。由于保险公司资本金、未分配利润、理赔前闲置资金可以进行投资，因此它会存在资负期限错配、资产结构失衡等问题，从而需要银行流动性支持。

银行与保险。银行业与保险业有各自的优势，相互合作意愿比较强。保险看重银行什么呢？众多的网点、稳健的信誉、庞大的客户群，以及与客户现场交流便利。[1] 在保险公司眼里，银行是最好的销

---

① 马明哲：《繁荣危机：论中国保险体系改革与发展》，华光报业有限公司1998年版，第232页。

售渠道和平台。反过来，银行看重保险什么呢？主要由保费收入演变而来的同业（公司）存款和销售、理赔等手续费。

客观地说，保险比银行难做。保险的成功有其自身的原因，比如更加积极的营销、精算、精细化管理、反诈等，这些都值得银行学习。此外，保险某些概念和指标，比如保险市场的深度和密度，可以引入信贷市场，对信贷市场扩展是有帮助的。

经营自主权较小，财务独立性较差。与产业政策、货币政策、监管政策相比，银行尤其是政策性银行的信贷政策处于从属、配套地位，类似配角。换句话说，银行经营自主权（autonomy）较小。与财政政策相比，银行财务制度是细则或实施方案。比如，银行的工资总额是受控制的，主要预算指标也要经过审查和批准，各项开支须严格遵守指定标准，财务独立性较差。

政策性银行。政策性银行与商业银行不同，它是服务政治落实政策的银行。国家大政方针即银行信贷政策的依据。政策性银行义利兼顾，义在利先。哪里有弱项、短板，哪里就有政策性银行。但是要落实、落细政策，必须项目化、清单化、责任化，必须以项目为切入点，以实现国计民生需要为目标，以收费政策而不是财政兜底为核算依据，建立可持续融资模式。此外，资金成本要低，靠市场发债筹资再放款支持政策性目标实现是不可持续的。在这种模式下，面对优质客户，政策性银行相当于投资银行，充当券商收取承销费才有存在价值；面对一般客户，政策性银行债贷差源于国家信用与企业信用之间差。间差越小，政策性银行运作越困难；间差越大，政策性银行的风险越大，可谓进退两难。解决这个问题的前提是，政策性银行要有低成本资金来源，或有免税等优惠政策支撑。否则，"保本微利"完成信贷计划也是很费劲的事。

银行间合作是可能的。银行间有竞争，也有合作。合作与发展是银行业主旋律。合作基于差异性，遵循互补共赢原理，重点在增量领域展开，因为存量领域变动涉及第三方，意味着竞争，动人家奶酪。不同性质和功能的银行合作空间相当大，比如，政策性开发金融机构与零售公众银行之间完全可以批零结合、投贷结合、上下（供应链、产业链金融）结合、一二级（金融市场）结合、国民（所有制）结合、产品结合，以及软硬（信息系统）结合等，共创金融服务新局面。

银行公司治理要兼顾一般性与特殊性。作为公司，银行治理没有例外；作为银行，公司治理有一定特殊性。质效、健康是普遍追求目标，而公司法、银行法等是其治理依据。探索和完善中国特色现代金融企业制度，方向是正确的。而中国特色现代金融企业制度最大的优势和特点是坚持中国共产党的领导：把方向、管大局、保落实。

银行的个性与共性。银行的发展既有共性也有个性。不同的国家有不同的发展道路，不同的政体有不同的运作要求，这就是银行的个性，亦即银行的民族性。中国特色社会主义银行既是经济组织，也是政治组织。必须坚持党的领导，体现政治性和人民性，服务国家战略和实体经济。有关银行经营和监管规定必须结合中国实际、符合中国实际。唯其如此，方可避免水土不服，确保中国银行业行稳致远。而作为一个行业，一个具有悠久历史的行业，银行也有它们的共性、专业性，即共同的价值观和行业规范。它们不因时空变化而扭曲，不因具体银行而改变，它们是金融规律、国际惯例、银行的经营之道。

银行工具化。银行充当政府宏观经济调控工具、货币政策传导工具以及信贷政策执行工具，这是大家比较熟悉和认可的。随着司法、外交乃至军事部门介入（weaponizing bank），银行又成了侦查和打击犯罪工具，国家、企业乃至个人财产冻结、没收和往来制裁工具等。银行在不断的工具化过程中失去了原有的中立和中性。在强力部门面前，银行较弱势。令行禁止成了它们的生存之道；宁左勿右、矫枉过正被奉为圭臬。银行害怕惩罚和声誉损失，同时银行数百年来树立的"绝对可靠"形象日益受到影响和损害。银行不再是纯粹的经济组织、存贷机构和社会结算中心，它们越来越变成国家机器的一部分。而且，这种工具化转变是义务，是免费工作，因此可以视作银行政治性、民族性的外化，社会责任的内在要求。

　　银行评估。评估机构号称专业、公允。实际上，问题是明显的：第一，评估的基础材料，由被评估者提供。因此，原始材料的全面性、准确性、真实性以及得出的评估结论的可靠性令人怀疑。第二，银行的经营数据可以根据经营者的意图并在法令会计准则允许范围内做人为调整，因此，评估结论的客观性、当期性无法完全保证。第三，评估运用标准的科学性、一致性和可比性本身存在问题，修改和完善只有进行时，没有完成时。例如，资本充足率、流动性比例等并非绝对真理。

　　银行的烦恼。庄子讲，有钱人有六大烦恼：迷乱、痛苦、疾病、屈辱、忧虑、畏惧。银行是做钱生意的，是典型的有钱单位。银行也有烦恼，不过与庄子说的不尽相同：被客户骗、被监管罚、被舆论黑、被内部坑、被市场误、被同业挤……银行的烦恼不是有无问题，是多少问题、大小问题。消除烦恼、减少烦恼没有别的办法，唯有业界公认的审慎决策、依法经营、纯洁队伍、勤政廉政等，而不是自欺欺人、安贫乐道。要明白，贫穷是一种罪过，亏损给银行带来的烦恼更多、更严重。

世界是矛盾的。银行既要面对政治、经济和社会矛盾,又要面对自身经营、发展过程中的矛盾。矛盾从未清零,旧的化解了,新的又出现了。矛盾像雨后春笋、层出不穷,银行家必须放弃一劳永逸的想法,因为根本不存在从根本上解决一切问题的灵丹妙药。问题总是有,办法也总是存在,并且办法总比困难多。银行家要学会与矛盾共存,在发展中化解,在化解中前行。

银行要敢于自我革命。勇于自我革命是一切进步力量的显著标志,是其保持先进性和纯洁性的秘诀。好银行不是从天而降的,不是天生的、天然的。好银行是在不断的自我革命中淬炼而成的。好银行之所以好,不在于不犯错误,不走弯路,没有损失,而在于不讳疾忌医,敢于直面问题,勇于自我革命。善于从不良项目中查漏补缺,从资产损失中痛改前非。壮士断腕,猛药去疴,敢于清除一切侵蚀银行健康肌体的病毒。

银行自我革命。每一家银行都有自己的初心使命、职责定位。不忘初心、牢记使命,对银行领航掌舵者同样重要;慎终如始,确保银行不变质、不变色、不变味,对全体行员同样重要;除了外部监督,银行自我革命即自我净化、自我完善、自我革新、自我提高同样重要。比如,与时俱进清除陈规陋习,刮骨疗毒清除害群之马,吃一堑、长一智完善银行"三查"制度,谨小慎微守住信贷和交易市场风险底线,等等。

构建银行的认知框架。一个好的银行认知框架应该是一个兼收并蓄的、与时俱进的、因地制宜的框架,一个确保银行行稳致远的框架。

　　银行之间比什么。政治制度不一样、银行性质不一样，银行间比的东西应该不一样。中国特色社会主义银行的政治性和人民性体现在贡献上，即对国家战略实施和人民福祉提升的帮助上，绝不限于自身利润多少和员工薪酬高低那些美、西方资本主义国家银行的习惯做法。诗曰：

> 银行名同实不同，靠谁为谁看股东。
> 莫笑邯郸学步子，实事求是几人通？

　　银行也存在角动量并且守恒。按照天文学的说法，大多数天体都在自转。行星、卫星、恒星和星系都有角动量，角动量即天体保持自转和做圆形运动的趋势，或等效地定义为阻止其做这种运动所付出的努力。根据牛顿运动定律，角动量在任何时刻都守恒。如果将银行总部内设部门比作质量，分支机构或公司层级比作半径，银行运行效率比作天体自转速率，那么，显而易见，机构越臃肿，层级越多，银行的运行效率越低、效益越差。

　　银行业的统一性与简单性。银行学同样由一些概念和原理构成。我们的知觉所运用的一切概念背后都潜藏着一种统一性和简单性。科学真理在于发现理论来描述这种背后的实质，万事万物都有一个根本的理由。潜藏在银行背后的统一性和简单性是什么呢？根本的理由是什么呢？答案是信用，是借贷双方的绝对信用。

　　扼杀银行的方式多种多样。威廉·伊斯特利在《经济增长的迷雾》第十一章讲道，政府可能成为经济杀手！其中途径之一是扼杀银行。他的逻辑是，银行是贷款机构，需要存款，而恶性通胀下负利率不利于银行吸收存款。"负实际利率政策通常被称为金融抑制。"银行没有资金可供贷款，经济发展就要受到损害。其实，通胀相当于金融自杀行为，央行没有管住货币闸门或者顶住货币开闸压力。但政府扼杀银行的方式不止于此，政府故意举债挤出银行贷款，征收高额利息税等也是。

银行业务要跟着人流走。人口流动，自古如此。人往高处走，水往低处流，既是自然规律，也是社会规律。一个地区、一个城市的人口净流入规模反映其经济繁荣程度和就业机会多少。为实体经济服务，以客户为中心是银行的本质要求。利息源于利润、源于剩余价值，银行跟着人流走不会错。例如，2021 年，浙江常住人口增加 72 万，其中自然增长 6.5 万，常住人口增加和人口净流入规模全国排第一位；广东常住人口增加 60 万，湖北 54.7 万，江苏 28.1 万，福建 26 万，但广东人口自然增长 57.19 万，人口净流入规模较小。可见该年度浙江和广东两省的经济形势、就业形势相差较大。银行要更加重视浙江业务的开拓。

学习型银行。银行要进步，一刻也不能停止学习。时代在变，环境在变，市场在变，唯有学习才能跟上、才能应变。一个不注重学习的银行，一定会思想僵化、功能退化、制度老化，最后被淘汰。读书、调研、比较、借鉴、实践等，都是学习。

嵌合体银行。据医学统计，大约有千分之一点五的人和动物是嵌合体：一个受精卵嵌入另一个更强大的受精卵中。但失败的受精卵并不甘心，它会寻找各种机会将自己固有的基因遗传下去。于是有人两个瞳仁颜色迥异，有人胎记明显古怪，有人的亲妈 DNA 显示不是亲妈……同理，有些银行也是嵌合体，即由不同性质和业务范围的机构重组、并购而成，这类银行时不时会显现出被嵌入机构的某些特质，无论其优劣都让人感到意外甚至困惑。面对这类银行，唯一的办法是宽容与忍耐，靠时间消化，靠空间同化，靠言行教化和感化。

阶段银行。"人生七十古来稀。"这是中国古话。有意思的是，叔本华（1788—1860）也将 35 岁作为人生的分水岭，提出"阶段人生"概念并详细阐释它，许多箴言名句至今发人深省。如果把一家银行当作一个生命有机体，那么，生死问题、兴衰问题、阶段问题等同样需要面对和思考。银行的历史和经历，如同人生的经验，带来的主要结果是"视野明晰"。而这，是银行成熟的特征之一，是新老银行看上去有所不同的原因之一。因此，阶段论应该成为银行经营管理基础理论。但是，银行不会自动成熟、老练，需要银行人不断总结经验，复盘昨天；同时吸取教训，不让那些错误观念进入我们的脑海。比如，贷款被骗在银行系统极为普遍。花钱买教训，我们一下子就买到了谨慎。

银行工作的总基调。"稳中求进"是一切工作的总基调，更是银行这类以风险为经营对象的机构的工作总基调。资产翻番、机构扩张、员工倍增、排名靠前、信贷市场份额越来越大……当然让人高兴，当然是好事。但绝不能因此埋下隐患，留下后患，让不良资产迅速增加，造成巨大损失。银行应该具备叔本华式的理智，同时追求苏东坡式的无灾无难。保持敬畏，才能避免欲念和期望导致的冲动。

银行业务的拓展与责任追究。发展是前线，法规是底线，风险是防线，三条线都要守，银行才能行稳致远。前线溃不成军，什么也甭说了；底线破了，麻烦不断，等于白干；防线守不住，家破人亡，银行葬送了。所以，每条线都要守。业务拓展与责任追究是辩证统一的。统一到哪里呢？统一到稳中求进中，统一到依法经营、合规经营中，统一到可持续发展中。审计、监督、责任追究是为了规范发展，有序竞争，合法经营。不是鸡蛋里挑骨头，不是整人、伤人，不是高高在上、盛气凌人，也不是绝对正确、一棍子打死人，而是更好地帮助业务发展。

银行的分工与定位。《孟子》讲："且一人之身，而百工之所为备，如必自为而后用之，是率天下而路也。"同样，金融业有分工，银行业内部也有分工。分工即定位，即初心使命。同质化，天下一式，必然导致恶性、无序、低效竞争。银行要适当专注、高度专业，才能更好地服务实体经济。全才必薄，通才必浅。专业人做专业事，不能请木匠做衣服。同理，专业银行提供专业服务。

各有千秋扬长避短。每类银行都有自己的优势和短板弱项。寸有所长，尺有所短。政策性银行在信贷报价方面没有优势，但在别的方面得天独厚，比如，它的基金可以做资本金，可以打投、贷组合拳，因此，在负债率高的客户那儿有一定竞争力。又如，它的贷款很快转变为别的银行的存款。在与存款结算银行或商业银行竞争时，要利用客户开户和结算行的选择，劝说竞争者相向而行。再如，它的政策性项目融资可获得财政贴息、担保和央行廉价资金支持，这是商业银行可遇不可求的。

银行身上的国家烙印与时代烙印。由于各国的政治经济制度和文化传统等诸多差异，银行身上势必留有国家烙印和时代烙印。巴塞尔银行监管协议等规则应该借鉴，但不应该神化。可以说，全世界的银行有共性，也有个性；有国际惯例，也有民族特色；有一般的银行经营规律和通用的银行科技，也有适应性问题，符不符合国家和民族利益最大化问题。

国家政策与银行策略。如果承认国家政策对银行经营策略有重大影响，承认存在看不见的手——市场之外有看得见的手——政府的作用，那么，银行经营管理者就必须时刻关注、分析、判断国家政策及其走势。在银行经营管理会议上设置第一议题——传达学习贯彻国家政策，确保银行经营方向不偏航、信贷政策不走样、风险控制不松懈，是完全正确的做法。一家优秀的银行一定是上下都能吃透政策利用政策的银行、顺势而为如有神助的银行。

牢记银行前面的几个字，守住银行的初心和使命。每一家银行前面都有几个字，长短不一，作定语用，它包含银行的初心和使命、性质和功能，必须牢牢地记住，才不会跑偏方向，走弯路，走错路。在中国，有银行冠以"国家开发"，有银行冠以"进出口"，有银行冠以"农业发展"，有银行冠以"中国工商"，还有银行冠以"中国建设"等定语。我理解，这就是银行的初心和使命、性质和功能。银行的人要恪尽职守，有一颗坚定的心而不是摇动的心，精耕细作而不是粗放经营。

银行的多重性与角色切换。任何组织包括银行都具有多重性。正像一个女人，她可以是慈祥的母亲，也可以是孝顺的女儿、贤惠的妻子、干练的领导、听话的下属、贴心的闺密等等。角色之间不矛盾，时间和场景不同而已。银行的多重性也表现为多种角色同时存在：集中借款人、集中贷款人、承销商、结算、登记、贴现中心、纳税人、上市公司、金融中介、货币兑换所、社会信用组织、国家机器不可或缺的零部件等。杰出的银行清楚自己扮演的角色，且随时随地切换。

银行的本质是资金生意。所谓生意不外乎低进高出、贱买贵卖、投入少产出多。因为其中投入了智慧和劳动，所以生意及其利润一般是合理的。银行的本质是资金生意，存款利率低，贷款利率高，靠息差为生。银行与贸易、实业的差别是资金息差与商品价差形式上的不同而不是本质上的区别。所以对银行怀有特别的偏见和成见是不必要的。当然，银行最会算账，客户必须打消任何占便宜思想。占银行便宜比虎口拔牙还难，除非你打算做个骗子和无赖。

时间机器与银行的未来。 英国人赫伯特·乔治·威尔斯（H.G.Wells）写了一本小说，叫《时间机器》，对人类未来表示悲观和无助。除了吃饭、玩耍和睡觉外，人类无所事事，退化得面目全非、心智低下。从目前全球金融智能化、数据化、自动化趋势来看，银行的未来亦必翻天覆地、沧海桑田：网银自助后还需要那么多员工吗？线上做业务还需要设立那么多分支机构吗？柜台替代率接近100%后柜员简单劳动怎么安排？会计统计格式化程序化自动化后还需要那么多专业人才吗？银行大多数人会不会除了吃饭、玩耍、睡觉以外无所事事?! 他们的大脑和身体会不会也退化到可怕的地步呢？

数字银行是当代银行的基本特征。 科技进步和生产力水平提高是全方位的，其影响是巨大的、深远的、广泛的。银行业属于生产关系范畴，它的变化和飞跃同样取决于生产力进步。古代金融以民间借贷为主，手工操作，非标，程序简陋，依靠自律，没有专门的监管机构，钱庄和票号是它进化的最高形式和最后形式。近现代金融以银行为代表，手工与机器（如印钞机、点钞机、票据清分机、打印机等）并用，标准化，相互制衡，有专门的监管机构，借贷、信托、证券、保险、基金、租赁等金融形式全面发展、充分发展但又受营业时间、营业场所、服务效率等限制。当代金融仍然以银行为主，但已信息化、数字化、自助化、终端化、智能化。界面取代了表情，线上取代了线下，时空限制没有了。银行越来越像一个庞大无比而又无影无踪的、复杂无比而又井井有条的财富与支付数据管理中心。这个中心的支柱或支架是science，technology，engineering and mathematics（STEM），特别是以计算机为代表的信息技术及其强大的数据存储和处理能力。

银行的品德。银行是要讲品德的。银行的品德体现在多方面，但最主要体现在客户贷款的用途上。贷款用在公平正义的事业上，它就促进了社会的公平正义；用在实业上，它就促进了财富的增长；用在创新上，它就促进了文明的进步；用在贸易上，它就促进了进出口；用在战争上，它就毁灭财富、涂炭生灵。银行虽然不能完全控制客户借款的用途，但绝不能明知故犯、为虎作伥，用贷款去帮助他们破坏公平正义、公序良俗和文明进步。这是银行的良知和银行的道德底线所在。丢弃良知，突破道德底线，是银行信贷资产最大的隐患。历史上，一些反动的腐败的政权发行的公债和举借的银行贷款，因为其自身垮台，而新政权又不承认，不承诺兑付，不偿付投资者、银行，从而造成巨额损失，这就是一个典型。

银行的口碑。口碑（word of mouth），按照西方某些研究者的说法，像传染病一样扩散。RO，是衡量传播力的重要指标。例如，麻疹的RO是18，而流行音乐的RO传播力高达3000以上。银行是信用机构、服务机构，有没有口碑问题，回答是肯定的。口碑好，银行因此受益；口碑差，银行因此受损，步履艰难甚至无法经营下去。银行口碑即客户、民众口口相传的声誉。既然银行也有口碑和声誉问题，那么，同样存在扩散和传播力计算问题。首先，经验观察：差的口碑比好的口碑传播速度更快。所谓"好事不出门，坏事传千里"是也。其次，全国性大且强银行的RO，应该比区域性小且弱的高。最后，老牌银行的RO要比新银行的高；零售银行、公众银行的RO要比批发性银行、非上市银行高。总之，银行口碑和传播力需要高度重视，仔细观察，准确计算和及时更新。

银行的数量。银行，到底是多好，还是少好？是设立自由好，还是严格审批好？没有定论。自由主义者主张，多多益善，优胜劣汰。多，可以提高效率、竞争力和银行的服务质量，降低银行收费和息差，有利于反垄断从而有利于客户。政府干预主义者主张，银行要严格审批，少而精好；银行要牢牢控制在政府手中，这样有利于宏观调控和经济金融稳定。从过往经验来看，银行过多过滥，的确不利于经济金融稳定，也不利于保护存款人利益。尤其在经济萧条和危机期间，银行既是受害者，也是加害人。反过来，银行数量过少，业务过于单一，也不利于经济发展，特别是不利于市场活跃。所以，银行的数量要适当、适中，既不能形成行业垄断，店大欺客；也不能没有行业门槛，随意开办。

银行的真相。银行已有数百年历史了，但人们对它的认识好比瞎子摸象，大多片面。李嘉图等人说它不增加财富，按照他们的逻辑，银行似乎是"寄生虫""吸血鬼"，越少越好甚至可以取消。邓小平等人说它是现代经济核心、国民经济血液、资源配置中心、储蓄投资转化器，作用大得很。还有人说银行虽然不直接参与物质财富生产，但它是生产要素黏合剂、物质财富催化剂、社会簿记中心、资本动员总部。其实，劳动的形式多种多样，不能以一种劳动的价值和特点否定另一种，银行也是一个劳动部门。此外，社会就像一架飞机，每一个部门像机体里一个部件，唯有合力，才能飞降平稳、舒适。银行是其中一个部件，既不要夸大，也不要藐视其功能和意义。J.L.劳福林在《货币原理》一书中说得比较中肯："信贷不能增加资本（生产工具），但可以使资本活起来，使资本更有效率，因此会导致产品的增加。"熊彼特在《经济发展理论》一书中也有类似观点:"没有信贷,发展是不可能的。"

银行的全局与局部。 全局统领局部,局部服从全局,两者相互影响、密不可分。银行必须理性、客观、辩证地看待全局和局部问题。从功能性质来看,服务国家战略是全局,银行自身发展是局部。政策性银行尤其要着眼长远和大局,始终把服务国家战略作为首要任务,党中央、国务院有明确要求的,要不折不扣地做,尽心竭力地办。从组织架构来看,总行是全局,各部门、事业部和各分行是局部。"单丝不成线,独木不成林。"各单位要加强全局观念,强化协同配合,在项目开发、评审承诺、合同签订、贷款发放、贷后管理等各环节,注意衔接,坚持一盘棋,拧成一股绳,为实现全行整体经营目标做贡献。从经营管理来看,资产负债是全局,信贷资产、非信贷资产、金融债、政策性资金和存款是局部。资产端要保持平稳增长。负债端一方面要根据资产端需要加强联动,做到总量匹配;另一方面在确保流动性安全的基础上,加强市场利率、汇率分析预判,通过精细化发债筹资、申请政策性资金、稳存增存等方式优化负债结构,降低负债成本,提升资产端竞争力。

银行的秘密。 银行本质上是企业,但也是社会的一部分、国家机器的一部分。保守秘密,银行没有例外。因为社会活动离不开资金往来,不管合法的、非法的,都会在银行支付系统和财务系统留下痕迹。这既是各国金融情报机构(FIU)兴起和不断强化的原因,也是银行自身要保守秘密,防止秘密外窃内泄的理由。敌对势力可以从支付系统、财务系统数据分析中提取重要情报,也可以通过支付系统制裁对方。竞争双方可以从银行重要财务数据中发现对方的短板和弱项,散布、夸大对方问题,争取更大的市场份额。不良客户可以找漏洞，钻空子。总之，银行也要有敌情观念和保密意识。"公开是常态，不公开是例外"是对人民群众讲的，是对内部讲的，对自己人讲的。公不公开要看对象，对敌人、反动分子，能不公开的尽量不公开。当然，保守秘密的秘密必须是真秘密，所以定密要科学、精准；期限、范围和对象要明确。不能泛密化。泛密化，什么都是秘密，等于没有秘密。神圣的、严肃的工作一旦庸俗化，正常的事也无法开展。

中央银行的挑战是多重的。皮埃尔·L.希克洛斯等人共同编写的《中央银行的挑战》一书指出："问题包括现行中央银行面临的一些挑战——价格稳定、透明度、治理、央行独立性、货币政策的实施、金融稳定性、货币政策的重要性和监管等。"实事求是地讲，这些都没错，但必须指出：价格稳定涉及商品与货币的平衡，中央银行只管货币，不管商品。确保央行的独立性是为了确保货币政策客观、中立和科学。而增强透明度，最终让实践和公众检验、监督，这是不可或缺的。但是，政治的复杂性和国际利益较量会降低透明度。至于金融稳定性，说穿了，关键在于中央银行作为最后贷款人的角色。此外，必须补充指出，中央银行面临的最大挑战之一是资金价格引导，或者说，基准利率的合理产生与确立。中央银行对商业环境影响最大的地方：一是物价，涉及货币数量和商业预期；二是利率，涉及资金价格和商业成本。

银行业的分量及其原因。据统计，2022年年末，我国金融业机构总资产为419.64万亿元，同比增长9.9%，其中，银行业机构总资产为379.39万亿元，同比增长10%，占比90%；证券业机构总资产为13.11万亿元，同比增长6.6%，占比3%；保险业机构总资产为27.15万亿元，同比增长9.1%，占比7%。

金融业机构负债为382.33万亿元，同比增长10.3%，其中，银行业机构负债为 348 万亿元，同比增长 10.4%，占比 91%；证券业机构负债为 9.89 万亿元，同比增长 5.8%，占比 2.6%；保险业机构负债为 24.45 万亿元，同比增长 11.3%，占比 6.4%。

金融业所有者权益 37 万亿元，其中银行业 31 万亿元，占比 84%；证券 3.2 万亿元，占比 8.7%；保险 2.7 万亿元，占比 7.3%。

可见，第一，金融业发展到今天，银行业在资产、负债和所有者权益等三项指标上一直占有绝对优势地位。第二，银行资产主要由负债促成，银行业是法定负债率（杠杆率）最高的行业。整个金融业杠杆是 11.32 倍，其中证券业只有 4 倍，充分体现了证券机构承销、经纪行业特色和投资顾问性质；保险业 10 倍，说明寿险、理财产品份额可能比较重，保险在银行化、证券化；银行业 12.32 倍，按照法定 8% 资本充足率要求，尚未超过 12.5 倍。这很好，但又显然高于非银行金融机构和普通企业。第三，银行独占鳌头的原因除了法定杠杆率高以外，全面覆盖的账户体系和强大、高效、精准、可信赖的支付结算功能及其派生的存贷款、信用创造功能不可忽视。账户开立和支付结算是银行的看家本领、法定职责和行业特权。因为这些，银行成了大海。海纳百川，非银行机构和企业无论做多大也只是百川之一。

银行经营要在运动中寻求平衡。做银行像骑自行车，只有在运动时，才能轻松把握资产与负债、收益与风险、安全与发展等之间的平衡。不作为，事到临头，不在发展中解决问题，是不行的。

银行经营管理逻辑。逻辑学的"三大规律"：同一律、矛盾律、排中律，必须贯穿银行经营管理全过程。银行经营管理出问题，大多因为主要负责人常识缺失或逻辑混乱。例如，银行在性质（商业性和政策性，企业和机关）上左右摇摆，即违背同一律从而造成方向不明、目标不清最后无所适从。又如，既要加大监管力度（主要表现为随意增加审批事项），又要扩大银行经营自主权，要求银行承担经营管理主体责任，这违背矛盾律。在经营自主权不断被侵蚀的情境下，希望银行敢作为、善有为是不太可能的。况且，"既要……又要……还要……"也不符合排中律。中庸之道是技术也是艺术，是理想也是幻想。如果没有明确的界定或量化，很难操作落地。

银行的经营模式。经营模式是不是具有可持续性，一要看这种模式是否符合逻辑，二要看这种模式是否建立在排他性特权上。如果这种模式既不符合逻辑，又没有建立在排他性特权上，例如，吸收公众存款，那么它一定不具可持续性。没有可持续性，就不可能打造百年老店。例如，以债券为筹资工具的银行，违反了金融内在逻辑即从存款到贷款逻辑，它在存款、债券、贷款转化过程中做了二次变性手术。债券资金的下一步应该是投资，而不是贷款。因为存款到债券再到贷款，贷款定价没有任何优势，徒然增加了中间成本，所谓债券银行事实上成了资金的二道贩子，即在存款人、存款银行、贷款人中间以债券发行者身份插了一竿子。自从贷款的官方底价确定机制取消，实行贷款银行自主报价改革后，债券银行贷款定价的劣势立即显现。此外，债券银行依靠债券发行、交易特权授受，而一旦允许市政债券、地方债券和企业债券市场自由发行，这种特权立即丧失，其结果是：债券银行信贷市场空间立即缩小甚至消失。可见，它的特权不是排他性的。总之，银行的经营模式必须符合银行经营内在逻辑，建立在市场主体非对称基础上。

如何拟订银行业务发展与经营计划。银行业务发展与经营计划包含有银行固有的经营理念、方向、职责和定位等，是一个主观愿景，也是银行上下对过去经验的总结和对未来的期许。计划与实际是否一致，有主观努力，也有客观需要，所以，既要争取实现，又要尊重市场。

计划有指导性的，也有指令性的。指导性计划一般是内部的、有弹性的，但大家也要认真对待，争取实现；指令性计划一般是外部的，具有强制性，没有讨价还价的余地。

任务分总量的和结构的。总量任务必须完成，带有指令性。各部门、各分行的任务是结构性的，可以根据市场情况、业务拓展情况及时、适当调整、平衡、调度。人力部门应做好业务考核，在全行上下形成争先恐后、奖优罚劣的浓厚氛围。

监管部门和银行总行要切实解决实际问题，为分行和一线的业务拓展排忧解难。要深化改革，完善差异化定价机制，提高重大项目信贷竞争能力。

发挥考核指挥棒作用，必须将任务完成与报酬、荣誉和机构编制挂钩；也要计算和考核人均工作量、人均任务、人均资产、人均贷款和人均利润等，低于平均数的部门、分行要压减人数，相反要增加编制。拟订计划既要充分听取具体部门、分行的意见，做到实事求是；也要采取必要的组织措施，让那些敢担当、善作为的人去牵头负责工作。尸位素餐、得过且过是不行的。

过去，分支机构和部门争要信贷指标。那时候，放贷或有好处甚至大好处。现在，推指标、压指标，这是不负责、不作为的表现，是没有好处不做事的表现，是大锅饭的弊端。这个认识问题、三观问题必须纠正。不能让不敢腐、不能腐、不想腐的良好氛围变成怕追责而不敢作为、掣肘多而不能作为、没好处而不想作为的不良风气。

银行不能做蚂蟥的女儿。Daughter of the horseleech（蚂蟥的女儿）在《旧约》里比喻贪得无厌、永不知足的人。银行不能做蚂蟥的女儿，不能贪得无厌、为富不仁，不能压榨实体经济。相反，在实体经济困难期，要让利实体经济，关心和支持实体经济：降息、延期、减免债务、重组债务等。

中国人是不信邪、不怕邪的。中国民间有个故事说:"……孙晓红知道蚂蟥最害怕的就是盐,为了对付这只蚂蟥,次日晚上,孙晓红在闺女小燕怀中藏了一包盐。那天夜里,当王重楼再闯进小燕房间吸血的时候,小燕就将那包盐撒在了王重楼身上。王重楼接触到盐,立刻惨叫一声,随后就变成了一只蚂蟥倒在地上,躲在窗外的孙晓红看到蚂蟥精现出原形,立刻带着铁锹闯进去,将蚂蟥精狠狠拍死了。"看,像蚂蟥精贪吸人血般压榨客户,银行也会被"孙晓红们"拍死的,包括被(舆论)谴责、被(客户)怨恨、被(政府)强制、被(市场)抛弃、被(企业)饿死(所谓皮之不存,毛将焉附)、被(监管部门)处罚甚至被(行政)关闭。何况论及金融的政治性、人民性,银行更没有理由像蚂蟥那样贪婪,脱离实体经济追求优先独立发展!

债券银行"借短贷长"的做法可以治标不可以治本。因为负债工具的不同,银行可以分为存款银行和债券银行两大类型。因为结算资金、活期存款的大量存在,存款银行在资金成本和贷款价格上具有明显的天然的优势。相反,债券银行的压力非常大。债券银行借短贷长、利率错配似乎可以提高一点信贷竞争力。但在利率上行情况下,作用会递减直至没有,直至出现负效应;在利率下行情况下,借短贷长是可以的、有利的,但效果很快会被提前偿还贷款或他行替代贷款冲销殆尽。因此借短贷长治标不治本。那么,本在哪里呢?本在回归银行的存款与结算属性,即聚焦吸收存款,而不是靠市场发债筹集大部分资金;在发达的支付结算网络,而不是把银行做成漏斗一般;在庞大的可关联的账户体系,尽可能将贷款变换成本行新的存款,充分发挥银行信用创造功能。

为什么需要银行或为什么说 P2P 荒谬。借款人(不是投资人、投保人）和贷款人（不是募股公司或资产出售机构）为什么不能 1 对 1 地直接借贷（P2P）？为什么需要银行这类信用机构？为什么线上可以 1 对 1 地完成商品交易而不能 1 对 1 地进行资金交易？应该承认，互联网解决了不少千百年来想解决而没有能力解决的问题，比如信息不对称问题、营业时空限制问题等。但是，它并没有解决借贷双方"信用"问题。资金供需双方完全是陌生的，他们可以在网上见面，发布资金供需信息，但谁能保证资金一旦放出约定期限内会连本带息回来？自古及今，保证的方式只有抵质押和担保。网上"商品"交易之所以能成功，关键在平台公司暂时控制了买方的预付款，确保买方的支付信用，同时在买方收到商品并无歧义的前提下划拨资金，又确保了卖方信用。因为双方信用得到确保，所以交易及其模式成功了。线上借贷不同，它不是商品与货币的互换，不是钱货两讫。它是所有权和使用权的暂时分离，是借贷不是买卖，最终要还本付息。如果不能解决线上抵质押或担保问题，风险将是巨大的。P2P 平台公司试图充当担保角色，然而，它们只是对出借人做了形式上的承诺。由于不能像银行那样控制借入者（贷款人）的抵质押品或要求第三方担保，所以它对出借人的承诺是形式上的、不实的。于是，加上别的原因，P2P 成了线上庞氏骗局。

银行良好公司治理标准述评。"良好公司治理"，监管部门有标准，这就是：（1）清晰的股权结构；（2）健全的组织架构；（3）明确的职责边界；（4）科学的发展战略；（5）高标准的职业道德准则；（6）有效的风险管理与内部控制；（7）健全的信息披露机制；（8）合理的激励约束机制；（9）良好的利益相关者保护机制；（10）较强的社会责任意识；等等。

然而，问题来了：健全的、合理的、良好的等形容词，如何定义、量化、可操作以及评判？在治理主体中，党委和纪委、群团组织等如何定位、融合？职责边界能否做到泾渭分明值得怀疑。战略的科学性和风控的有效性等，只有实践才能检验，不可能先知先觉。信息披露要接受保密法和保密政策约束，并非越充分越好。激励办法，社会责任履行，不是银行自身能定的。利益相关方保护，更多依靠外部职权。以上问题的存在使良好标准变成了良好愿望。

公司治理机制失灵。根据监管规定，公司治理机制失灵包括但不限于：董事会连续一年以上无法产生；公司董事之间长期冲突，董事会无法作出有效决议，且无法通过股东大会解决；公司连续一年以上无法召开股东大会；股东大会表决时无法达到法定或者公司章程规定的比例，连续一年以上不能作出有效的股东大会决议；因资本充足率或偿付能力不足进行增资的提案无法通过；公司现有治理机制无法正常运转导致公司经营管理发生严重困难；监管机构认定的其他情形。其实，公司治理机制是否正常，一看业务指标是优化还是劣变；二看财务指标是改善还是恶化；三看员工队伍是踔厉骏发还是得过且过。

银行的经营计划、执行与调整。毛泽东说："人的正确思想，只能从社会实践中来。"[1] 习近平总书记说："马克思主义是实践的理论，指引着人民改造世界的行动。"[2] 社会生活本质上是实践的。实践是认识的基础，也是检验真理的唯一标准。认识源于实践，在实践中深化，最终指导实践。认识与实践两者，辩证统一、相互促进。中国银行业必须坚持马克思主义基本立场、观点和方法，全面贯彻习近平新时代中国特色社会主义思想，观察、把握和引领时代，不断深化对经

---

[1] 《毛泽东文集》第八卷，人民出版社 1999 年版，第 320 页。

[2] 习近平：《在纪念马克思诞辰 200 周年大会上的讲话》，人民出版社 2018 年版，第 9 页。

济规律、金融规律和银行经营规律认识，处理好认识与实践关系，做到认识在实践基础上沿着科学方向深化，实践在认识指导下沿着合理方向推进，形成"实践—认识—再实践—再认识"波浪式前进和螺旋式上升的良性循环。银行计划和执行，本质上是认识与实践的关系。年初拟订的经营计划，基于往年的历史经验和对未来趋势的研判。这个认识源于过去的实践，但在计划执行过程中，可能出现无法预料的新情况新问题从而需要对经营计划总量和结构性指标做调整。调整是正常的、必要的、必需的；是正确处理认识和实践关系的具体体现。当然，要对客观变化及主观调整的原因说清道明。新的计划拟订，也要以史为鉴，同时深入实践、走访沟通、调查研究；要坚持实事求是原则，根据国家决策部署，结合自身实际，科学严谨认真编制，尽可能增强计划的科学性、指导性、严肃性，缩小计划和实际执行的差距。区分指标优化和劣变不同情况：优化的指标可以稳中有升，劣变的指标可以适当调减。

政策性银行品牌建设。品牌是经济质量的集中体现。习近平总书记高度关注品牌建设工作，要求推动"中国产品向中国品牌转变"①，为企业包括银行做好品牌建设提供了根本遵循。

政策性银行以服务国家战略为己任。在推进品牌建设过程中，应该着力从以下几方面下功夫。

一是打造新发展理念践行行。将新发展理念落实到服务实体经济、防控金融风险、深化金融改革的全过程、各环节，崇尚创新、注重协调、倡导绿色、厚植开放、推进共享，为经济社会发展的战略重点领域和薄弱环节提供高质量金融服务，自觉做新发展理念的忠实践

---

① 中共中央文献研究室编：《习近平关于科技创新论述摘编》，中央文献出版社 2016年版，第 4 页。

行者。

二是打造社会主要矛盾破解行。聚焦当代社会主要矛盾，以人民为中心，开展负责任融资，促进区域协调发展，加大力度支持乡村振兴、垃圾污水处理、住房、教育、医疗等人民群众"急难愁盼"问题突出的领域，助力破解经济社会发展中的不平衡不充分问题，扎实推动共同富裕，不断增强人民群众的获得感、幸福感、安全感。

三是打造国家货币信贷政策落实行。在落实国家货币信贷政策方面，发挥引领和表率作用。坚持为实体经济服务，持续优化信贷结构，聚焦重点领域，资金直达实体。积极引导贷款市场利率下行，主动让利，与实体经济同呼吸、共命运，促进金融与实体经济良性循环。

四是打造科技创新推进行。大力发展科技金融，主动服务科技自立自强和制造强国战略。设立科技创新和基础研究专项贷款，加大研发类贷款发放力度，打好关键核心技术攻坚战，提升国家整体科技创新能力，推动实现更多"从 0 到 1"的突破。推广"制造业合作计划"，实行"百链千企"行动，加大模式创新力度，助力先进制造业和战略性新兴产业发展，为经济发展培育新动能。

五是打造开拓开放引领行。要有开拓的精神、开阔的视野、开放的心态。拓宽业务领域，推进业务增长，甘做银行业拓荒牛。守正创新，坚守"融资成本更低、融资效率更高、资金更可持续"三标准，做实政策引领融资、统一模式融资、大额批发融资、长期稳定融资"四类融资"，提升政策性金融服务质效。

六是打造保本微利特色行。从战略层面把握财务与业务关系。义利兼顾，义在利前。坚守成本、同业"两条底线"，明确保本微利边界，努力实现服务战略、风险防控和财务可持续的多目标平衡，在为经济社会发展提供高质量金融服务的同时，实现自身可持续发展。

七是打造循规蹈矩安全行。防范化解金融风险是金融工作的根本性任务。要建立一套说得清、行得通、真管用的制度体系，强化制度执行，推动治理体系和治理能力现代化。规规矩矩办银行、踏踏实实做业务。加强廉政建设，坚守廉洁底线，做到"管住人、看住钱、扎牢制度防火墙"，切实维护国家金融安全。

契约精神是银行的生存基础。契约精神是指拥有选择缔约者的自由、决定缔约的内容与方式的自由。包括：（1）契约平等精神，即缔结契约主体地位是平等的，缔约双方平等享有权利，履行义务，互为对待给付，无人有超出契约的特权。（2）契约信守精神，这是契约精神的核心要义，也是契约从习惯上升为精神的伦理基础。诚实信用是民法的帝王条款和统领全法域的基本原则。在契约未上升为契约精神之前，人们订立契约源自彼此的不信任，契约的订立采取的是强制主义，当契约上升为契约精神以后，人们订立契约源于彼此的信任，当契约信守精神在社会成为习俗、主流时，契约的价值才真正得到实现。（3）契约救济精神，即在商品交易中，人们通过契约来实现对自己损失的补救。当一方因另一方行为遭受损害时，可以提起诉讼，从而使自己利益获得最终保护。

契约精神是银行的生存基础，也是银行客户的道德基础。现代法治政府一定要推崇契约精神，有效治理恶意拖欠账款和逃废银行债权的卑劣行为。

银行的内部性与外部性。银行内、外是一对矛盾，是对立统一关系。过于强调银行内部的健全性而自怨自艾或者外部生存环境的可靠性而自以为是都不对。理想的状态当然是内部健全、外部可靠。可事实是内部总有漏洞和不足，外部总有欺诈和失败，可靠性与健全性建设永远在路上。毫无疑问，没有哪一家银行可以宣称自己十分健全，让所处的时代和地区、面对的每一个客户绝对放心。十分健全又怎么会出现违规违纪甚至违法呢？绝对放心又怎么会出现逾期、不良甚至损失呢？所以，内部健全性和外部可靠性兼备是每家银行永恒的课题与终极目标。

银行的内部性表现在职员素质、制度规章、文化底蕴、道德品德、经营风格等方面；外部性则表现在经济发展的高质量和可持续能力，契约精神和严格执法等方面。在同样的时空条件下，银行的内部健全程度决定银行的收益高低和安危，构成银行的差异性。如果出现行业问题，如区域性危机或系统性灾难，那一定是外部环境出了问题。

一家银行内部性的健全，可以创造自己相对安全的小环境，但很难改变整个外部环境，更无力量决定外部可靠性。整个外部可靠性取决于宏观经济质量和政府、司法系统的公正性、有效性。外部可靠性越强，银行的"三查"成本、法律成本、资产保全成本等越低。而且，可以极大减少内部健全性不足产生的负面影响和损失，因为再烂的贷款行也知道钱到哪儿去了，知道借款人是谁。

金融三性。政治性、人民性、专业性，即金融三性。具体讲，金融为了谁？金融依靠谁？怎样办金融？强调三性的目的是，确保方向不偏，路子不邪，目标高远。金融要遵循规律，为民族复兴服务，为人民幸福出力，对党和人民事业负责。

金融创新。"创新是一个国家、一个民族发展进步的不竭动力。"[①] 同样，也是一家银行发展进步的不竭动力。经营一家银行会面临许多困难和挑战，经营目标绝不是轻轻松松、敲锣打鼓就能实现的。穷

---

① 《中共中央关于党的百年奋斗重大成就和历史经验的决议》，人民出版社 2021 年版，第 69 页。

则变，变则通，这是古训；办法总比困难多，这是俗话。只要开拓创新、守正创新，就一定能找到新的业务增长点。

金融改革和开放要一体推进。压力靠改革释放，活力靠开放激发。古人说，穷则变，变则通。讲的是问题导向和改革意义。西方人说鲇鱼效应，指的是结果导向和开放意义。银行要改革开放，在改革中化危为机，在开放中争先创优。

大国应该巩固和建设国际金融中心。与国家经济实力和贸易、投资地位相称，建立和巩固国际数一数二的金融中心是必要的。金融活，经济活；经济强，金融强。作为世界第二大经济体和第一大贸易国，中国应该拥有排名第一或第二的国际金融中心城市。香港排名第三，但地位要巩固。上海、深圳还有距离，要努力、要提升。

绿色金融是大方向和铁准则。"生态文明建设关乎中华民族永续发展，绝不可以牺牲环境为代价换取一时的经济增长。"显然，绿色金融是银行今后的信贷方向和准则，是党和人民对银行业提出的基本要求之一。银行必须牢固树立绿色发展理念，守住生态环保底线，开展负责任融资活动。

金融六特点。
（1）链条长。金融内含产业链而不是相反。
（2）信息不对称。因为金融是中介。
（3）价值实现过程曲折。它本身并不产生经济学意义上的价值。它必须借鸡生蛋，借腹生子。
（4）易受外部因素影响。经济是本，金融是末。资金使用权一旦转移，不确定性随即产生。客户是银行的衣食父母。希望客户好，而客户未必好！祝万事如意，因为时常不如意；祝心想事成，因为时常事与愿违。

（5）利益诱惑大。经营对象即货币，赚钱相对轻松。货币资本分配、行业垄断等，容易滋生腐败。

（6）参与者行为变化快。因为市场瞬息万变。

分享经济的本质与金融支持。物的所有权和物的租赁权是两种相互联系而又可以分离的权利。从所有权固定到租赁权交易从而让物尽其用是分享经济的基础和基本特征。由于互联网和智能终端等技术的广泛运用，信息突破了时空局限，最大限度地消除了物的供给与使用信息之间的不对称，实现一切闲置资源供给与需求精准匹配，从而极大提升整个社会存量资源的利用率。金融应该支持分享经济发展。例如，帮助有关市场主体将闲置的房产买下来再租给那些有需要的困难群众用；帮助车辆平台将路上跑的汽车空位租给有需要的乘客用；等等。

金融业的周期性。经济的周期性，人们很早就认识到了。自然更替，循环反复，在靠天吃饭的古代，农业生产周期性表现得再明显不过了。进入商品经济时代，特别是资本主义阶段，经济的周期性表现为市场的周期性。对此，很多经济学家有过论述。金融业的状况，总的说，取决于经济状况。经济的周期性必然导致金融业的周期波动：泡沫、衰退、萧条、繁荣。例如，经济衰退必然导致银行不良贷款上升，尽管存在时滞。真正的市场高手，是那些瞄准时机贱买贵卖的能人，是那些人弃我取、人取我予的投机分子。

多视角下的金融开放。金融开放可以从多个视角去观察、思考。比如，（1）对外贸易/GDP，或者，反过来，内需对经济增长贡献率；

（2）外商投资包括直接投资和证券投资的规模与速度；（3）外汇市场交易货币种类及其交易量；（4）跨国金融机构覆盖面；（5）设立或加入国际金融组织情况；等等。金融为实体经济服务，因此，金融对外开放必须服务服从于实体经济对外需要。金融开放不能为国际投机资本提供方便，那是非常危险的。金融开放不等于金融放任，不能无条件开放。金融开放好比打开窗户同时放下纱窗。

金融财政化或财政金融化都是错误的。财政与金融既有联系又有区别。财政偶尔有金融行为，或者金融偶尔有财政举动，均属小概率事件。财政金融化或金融财政化作为一个趋势和政策取向是完全错误的、反常的。比如，财政大量发债搞中长期投资，取代贷款、挤出银行，就是财政金融化的表现；而银行资金要求"专款专用"，或要求财政贴息、政府承担风险等做法，就是金融财政化的表现。两种倾向都不对。财政金融化会降低资金使用效率和效益；而金融财政化会培养银行的官僚主义，弱化行员的责任心。

金融集团公司要树立集团意识，否则会失去组建集团的意义和优势。金融集团公司有银行牵头组建的，有信托牵头组建的，有保险牵头组建的，还有实业公司牵头组建的。不同的组建人，集团经营管理的风格不同，公司文化和习惯做法不同，因此需要协调、协同成员单位。除了分管领导主动作为、公正客观推进各项工作外，成员单位特别是业务关联度高的单位，应互派副手参加对方的业务会议，以便及时准确协同推进相关工作。这应该成为金融集团管理的长效机制。

"市场经济地位"中的金融标准。欧盟承认"市场经济地位"有五项标准：（1）决策没有明显受国家干预；（2）有一套按国际通用准则建立的会计账簿；（3）生产成本，财务状况未受非市场经济体系的显著影响；（4）企业不受政府干预成立或关闭；（5）货币汇率变化由市场决定。美国、日本的标准是：（1）该国货币与其他国家货币可兑换程度；（2）该国工人与政府在工资问题上自由谈判的程度；（3）该国公司成立合营企业或其他投资企业被允许的程度；（4）政府对生产资料所有或控制的程度；（5）政府对资源分配以及企业在价格、产量决定权上的控制程度；（6）调查机关认为适当的其他因素。可见，发达国家所谓"市场经济地位"标准包含的金融标识是货币可兑换程度（美日）和汇率由市场决定（欧盟）这两点。暂且不说发达国家双重标准问题，言行、表里不一问题，仅就承认市场经济地位的标准包含金融标识这一点，可以看出：资本自由流动即货币完全可兑换以及汇率浮动即汇率市场化是市场经济的灵魂和价值取向。尽管在实际的经济生活中，在国际投资和贸易领域，"政府"从来没有垂衣裳而天下治，从来没有无为而无不为，从来没有真正撒过手、收过手，但要素流动自由化和价格市场决定，作为趋势、信仰和追求，是不会错的。

走中国特色金融发展道路。走自己的路，是中国共产党百年奋斗得出来的历史结论。金融业没有例外。必须选择符合中国国情的金融发展道路。改革开放以来，中国金融业随着经济发展取得了长足进步。但与此同时，"西化"也比较厉害。观念理念、制度规矩、监管要求等，唯西方银行马首是瞻。党的领导被虚化、弱化、边缘化导致金融乱象丛生，脱实向虚，唯利是图，贫富悬殊，贪污腐化，风险频发。"中国特色社会主义最本质的特征是中国共产党领导，中国特色社会主义制度的最大优势是中国共产党领导。"[1] 我们在西化或者借口与国际"惯例""协议""公约"接轨过程中，忘了我们社会最本质的

---

① 中共中央党史和文献研究院编：《十九大以来重要文献选编》（上），中央文献出版社 2019 年版，第 294 页。

特征，丢了我们制度最大的优势，教训极其深刻！

三链合一。现代金融一个重要特点是：产业链、供应链、资金链"三链合一"。通过链长企业牵头与协同，借助"三链合一"合金式优势，实现产品到产业演进，独狼到狼群形成，松散合作到深度融合发展，一次性交易到长期信用确立，单一信用到综合信用（包括制造商和供应商信用在内）转变，既扩大了信贷市场份额，又巩固了资产安全基础。具体说，银行与链长企业合伙向上下游有需要的客户发放贷款，利差收益共享，贷款风险共担。或者采取"转贷款"做法，银行批量给链长企业财务公司相对廉价资金并由其转贷给上下游有需要的企业，允许其收取利息同时承担风险。或者由链长企业隆重"推荐"链上企业客户；出了事则"协助"银行尽力化解风险。至于评审决策银行完全自主；贷款收息兼风险自负，与一般信贷业务也没有区别。在本息安全、回收无风险或低风险情形下，银行也可以向链长企业支付约定的咨询费。一般而论，资金链包括资本纽带和借贷，即相互参股和债权债务关系。这里说的资金链是指银行联合链长企业对产业链和供应链上其他企业进行贷款的行为。

政策性银行的前途。中国政策性银行都是债券银行，即主要（70%以上）通过债券筹资放款。地方政府债、大型企业债发行，政策性银行自身存款比例偏低（<10%），政策性资金有限且不稳定（约20%），央行 LPR 改革以及地方政府和大型企业存贷款招投标做法，对政策性银行的影响是巨大的深远的甚至是致命的。政策性银行必须有忧患意识，未雨绸缪，早做预案。对任何一家银行来说，资金从哪里来、到哪里去，资金能不能正常循环起来都至关重要。对政策性银行来说尤为重要。它必须解决市场化资金来源与政策性信贷目标的矛盾。在这对矛盾中，政策性目标是不能动的。动了，就不是政策性银

行了。所以，矛盾的解决只能寄望政策资金来源开辟，即长期、稳定、大额、低成本资金来源解决。这是政策性银行改革的切入点、关注点、痛点、堵点和难点。只有在这个前提下，加上"保本微利"原则，服务国家战略、完成中央政府交办的任务才有可能完成。政策性资金来源服务政策性信贷目标是政策性银行的本质特征和基本运作原理。

银行业是否适合做"鲍莫尔病"病理分析。据介绍，美国经济学家鲍莫尔（Baumol）于 1967 年构建两部门非平衡增长模型，旨在解释主要经济体 20 世纪大部分时间里产业结构变迁以及经济增长趋势。鲍莫尔把宏观经济分为具有正劳动生产率增长率的进步部门和不存在劳动生产率增长率的停滞部门，并在几个关键假设条件下得出：随着时间的推移，进步部门的单位产品成本将维持不变（这里指劳动力成本），而停滞部门的单位产品成本将不断上升，因此，消费者对停滞部门产品的需求如果不是完全无价格弹性的，那么停滞部门不断上升的单位产品成本将会促使消费者减少对该部门产品的需求，结果会导致停滞部门不断萎缩并最终消失。而假设停滞部门的产品需求完全无价格弹性，那么虽然停滞部门的单位产品成本不断上升，但仍然会有劳动力不断向该部门流入，从而该部门不但不会萎缩还会逐步吸纳大量的劳动力进来，正由于劳动力不断从进步部门向停滞部门转移，因此整个国家经济增长速度将逐渐变为零，这就是著名的鲍莫尔成本病与增长病，简称"鲍莫尔病"。

鲍莫尔指出，进步部门主要是指制造业，而停滞部门是指服务业，包括教育、市政服务、表演艺术、餐饮、娱乐休闲等。鲍莫尔举例指出，在表演艺术市场上，300 年前演奏莫扎特的四重奏需要四个人，而 300 年后演奏同样一首曲子仍然需要四个人，劳动生产率始终没有发生变化。

银行业是服务业。按照鲍莫尔的说法，银行可能患病：停滞拖后腿！然而，据观察，消费者对银行服务价格是敏感的，即在竞争充分条件下有充足的价格弹性，银行却没有不断萎缩，更没有消失，相反，比过去更强大、更繁荣！一方面，银行的收费标准、利率等都在下降；另一方面，银行仍然是最赚钱的部门之一，利润总量随着资产总量增加而增加。银行克服"鲍莫尔病"的诀窍在于，紧跟时代步伐，广泛而深入地运用大数据、云计算技术，一句话，金融科技进步，极大地提升了银行业的劳动生产率。银行部门不是鲍莫尔笔下的停滞部门，相反，它是一个先进部门！例如，过去现钞设计、防伪、印制、保管、运输、使用、销毁等，需要投入大量劳动。如今，在中国，现金占 M2 不到 1%，货币进入数字时代，这种投入越来越少了，印钞造币的重要性和必要性都在迅速下降。

守住银行的道德底线，做一间高尚的银行。好企业与坏企业对银行的态度是不一样的。好企业视信贷为契约，有借有还，是一笔交易，每一笔贷款都要按时还本付息，所以在它心目中，银行与其他客户没有区别，是平等的交易对手，不存在什么"恩赐"或"支持"。而坏企业视信贷为救命稻草或唐僧肉，有借无还，所以它宁愿先委屈自己，引诱、欺骗、撒谎、构陷、套牢、贿赂银行工作人员，以欺骗贷成功。所以银行要守的第一条道德底线是平常心，坚守等价交换原则和廉洁办贷规定。

好银行与坏银行对企业的态度是不一样的。好银行居安思危，放款时即想到收款时，它是谨慎的、理智的、长远的。它对借款企业的态度是严肃的、严格的、一本正经的。坏银行唯利是图，见高息而垂涎，有好处即忘形，它是贪婪的、冲动的、短视的。它对借款企业的态度是随意的、随便的、毫无原则的。所以银行要守的第二条道德底线是严肃与认真。

银行的损失基本上都是由不讲信用的坏人造成的，而风险成本却由讲信用的好人承担。好人除了承担正常的利息外，还要承担银行所谓的"风险成本"，利率或者说贷款定价包含了针对信守承诺的客户并不存在的"风险溢价"。所以银行在制度安排上是欺负了老实人的。并且，越差的银行，欺负得越厉害，因为它的风险溢价越高。所以银行要守的第三条道德底线是不欺负老实人，办法是降低风险溢价。

不满足，既是人的优点，也是人的缺点。做企业的人，都有做大的欲望、扩张的冲动。借贷可以成"瘾"，因为贷款让企业在短期内资产迅速膨胀，而企业越大，贷款越便利，银行似乎越放心。银行像一个"毒品"供应商，相信 too big to fail，而忘了信贷的本质是转移资金使用权，而不是所有权。事实上，大并不意味着偿付能力强。相反，轰然倒塌、血本无归的事司空见惯。所以，银行要坚守的第四条道德底线是节制，不去"垒大户"。

第二章
存款·负债

关键词：存款　负债

第一节　存款

提要：存款（特别是活期存款、结算资金）是最低成本负债。抓存款、抓账户就是抓成本、抓信贷市场竞争力。尽可能提高贷存比是一切商业银行的本质要求，也是生息资本的本质特征。储蓄→投资中转次数越多资金成本越高。公共资金应该存入政策性银行。通胀是存款的死敌。储蓄＋投资＝财富。中、长期存贷款息差越小，越有利于储蓄向投资转化。保护存款就是保护银行。存款是人的天性。银行可以创造信用，但不能凭空创造。

存款（特别是活期存款、结算资金）是最低成本负债。在一般银行负债中，存款占大部分。在所有负债品种里，存款的综合成本最低。债券收益率、股东分红率等，都以存款利率为参照对象或最低标准。

抓存款的意义。抓存款、抓账户就是抓成本、抓信贷市场竞争力。存款多的银行才谈得上家底厚实，竞争也才有底气。"存款立行"虽然有点片面和极端，但也不是毫无道理。古人说，长袖善舞，多钱善贾。银行规模（资本金、贷款、总资产、利润、客户、网点、支付结算、员工等）最终取决于存款负债规模。"问渠那得清如许？为有源头活水来。"银行是渠，存款即活水。

手中有钱心中不慌。在自然经济时代，手中有粮，心中不慌。在工业经济时代，手中有钢，心中不慌。在高度发达的市场经济社会，手中有钱，心中不慌。存款，对居民来说，意味着衣食无忧，未来可期，当然心中淡定；对银行来说，意味着贷款资源和生息机会，当然心中有数，不慌不忙！

美西方真的寅吃卯粮吗？ 一直有个误传误导说，美西方人寅吃卯粮，不仅不喜欢储蓄，而且提前开支——消费贷款。事实上，以美国为例，中美人均储蓄差距较大。中国住户存款余额约为121.18万亿元。以14.1175亿人口算，2022年中国居民人均存款余额约为8.58万元人民币，按平均汇率换算成美元即1.28万，相当于美国居民人均存款余额的23.44%！不到其1/4。

存款银行贷存比。贷存比既是存款资源信贷化，或储蓄投资化、资金资本化指标，也是银行流动性风险管理指标。尽可能提高贷存比是一切商业银行的本质要求，也是生息资本的本质特征。同时，银行又要确保随时随地支付，这是银行作为绝对信用机构所必须的要求。因此，以存款为唯一负债渠道的银行，贷总比再高，也高不过100%。

存款是一手资金。存款是一手资金，所以成本较低。证券资金是二手资金，成本相对高。入股，买债券，参与理财计划……支用的钱大部分源于存款，所以逻辑理论上分红派息收益率要高于同期存款利率，否则没有吸引力。当然，资本市场吸引力不完全取决于固定的可见的利益比较优势，还取决于赌徒心理，追求长期投资分红派息的欲望远不及低进高出追求价差的欲望。可是，固定收益债券市场不同于股市，几乎没有投机性，所以只能靠更高收益率承诺和支付，这样，成本下不去，与存款银行竞争只有劣势了。

存款是抽象的、一般的财富。财富有具体抽象之分，特殊一般之别。人们看见的通常是具体财富，如豪车豪宅、名表名画等。富人展示的财富也只是冰山一角，看不见的存款等金融资产才是他们的真正实力和人生底气。如果这部分财富不断缩水，他们会如坐针毡、寝食不安。所以，富人比穷人更担心、更害怕银行破产清算和金融市场崩溃。此外，确保商业往来和商人自由的财富不是固定财产，而是同样具有流动性的存款等金融资产。可以说，具体的财富满足的主要是人的生理需要，存款等抽象财富满足的主要是人的精神追求和心理需要，如自由、安全等。

存款资源要充分利用。中国存款资源丰富，宜加大储蓄向投资转化力度。1978 年，美国人均存款折人民币 0.17 万元，中国人均存款 0.01 万元（美国为中国的 17 倍）。2012 年，中国人均存款开始超过美国。2020 年美国人均存款折人民币 9.34 万元，中国人均存款 15.05 万元（美国为中国的 62%）。中国 42 年，人均存款增加 1505 倍，而美国同期增长 55 倍，且绝对量大于美国。贷款、投资最终源于存款（储蓄），中国人存款的优异表现，是中国经济高速发展的结果，也是中国经济高速发展的原因。宜加大储蓄向投资转化力度，重点是进一步放宽资本市场门槛，切实推进注册制。

储蓄的意义。 储蓄，既是经济进步的结果，也是经济起飞的重要原因，还是发展经济学研究的核心问题。经济增长理论的中心问题是要理解一个社会从储蓄少变储蓄多的过程以及伴随着这种转变而来的在态度、制度和技术方面的一切变化。

储蓄与消费都可能成为经济增长的动力。 经济增长过程中，储蓄、投资是驱动器；而消费、销售是拉动力。前者从生产端推动，后者从销售端拉动。储蓄与消费都是经济增长的重要因素，不存在谁更重要的问题，尽管消费与储蓄此消彼长。经济学家关于二者消长及其对投资、成本、利润、就业、价格等影响的分析和担忧，理论上都没有错。但现实中，市场调节功能远远超过他们的想象。理论上的困境一旦投入实践便迎刃而解！

储蓄→消费的经济意义取决于其是否成为产业利润的最直接的和最主要的来源。 在一些贫穷落后国家，生产性投资小并不是因为没有剩余，而是因为剩余被用于养活不生产的随从，以及建造金字塔、庙宇，购买其他耐用消费品，而没有用于创造生产性资本。如果把这种剩余作为资本家的利润，或者作为致力于提高生产力的政府的税收，那么，没有通货膨胀也会有高得多的投资水平。简言之，投资源于储蓄，但储蓄未必用于投资，它可以用于消费。而消费可以直接给生产资本带来利润，也可以给个人带来纯粹的享受和炫耀甚至浪费。这种享受与浪费是国家贫穷、落后的重要原因。用中国古人的话说："生财有大道。生之者众，食之者寡，为之者疾，用之者舒，则财恒足矣。"[①] 反之，生寡食众则穷矣！

---

① 《礼记·大学》。

储蓄→投资中转次数越多资金成本越高。储蓄到信贷，银行一次中转；储蓄到公司债券、股票，承销商一次中转。所以，银行贷款、公司债券、企业股票筹资成本最低，价格最优惠。中转二次的资金，可以叫二手资金。中转 N 次，叫 N 手资金。中转次数越多，融资成本就会像滚雪球一样越滚越大。要解决融资难、融资贵问题，必须减少金融中介或资金掮客，"铲平"二次及二次以上资金中转站，缩短从储蓄到投资的距离。

债券银行步履维艰。靠发债筹资再放贷的所谓债券银行在市场化过程中日益艰难。一是央行确定基准利率改为 LPR，债券银行失去了贷差保护，在信贷市场价格竞争中处于极不利状况。二是客户存贷款采用招投标制度，实行价格中意者得，尽力压减了存贷息差。在债券收益率明显高于同期存款利率情境下，债贷差相较存贷差更窄，几乎无盈利空间甚至出现倒挂明亏！三是资本市场注册制推行。当一般企业都可以自行发债时，债券银行的日子更难！尤其对于同样具有准国家信用级别的中央企业，债券银行如果没有别的负债如存款、央行低成本政策性资金支持或者财政贴息政策跟进，恐怕连门都进不去了！

争取央行廉价资金。低成本资金对银行的意义，正像营养对健康的意义一样，不言而喻。然而除了结算资金或活期存款比较廉价外，定期存款、债券资金、同业拆借等并不便宜。因此银行人都想争取央行资金支持。为什么央行的资金便宜？一是"印出来的钱"没有成本，超经济发行货币靠通货膨胀消化；二是法定存款准备金、清算备付金成本极低；三是央行总能通过公开市场操作强行筹集低于再贷款、再贴现利率的资金并保持适当的息差。

公共资金应该存入政策性银行。社保、医保基金，住房公积金、维修金，财政结余资金等公共资金，从法学逻辑上说，应该存入政策性银行，以便其更好地服务国家政策性业务拓展。商业银行、上市银行利益的狭隘性和局部性与这些资金的公共性、公益性是矛盾的。政策性银行也应该主动营销，理直气壮争取这些资金，形成长期稳定的、大量低廉的负债。不可养尊处优，以为皇帝女儿不愁嫁，这是不负责任没有担当精神的表现。

存款业务评估。存款业务评估，一看移动平均规模大小，二看存款余额稳定性，三看加权平均成本高低，四看期限长短，五看存贷比或银行信用创造能力强弱。以贷谋私是金融腐败现象之一，但主要发生在金融供给不足、资金短缺、公私利益体并存情形下。存款市场腐败是新近现象，是银行过度竞争的结果之一。银行给行员分派存款任务同时给提成或奖励，拉存款像拉保险和传销，给拥有财务资源如财政存款、公司存款、基金托管等行员及其关系人以貌似合理合法的贪腐机会。因此，开展存款业务评估必须注意这一点，不能只看存款量，还要看吸收存款的方式方法是否符合监管要求，是否造成新的腐败，哪怕手段隐蔽，处于地带灰色。

账户能覆盖到哪里存款业务即可拓展到哪里。银行要以客户为中心，围绕资金流向，贯彻横向到边、纵向到底的开户理念，延伸账户生态链，扩大和健全多层级账户体系，推动资金行内循环。要把银行做成大海，而不是漏斗；把账户体系做成蜘蛛网，上面挂满猎物（众多存款）。这样，存款业务才能做大，资金成本才能做低。英文单词 deposit 很好地诠释了存款与账户的关系：作名词时是"存款"的意思，作动词时是"存入银行账户"的意思。

以信贷管理为桥梁，实现存款、风控双目标。将存款工作嵌入信贷全流程管理，明确各个环节的工作要求。在项目开发阶段，积极争取客户开立资本金账户；在合同签订阶段，推动借款人及时开立监管账户，在实时掌握项目工程进度、防范贷款风险的同时拓宽银行存款资金来源；在资金支付阶段，按照头寸申报要求加强流动性管理；在本息回收阶段，尽量劝导客户提前将还款用资金汇入偿债准备金账户。

币值稳定是存款的必要条件。币值稳定或升值有利于储蓄，存款利率高过 CPI 也有利于储蓄，反之，不利于储蓄。储蓄与现期消费相对，此起彼落，此消彼长。但与未来消费正相关，是未来消费的函数。储蓄币种选择完全取决于货币价值的稳定性和未来消费目的国可流通、可接受货币种类。通胀期间人们抢购物资或者千方百计换汇，无疑反证了这一点。

通胀是存款的死敌。当 CPI 等于存款利率时，对存款人来说，等于本金无损或购买力不变；当 CPI 大于存款利率时，对存款人来说，相当于本金受损或购买力下降。CPI 高出越多，购买力降得越大，存款人损失越大，存钱向存物或本币向外币转移速度越快、规模越大。所以，通胀是存款的死敌。无视通胀的多为底层存款人，一生心血被通胀吸干，只留下叹息和苦难。

储蓄 + 投资 = 财富。乔治·克拉森（1874 年生）写的 *The Richest Man in Babylon*，借古喻今，讲述了致富七原则等，对银行经营管理亦有启发。不甘贫穷，立志致富是一般前提。"假如一个人内心藏着一个甘愿做穷人的灵魂，无论他的出身是不是穷人，他终究会变成真正的穷人。"（导读）同样，要成为一家杰出的银行，前提是不甘于平庸、平凡。藏富于民是昌盛国家的大政方针。而人民致富的关键在，"既会赚钱，又会存钱，还能利用多出来的钱赚更多的钱"。即致富、储蓄、投资赚钱是明智而永远的流程。"你赚一个，花一个，就无法让钱财再为你服务，更别指望有更多的钱为你所用。这道理不是很简单吗？"可以说，肯定储蓄和投资的重要性、必要性，是这本通俗、励志的经典读物的最大价值。

"存款立行"的片面性。《警世通言》第五卷讲到一个叫金钟的人，"性至悭吝"，绰号金冷水、金剥皮。平生有四愿、五恨。其中四愿是："一愿得邓家铜山，二愿得郭家金穴，三愿得石崇的聚宝盆，四愿得吕纯阳祖师点石为金这个手指头。"总之，钱财要越多越美，而开支要越少越好，至于施舍、捐赠亦一毛不肯拔，且其存心不良，害人害己。存钱聚财，既不肯消费、出借，也不肯布施、行善，为存而存，终于人亡财散，沦为笑柄。由此，联想到"存款立行"口号之片面乃至荒唐，与金钟无异，甚至有过之而无不及！资负同心，其利断金；两端发力，银行屹立！银行没有存款不行，但只重视存款也是片面的。

中长期存贷款息差越小，越有利于储蓄向投资转化。对于存款人来说，长期存款利率应该相对高一点。第一，稳定性更强，对银行更有利。第二，能引导、鼓励存款人长期存款。不过，目前也是这么做的。对贷款人来说，长期贷款利率应该相对低一点，而不是目前更高的做法。第一，风险成本、管理成本比短期贷款成本更低。第二，能引导、鼓励客户借中长期贷款，有利于长期投资和经济稳定。第三，CPI 上升，货币贬值，有利于中长期贷款客户。因此，中长期存贷款息差应该小一些，才能更好地将储蓄转化为有效投资即现实生产力。尽管银行收益可能受到影响，但于整个经济发展是有利的。

存贷比。存款在某一时点上是一定的，将其中多少用于贷款，是银行必须考虑的问题，也是《银行法》可能规定的一个指标。2015年6月25日，中国《商业银行法》修正案将"贷款余额与存款余额比例不得超过75%"规定删除，变政府硬性规定为银行自主决策。历史上，如1942年，美洲银行存贷比42%，为同期同业最高。当时美国银行业该指标为32.5%。可见，第一，存贷比在大幅上升；第二，存贷比大幅上升的背后是银行业流动性管理水平大幅提高，中央银行作为最后贷款行、清算行以及同业拆借市场作用日益明显。同时，银行资金配置能力、效率、效益、盈利能力空前提高。银行在确定存贷比时，必须兼顾、平衡流动性充足要求和生息资本欲望冲动。

存贷款数字背后的感叹。根据巴奇霍特1873年《伦巴第大街》一书记载，当时世界上最富有的城市伦敦各银行的存款为1.2亿英镑，而纽约、巴黎、德国的银行存款分别为0.4亿、0.13亿和0.08亿英镑。这个存款数字放在今天可谓微乎其微、少得可怜！再来看一看1810年欧洲首富的财产数字，即银行家弗朗西斯的遗产数：700万英镑！1947年后的几年里，赫赫有名的重建欧洲马歇尔计划批准款项约130亿美元。可见，最近一二百年，银行存贷款规模均在迅速扩张，首富财产数在极大提升，人类财富惊人增长的同时货币价值大概也在惊人贬损，真是悲欣交集呵！

存款空间分布特点。银行都知道存款的重要性，所以都在千方百计揽储吸存。可事实上存款的空间分布是不均匀的：大行多，小行少；中资银行多，外资银行少；历史长的银行多，新办的银行少；官办银行多，私营银行少；支付系统发达、终端操作便利的银行多，支付系统欠发达、终端操作烦琐的银行少；账户多且活跃的银行多，账户少且不活跃的银行少；有特权的银行多，无特权的银行少，如国家明文规定某类资金只能存入某些银行，某类机构只能在某些银行开户等；可以吸收所有类型存款的银行多，只能吸收对公存款的银行少；全国性银行多，地方性银行少；开在富裕地区的银行多，开在贫困地区的银行少。总之，存款的空间布局是不均匀的，造成这种不均匀状况的大部分原因是可以理解的、正常的。

存款是投资之母。 没有存款或积蓄，就不可能有投资。所以，存款是投资之母。投资回报率或贷款利率必须高过存款利率，否则，投贷不可持续。将储蓄转化为投资，是金融的天职，也是金融最大的功能。投资赚了，剩余价值多了，财富多了，存款和货币也会等比例增加。因此，投资会反哺存款，增加存款。D（存款）→ I（投资）→ D′（存款′）……经济良性循环不过如此。韦伯视节俭和存款或积累为新教伦理内容，并断定新教伦理与近代资本主义经济突飞猛进密切相关。同样，1978 年以后中国经济高速发展数十年之久与同期中国的高储蓄率分不开，人们拼命赚钱却舍不得花（消费），为中国经济发展倾注了大量资本。

存款的本质及其货币功能。 存款的本质是财富的积累，表现为收支相抵后的余额、全社会历史的剩余价值总和，所以存款总规模和人均存款反映一个国家及其居民已经达到的富裕程度和财富创造能力，是一个存量概念。但是，存款一旦转化为贷款，它的性质便随之改变，即由货币（M1、M2）变成了生息资本，成了一个增量概念。它在展示逐利的本性的同时创造了就业，黏合了生产要素，催生了新的财富。所以，从存款到贷款是一次质变、一次伟大的飞跃，即从货币转变到资本，纯中性的货币功能兼具了强大的、明显的、贪婪的资本属性，金融市场的主角也因此从导演一般的中央银行转向主演似的商业银行，尽管这一切变化的基础和前提仍然是货币和存款。可以说，商业银行在汇聚死的、散的、历史的财富并激活它们深度参与新的财富创造方面功不可没、无与伦比。

保护存款就是保护银行。 2023 年 3 月 21 日，美国财政部长耶伦在美国银行业协会的会上表示，如果美国银行危机恶化，政府准备进一步提供存款担保。新的美联储工具——贴现窗口贷款正在为银行系统提供流动性，银行系统正在稳定。她称，美国财政部、美联储和美国联邦存款保险公司（FDIC）的行动降低了银行倒闭的风险，这些银行倒闭可能会对存款保险基金造成损失。如果规模较小的金融机构遭遇存款挤兑，而这种挤兑有蔓延的风险，也可以采取类似的保护储户的行动。她还称，保护硅谷银行和签名银行存款人的措施，目的在于保护美国银行系统，而不是特定的银行或银行类别。

保护存款就是保护银行。银行之所以成为银行，在于它无与伦比的信用，通俗地说，人们把钱放在那儿最放心、最可靠乃至绝对放心和可靠。如果存款都得不到保护，把打破刚兑当作打破"陈旧"观念和"僵化保守"体制机制的成绩，那会铸成大错。不仅商业银行要像无源之水、无本之木失去生命与活力，而且中央银行作为最后贷款人，作为政府银行的定位以及关于存款保险等机制设置都失去了意义。

存款担保制度作用的有效性和有限性。 据称，英格兰银行考虑对其存款担保制度进行重大改革，包括提高企业的存款担保额度，并迫使银行在更大程度上预先为该体系提供资金，以确保在银行倒闭时能更快地获得现金。2023 年 3 月美国硅谷银行破产，其英国子公司一夜间遭到数十亿美元的恐慌挤兑。目前英国 8.5 万英镑的存款担保限额仅能覆盖约 2/3 的存款，而相对较低的预先融资水平意味着客户至少要推迟一周才能重新获得现金。

美国联邦存款保险公司（FDIC）表示，硅谷银行和签名银行的倒闭不会阻止美国监管机构提高一项关键的存款保险指标。FDIC 预计，存款保险基金准备金率最早可能在 2024 年回升至要求的 1.35%。由于疫情暴发，该准备金率在 2020 年 6 月曾跌破这个数字。存款保险基金准备金率即存款保险基金余额与被保险的存款总额之比。

存款担保、存款保险制度建立，无疑有利于金融体系稳定和公众信心树立。它的作用是显而易见的。但是，这项制度的有效性是相对的，而有限性是绝对的：当金融体系整体损失率超过其预设的担保率、准备金率，或者突发的、偶然的、个别的机构损失超过全部担保、保险资金存量时，即陷入爱莫能助状态。政府，主要是财政部门和央行必须额外施以援手，才能渡过难关。至于加大监管，提高比率，都是后话，属亡羊补牢。

储蓄是人类的共性和天性。储蓄是人类共性，无论东方人、西方人。陶乐丝·卡耐基在 *How to Help Your Husband Get Ahead in His Social and Business Life* 第九部"珍惜丈夫的身体和赚来的金钱"中写道："在实际生活中，什么事情都比不上挥霍金钱更伤感情的了。借钱度日的人不再有趣——他只不过是个粗心大意的冒险家。奢侈浪费、糊涂度日的妻子，也不会有迷人的魅力——她只是缠在丈夫脖子上的重担……加拿大蒙特利银行这样奉劝其存户：当你的收入增加，有必要注意合理地使用它……根据专家的计算，只要你能省下全部收入的 1/10，就算物价居高不下，几年之后你的经济状况也会很宽裕……务必保持 1—3 个月的收入，以备不时之需。"可见欧美人并不像某些奇谈怪论描述的"今朝有酒今朝醉，明日愁来明日愁"，他们也提倡储蓄并且量化、适度，反对寅吃卯粮，无节制消费信贷。马斯洛将安全需求（工作保障、收入）列为人类基本需求之一，显然，储蓄是这种需求和心理的外化与表现，因此，储蓄是人类的天性和动物性。

存款是人的天性。许多动物都知道储备食物过冬，人是高等动物，更清楚这一点。先秦杨朱说人必将资物以为养。在商品经济社会，存款就是储物。有人说，中国人特别喜欢存钱，储蓄率偏高，不利于消费拉动经济。实际上，全世界人都知道储蓄和消费的重要性、必要性。莫泊桑短篇小说《伞》描写了一位奥莱伊太太。她很节俭，知道一个铜子有多么大的价值，为了增加钱财，她有一大堆清规戒律。她的女仆当然很难报虚账揩油，就是奥莱伊先生也是好不容易才能得到点零用钱。其实呢，他们经济上相当宽裕，并且是无儿无女。不过奥莱伊太太看见白花花的银币从手里出去，总好像心被撕破了一块儿，感到一种真正的痛苦。每逢不得已而付出一笔数目稍大的款子，尽管这笔费用绝不能省，她当天晚上总是一夜睡不安稳。

奥莱伊一再对妻子说应该手松一点，他们从来也没啃过老本。奥莱伊太太的回答是：谁也不知道会发生什么意外的事，钱多总比钱少好。

在西方，这样想、这样做的人又何止奥莱伊太太一个？

区别是不同阶段不同地区以个人储蓄为主还是以国家、集体储备（社会保障体系健全，如社保、医保等）为主。在一个社会保障体系非常健全和充足的社会或阶段，个人储蓄的意愿自然没有社会保障体系相对落后和不足的社会或阶段的人强烈。养儿防老，积谷防饥，存钱应急……一句话，防和备东西方没有区别，区别的是个人防备抑或国家集体防备。中国保障体系现在也建起来了，国家集体防备体系逐步完善并充足，所以也出现不存钱的"月光族"了。他们活得洒脱，像杨朱说的"善乐生者不窭，善逸身者不殖"。不窭不殖即满足于够吃够喝，没有也不屑于积蓄的意思，民间戏称月光族：有月薪但无存款。因为社会保障跟上了，个人没有后患隐患，国家成了储蓄主体。总之，无论政府存款、公司存款还是居民储蓄，都承载或内含着商品经济社会人的储备天性，银行要充分利用这一天性。相信它与生俱来、至死不渝。儿童的存钱罐和大量钱币作为陪葬品出土默默地佐证了这一点。

信用创造（一）。银行可以创造信用，但不能凭空创造。这一点，约瑟夫·熊彼特是明白的。他在其著作《经济发展理论》第三章"信贷与资本"中阐述得很清楚。事实也是那样。信用证、票据等是银行信用创造的工具、载体和形式。票据强调以真实贸易为背景，否则容易出现欺诈。伪造、变造票据，是严重的刑事犯罪。此外，到了还款期"创造的"信用要履行支付义务，实实在在清算、结算、变更账户数字。熊彼特说："这些流通媒介，如果没有法定货币或物品做基础，是不会凭空被创造出来的（注：可以创造，但无异于欺诈）……因此我们所说的信用'创造'只不过是对现有的资产进行整合利用的问题……'货币的创造'仅仅是技术的问题，它对经济生活的一般理论没有更深的意义。"银行之所以对信用创造感兴趣：一是在增信中创收；二是融合商业信用与银行信用，在银行信用调节过程中实现社会信用供需平衡并获利；三是看重贴现率。所以这种"信用创造"的理论意义并不深，但实践价值却很大。

信用创造（二）。教科书讲的信用创造指的是：贷款派生存款，派生存款可以再放贷款……于是，信用被放大即被创造。先以单个银行单笔存款 D、单笔贷款 L 为例，假定存款准备金率、备付金率合为 R，则：

$$D = L + D \times R$$

或者：

$$L = D - D \times R$$

假定第 1 次贷款派生存款 d_1，第 n 次贷款派生存款 d_n，则：

$$\sum L = L_1 + [(d_1 - d_1 \times R) + (d_2 - d_2 \times R) + \cdots (d_n - d_n \times R)]$$

上述公式中方括号内的贷款，都是派生存款创造出来的，换句话说，信用创造的确存在。但是，这种创造不是无限的。因为边际创造信用或者说信用创造能力在不断下降。下降规模和速度取决于：（1）贷款企业及其收付款企业是否在同一银行开户，即银行账户的覆盖面大小和收付关联系数高低。（2）法定准备金、备付金比率高低。（3）资本充足率，或者说，资本约束状况。

从银行系统考虑，情况相对简单。存款派生和信用创造能力与账户体系竞争力强弱没有关系。只与准备金、备付金率和资本充足率高低有关！信用创造总和：

$$\sum L = L_1 + (L_1 - L_1 \times R) + [(L_1 - L_1 \times R) - (L_1 - L_1 \times R) \times R] + \cdots$$
$$= L_1 \times [1 - (1-R)^n] / R$$

这里：

$$0 < R < 1$$

如果没有准备金、备付金要求和资本硬约束的话，信用创造是可以无限进行下去的，直到信用膨胀到破产、支付危机为止。而这，是绝不允许出现的金融现象。银行会玩点小魔术，但不能把它当真！

第二节　负债

提要： 担保等属于或有负债，但要当真负债来管理。债权人委员会像治丧委员会。切不可随便替人担保。债多真的不愁吗？债券发行期限一看利率趋势；二看市场需要；三看贷款项目建成时间。负债业务创新，目的是降低负债成本。银行是"双性人""双性恋"，不是媒婆。商业票据的本质是欠条。真正优质的企业，银行差不多都会主动贴上去。

或有负债。担保等属于或有负债，但要当真负债来管理。不能放低要求，尤其是内保外贷，要慎之又慎。

中国是以间接融资为主的国家。尽管改革开放以来，直接融资从无到有，从小到大，比重逐渐提高。但时至今日，中国仍然是以间接融资为主的国家，贷款规模约占社会融资总规模的70%。在中国，银行的集资能力无可比拟，信誉不容置疑。

子公司负债依存量与母公司代偿责任没有关系。监管规定，非金融子公司负债依存度不得超过30%，确有必要救助的，原则上不得超过70%。实际上，全资子公司出现债务危机时，母公司应负有全额偿付责任。子不教，父之过。父债子还，子债父还，与依存度没有关系。

悲愤的债委会。企业破产了，或清算，或重组，或采取其他措施。作为主债权人，银行不得不组织债权人委员会。债权人委员会怎么运作？2020年，银保监会牵头发布了详细工作规程。但从实际操作效果来看，没有政府特别是强力部门的支持与帮助，这个委员会发挥的作用有限。

切不可随便替人担保。担保属或有负债。一旦债务人失信，担保人须代偿。《浮生六记》卷三"坎坷记愁"中有一段文字很经典："有西人赁屋于余画铺之左，放利债为业，时倩余作画，因识之。友人某向渠借五十金，乞余作保，余以情有难却，允焉。而某竟挟资远遁。西人惟保是问，时来饶舌，初以笔墨为抵，渐至无物可偿。岁底吾父家居，西人索债，咆哮于门。吾父闻之，召余呵责曰：'我辈衣冠之家，何得负此小人之债！'"

例外负债和可计入外部总损失吸收能力的非资本债务工具规定的意义。某些负债，如受保存款，不可计入外部总损失吸收能力。这一规定，确保了银行吸损能力的真实性、吸损可操作性、存款人合法权益保护以及银行股东风险处置主体责任。相反，可全额计入外部总损失吸收能力的非资本债务工具，如实缴、无担保、直接发行等，表明对此类债权，银行未必能如约保证，即存在履约风险。

债多真的不愁吗？俗话说：虱多不痒，债多不愁。真的吗？回答是：看情况。对于一个高尚的、守信的人来说，债台高筑是会发愁的，他要想方设法去解决；对于一个卑鄙的、无赖的人来说，的确，虱多不痒，债多不愁。他们会毫无廉耻地要求债权人缓债、减债乃至免债；对于赤字政府来说，除了加税，就是"注水"即大量投放流动性让货币贬值！然后装模作样提高利率多少个基点以示积极作为（抑制物价）。在一轮又一轮的通胀中，将曾经的巨额债务变成一笔小钱偿付掉。2022年俄乌战争爆发后美欧政府就是这么干的。

债券发行期限。债券发行期限一看利率趋势，二看市场需要，三看贷款项目建成时间。观察期内或债券期限内，利率走势降，宜期短次多；利率走势升，宜期长次少。投资市场活跃，资金多，边际倍数高，宜长；反之，宜短。此外，贷款项目资金需求周期长，现金流稳定，宜长；反之，宜短。长期债发行要以需求为导向，即先定项目再发债。

欠债人的权势。欧洲有句俗话，"当你欠了某银行款项大到无以复加之时，该行无形中就会归你所有"。中国也有一句俗话，叫"虱多不痒，债多不愁"。近年流行一句话，叫大而不能倒（Too big to fail）。这的确是一种现象，但绝不是一种好现象。没有大而不能倒的定律，只有"杀人偿命、欠债还钱"的人间正道。换句话说，绝不能让"欠债人的权势"得以形成，更不能保护和助长这种权势。按信用等级划分国家、地区、客户是银行通行的、行之有效的做法。其目的是提防和遏制赖债、逃废债行为。当然，银行除了"不再惹你"或者"惹不起躲得起"外，可以起诉违约债务人。这样，司法公允，执法严厉，在抑制和打击欠债人权势方面，显得特别必要和重要。

负债业务创新。负债业务创新，目的是降低负债成本。例如，在长期利率走高的前提下，可以量身定制，发行期限基本对应的项目专项债即以贷定债；在发债没有什么障碍的前提下，即任何时候都可以发，都发得出去，且短期多次加权平均利率低于同期对应贷款加权平均利率，可以期限错配，以短搏长；可以"两头在外"，用国际市场资金做国际信贷业务；可以在负债大池子里，用低成本增量资金替代高成本存量负债。比如，存款占比提高，流动性储备占比降低等，可以拉低负债综合成本。

资产负债两端矛盾的转移。资金供求是一对矛盾。在直接融资情况下，通过公司法和证券法解决了。在间接融资情况下，由于银行的介入，资金供求矛盾一分为二，一是存款人或投资人与银行的矛盾（负债端矛盾），二是银行与贷款人之间的矛盾（资产端矛盾）。因为利率波动，上涨或下跌，贷款人在利率较低时通常会要求存量贷款降息，否则会提前偿还或由其他银行贷款替代。银行似乎没有什么好的办法应对它。如果对应负债利率不能调降，银行存量贷款利息必然受损甚至倒挂亏空。而调降原存款或债券投资人的固定利率几乎不可能。因此，化解矛盾的办法只能是：两端浮动，双向选择。资金需求方可以提前偿付、替代，资金供应方也可以提前提取存款或赎回债券，收回贷款。当然，这里有代价，需要事先协商和确认。

用信率或信用转化率 = 用信金额 / 授信金额。用信率或信用转化率（用信金额 / 授信金额）反映银行与客户之间谁更爱谁一点？谁更信任谁一点？谁更需要谁一点？这个指标过低，说明银行一厢情愿，客户更强势。相反，说明客户一厢情愿，银行更强势。整个银行业应该有一个平均指标，在平均指标上下波动，说明双方处于互信、双赢状态，是真正的、普遍存在的两相情愿。

银行是"双性人""双性恋"，不是媒婆。对众多债权人（存款人）来说，银行是集中债务人；对众多债务人（贷款人）来说，银行是集中债权人。银行的身份是相对的、可转换的。银行身处最初存款人和最终贷款人之间却不是一般中介和媒婆，因为初存与终贷双方并未见面，没有"入洞房"，即没有直接的、法定的契约关系或债权债务关系。所谓"脱媒"，完全是无中生有、杯弓蛇影。银行有时是新郎，有时是新娘，但肯定不是媒人。银行像前后经历两段婚姻，而媒人与其介绍的对象没有婚姻关系，与其介绍成功的夫妻今后的纠纷也没有干系。相反，银行在其每段婚姻里、每次纠纷中如兑付危机、贷款不良等都摆脱不了责任。因此，说银行是"媒介"是错误的至少是不准确的。要说"媒婆"，在金融系统里券商倒是真的：它们在股东和企业间牵线搭桥。一旦成功，股东便成了企业命运与共的"一家人"，而券商与其兴衰成败却无关。

债与股（一）。借与贷、招股与入股都是融资活动，并且是迄今为止两种最主要的融资方式方法。一般来说，前者称为间接融资，因为存在中介，如银行，资金所有人与使用人是分离的；后者称为直接融资，资金所有人与使用人统一，有钱人直接下场，遵循"收益共享，风险共担"原则。不同的融资规则，满足不同的融资需求和融资者心理、性格和价值取向。两种融资方式都重要且必要。但从历史考察，债远早于股。从操作来看，股远复杂于债，债相对简单、明晰、轻松；从收益来看，债是固定的，"弱水三千，只取一瓢饮"，而股息、红利不确定；从二级市场上看，股市比债市活跃多了，因为股市更具投机性，"几家欢喜几家愁"；从期限上看，债有期限，到期必须还，股无期限，只能转手。让银行搞投资，一定是财务投资，固定收益投资，为卖而买式商业投资，或假入股真放债（名股实债：约定收益、强制赎回等）。真投资的话，银行必须与放贷分开，即成立子公司、控股公司，专司其责，承担有限责任。不然，可能因为过度投资而形成烂摊子，管不过来；以不确定资产应对确定负债，可能拖垮银行。

债与股（二）。股份制＝资本占有者（资本权属人）＋资本运用者。这里，占（所）有和使用是统一的。而银行信贷（债）意味着占（所）有和运用、资本权属人和使用人分离。当企业还不了贷款（债）时，要么因先前约定的资产抵押而被银行依法控制；要么坐下来谈判，比如债务重组、债转股等，银行或变成重生企业债主（留债），或被迫成为较低甚至无收益的股东（债转股），那是很惨的，但企业也因此被银行控制了。总之，债是分离的，股是合一的，二者泾渭分明，各有千秋，遵循的是相反规则，因此，债与股具有互补性，不具有可替代性。

商业票据的本质是欠条。票据分本票、汇票和支票。支票因电子支付特别是手机支付而式微，主要用于对公支付了。本票属于银行签发的临时信用扩张工具，但信用级别较高，见票即付。汇票（商业票据）的本质是商人签发的欠条，分商承和银承两种增信（担保）方式。汇票的签发与接受，构成汇票的一级市场；汇票的买卖、贴现、转贴现、再贴现，构成票据的二级市场或交易市场。恪守信用或者说到期兑付，是商业信用的基石，是银行信用的有益补充。一般来讲，银行承兑汇票信用级别高于商承，因为签发主体的信用等级和资产实力有区别。贴现率是预扣的利率，与利率本质一致，支付的时间点不同而已。商业票据即汇票的最大问题一是真欠甚至耍赖、逃废债，二是伪造、变造。第二个问题因为电子票据系统的建成和政府的持续打击、整顿而基本解决。第一个问题即滥用汇票工具，强势签发汇票，背书人跟着不守信用，导致严重的"三角债"和信用危机乃至破产，仍然是商票市场的沉疴宿疾。如果纯粹地凭空签发汇票，即没有实际商业行为发生，没有真实贸易背景存在，没有契约合同见证或附有假合同，却承诺高息，则汇票失真，变质变味，成了集资工具、高息存单，其可靠性更差，危害性更大。明智的商人切不可贪利赔本，因小失大。至于民间借条，计息的话，属民间金融；不计息，在亲戚朋友间发生，属人情、道义性质的，经济学和银行学并不打算研究它。

　　说说融资难融资贵的原因。经常听人抱怨企业融资难融资贵。做银行的人似乎置若罔闻、铁石心肠。事实如何，不妨条分缕析一番。真正优质的企业，银行差不多都会主动贴上去。融资不仅不难，而且价格极低，低到这些企业可以去套利（arbitrage），坐收贷存之利。而真正的烂企业、不守信用的企业，银行又避之唯恐不及。对银行来说，不是难易贵贱问题，而是根本不能也不应再提供贷款或其他融资。从经营和财务角度观察，企业呈正态分布，即极优极坏企业都是少数，它们不存在融资难融资贵问题。有此类问题的是成败不定、好坏难辨的，行进在奋斗路上的多数普通企业。银行与它们之间的确存在接触了解到熟悉信任的过程。这个过程越长，融资难感觉越明显越刻骨铭心。只有发达的征信体系和严格的失信惩戒才能改善它。下面分析融资贵问题。由于财务报表和抵押物可信度透明度低，市场和产品不确定性强，银行对多数企业放款存在风险考量。贷款定价除了考虑水涨船高般的筹资成本推动、供不应求的需求上拉、比较固定的税费成本，以及合理的息差等因素外，风险成本必须计算进去。可信度透明度越低，不确定性越强，则银行风险成本越高，定价越贵。所以，解决融资贵问题，关键在降低风险成本，即增强企业可信度透明度、市场信心和预期。当然，降低存款等筹资工具成本，主动减税让利、减费降息也是重要的不可或缺的。总之，融资难融资贵问题表面在银行，根子大部分在银行之外，好比咽喉不舒服根子可能在鼻腔。此外，银行这类保守的风险厌恶型机构，其金融供给与高于企业平均风险水平的企业融资需求是不匹配的。实践和历史证明，好的可行的办法是发展直接融资市场，把风险偏好者的资金供给匹配给较高风险企业及其项目融资需求。因此，进一步开放证券市场，真正落实落细注册制，也是解决融资难融资贵体制性障碍的有效办法。

第三章
贷款·资产

关键词：贷款　资产

第一节　贷款

提要：贷不贷款，贷多贷少，银行说了算；还不还款，还多还少，客户说了算。所以"了解你的客户"是银行员工必修课，必须做足做实，来不得半点马虎和敷衍。银行必须在保总量、优结构、防风险等多重目标中，统筹兼顾，寻求动态平衡。借贷对立统一于息差。每一个企业在银行那里都应该有一个授信限额，即贷款天花板。调降存款准备金率并非灵丹妙药。实贷实付不切实际。贷款久期应与再生产周期相适应。廉洁、谨慎、负责任是放贷三原则。股东贷款是一个笑话。在一个正常的、良好的市场经济环境里，银行是有信贷自觉和信贷主动的。评审就是揭面纱。评审不能替代调查。评审要看对象。为什么投资可以冒风险而贷款却不能。贷款可否先问"三老"。信贷政策与信贷行为的关系是对立统一的关系。银行信用与商业信用有机结合有助于中小企业融资难融资贵问题的解决。贷款投向应以最低损失率为指针。差异化定价是银行经营管理面临的大课题。银行从成立的第一天起，就与政府有着千丝万缕的联系。

信贷本质、形式的变与不变。对银行来说，信贷永远是资本，是生息资本。利息则是这种资本定性的依据。无论信贷用于生产、流通、分配抑或消费，信贷在银行那儿永远是资本。只有离开银行，信贷的性质和形式才可能发生变化。例如，在消费者那儿，信贷是一笔钱，是货币，是支付手段。在借钱付薪水者那儿，信贷用于分配，是临时财政或财务资源。在企业家或商人那儿，信贷是资本但不是生息资本，它是产业资本或商业资本。

信贷的本质。熊彼特的信贷分析角度比较独特。他将信贷纳入经济循环分析。首先，假定经济循环正常，现金收付。在这种情况下，信贷不必要。简言之，拿自己的钱做自己的生意，有多大的财力做多大的生意。其次，回到现实中，生产、销售、再生产……即经济循环异常、脱节、有缺口，则信贷是必要的，但属于临时性的、过渡性的，相当于"桥梁"，行话叫"过桥贷款"或"流动资金贷款"。最后，熊彼特心目中的信贷，即他所说的信贷的本质，是"购买力的创造"："信贷暂时以一种虚拟的要求权来替代了这种要求权本身。在这种意义上的提供信贷，有如一道命令要求经济体系去适应企业家的目的；也有如一道命令要求提供商品去满足企业家的需要：这意味着把生产要素托付给他。只有这样，才有可能从完全均衡状态的简单循环流转中出现经济的发展。这种功能构成了现代信贷结构的主要基石"[①]。显而易见，熊彼特看到了信贷的主动性和指向性，指出了信贷具有生产要素黏合作用、财富催化功能。这是难能可贵的，应该予以肯定。

谁说了算？贷不贷款，贷多贷少，银行说了算；还不还款，还多

---

① 　[美]约瑟夫·熊彼特：《经济发展理论》，何畏等译，商务印书馆 1991 年版，第119 页。

还少，客户说了算。所以"了解你的客户"是银行员工必修课，必须做足做实，来不得半点马虎和敷衍。

信贷总量与结构。银行必须在保总量、优结构、防风险等多重目标中，统筹兼顾，寻求动态平衡。银行要善于处理总量与结构两者的关系。对监管要求的刚性、结构性目标指标要全力以赴，腾挪资源有保有压，坚决完成；对国家交办的、涉及可持续发展的重点领域，要加大评审，夯实项目储备，坚决予以支持；对不担当、不作为的单位一把手及班子成员要约谈，该批评的批评，该问责的问责。被约谈的主要负责人，年底考核和班子成员考核不应入选全行优秀行列。

惹不起还躲不起？不靠谱的企业，天花乱坠的企业，失信的企业，背景复杂的企业，没有规矩意识的企业……银行要汲取民间智慧，那就是：惹不起，躲得起。

转化率。项目开发入库、承诺授信、合同签订、贷款发放，均属银行前端业务，其指标随最初意愿变为现实是趋降的。这既符合一般事务发展规律，也体现银行前端业务特点。但是，无论如何，提高转化率仍然是银行前台部门努力的目标和方向，是衡量银行眼光、判断力、工作深度和广度、执行力等的重要依据！

有为政府和有效市场。如果银行的钱贷不出去，明显要做的事没有人做，而渴望工作的人大量失业，私人企业经营困难……政府或/和市场一定出了毛病！要么掌控资源和权力的政府不作为，要么想作为的市场无法作为。这是悲剧，是躺平和内卷的表现，是人为造成的经济萧条，必须破解。

发展绿色金融：银行的社会责任之一。新发展理念是中国特色社会主义核心内容之一。发展绿色金融是新发展理念中"绿色"二字在金融领域的必然逻辑，也是银行履行社会责任所必需的。

银行要大力支持新能源革命。能源是工业粮食、现代生产生活的必需品。银行要关注能源市场，大力支持新能源革命。一切稳赚不赔的买卖都是银行的基石，能源又是其中的佼佼者！

贷款、转贷款、委托贷款。银行直接向客户放款，叫贷款。向同业放款，叫转贷款。指定客户和资金用途后委托银行放款，叫委托贷款。转贷款与委托贷款的区别在于谁首先承担风险。委托贷款风险始终由委托人自己承担，受托人不承担；转贷款的风险首先由中转行承担。其次，委托贷款属于信托范畴，而转贷款属于同业范畴。

借贷对立统一于息差。借与贷是对立双方：借方希望利息越高越好，而贷方希望利息越低越好。在存款业务中，存款人总嫌利息低；相反，在贷款业务中，贷款人总嫌利息高。这种矛盾现象在金融活动里普遍且恒久存在，最后，在息差中实现统一或消除。

客户授信限额。每一个企业在银行那里都应该有一个授信限额，即贷款天花板。这个天花板的存在意味着两点：一是企业负债率警戒线不能突破，二是单一银行贷款不能大于企业自有资本金。银行授信的实际，是对企业的增信。所以，银行不能随便授信，就像国王不能随便授予臣僚爵位和荣誉称号一样。

调降存款准备金率并非灵丹妙药。经济下行、收缩期，商业银行信贷市场拓展已经比较困难。中央银行此时调降存款准备金率，等于进一步扩大商业银行信贷资金备用规模，所以政策效果有限。这时棘手的问题不是信贷供应量跟不上，而是信贷需求不足和资金价格相对利润水平偏高。当然，释放的资金有利于缓解商业银行成本倒挂，从而多少有利于商业银行资金价格整体水平调降。

浇水还是抽水。银行金融机构及其服务在农村是浇水还是抽水，对"三农"工作和乡村振兴影响深远。农村金融机构的贷存比（准确地说是县乡镇区域存贷比）过低，说明它们起的作用不是浇水而是抽水。这是绝对不行的。此外，涉农产业利润率较低，而金融机构在农村的贷款利率却较高，显然，这不是帮助"三农"发展和乡村振兴的做法，应该改正。

债券银行贷债比。以债券为主要负债形式的银行，也会有部分存款，即由贷款引起的部分闲置资金，但总量小，在负债中比重也低。存款比重越低，贷存比越低。因为这类银行贷款主要源于债券筹集的资金，所以贷债比高。

贷存比限制的利弊。利，控制信贷扩张，抑制通胀；弊，货币政策灵活性不够，金融资源配置效率低，存在资金闲置浪费，而中小企业融资更难，如影子银行出现等。2015年，国家取消75%贷存比限制，是完全正确的决策。不过，限制的取消并不意味着银行可以不顾流动性安全。

小贷公司不应该有贷存比概念。小贷公司主要依靠资本金和银行借款放贷，所以不存在贷存比概念。如果有股东存款，则存款相当于资本金；如果有客户预付款、备付金之类资金，则须依法隔离，不允许券商、网商设立此类账户，必须打通客户商品、证券与银行资金账户的联系。防止预付款、备付金等资金存款化，这是防止券商、网商变质变味、无序扩张从而引起支付风险的根本措施。

信用的价值。发债主体信用等级不同，发债成本不一样。高等级信用债发行人可以在金融市场上实现套利，但同时也承担失信风险。信用等级的价值体现在债券收益差上，级差越大，益差越大。此外，在信贷市场上，在间接融资领域，信用等级的价值体现在贷款利率差别上。信用等级高的企业可能演变为资金掮客与风险扩大者。

融资进度反映融资效率。合同融资进度要与贷款工程进度一致，这是底线。否则，会出现垫资和拖欠，背离契约精神。最好快一点，三军未动，粮草先行。作为生产要素的黏合剂，工程、财富的催化剂，资金要先到位。融资进度慢于工程进度，说明融资效率低，融资条件过于苛刻，条款过多、过细、过滥。银行不能杞人忧天，刻舟求剑，忘了融资条件、条款设置的本意是确保项目早建成、早见效，忘了工程是否已走在前列。

转贷款业务的前提条件。中小商业银行主要资金来源有四条：一是本行存款，二是同业存单，三是政策性银行转贷款，四是央行再贷款。这里单说转贷款业务。这项业务成立和扩大的前提：一是存在信用评级等差，所以政策性银行发债成本相对低；二是央行再贷款价格虽然更低，但数量有限，用途又有严格规定；三是同业存单和本行存款成本没有相对优势且不能满足信贷扩张需求；四是存在息差，转贷款利率低于或等于本行贷款利率，并有利可图。

防止大鱼吃小鱼。别的动物吃鱼，可以理解。大鱼吃小鱼，连老虎都看不过去！现在大企业吃中小企业，不仅吃在供应链、产业链上，也吃在资金链上。它们比中小企业更容易获得银行大额资金，而事实上它们自身的生产经营并不需要，任何优质企业都这样，所以，贷款会转存在中小银行账上吃利差，套利变得十分轻松、简单，而中小企业因此负担更重了。

实贷实付不切实际。银行向客户放款，客户要立即、全面支付和使用贷款，所谓实贷实付，是不切实际的。贷款和贷款使用在时间上和金额上，都不是无缝对接的，也是不太可能无缝对接的。当然，支付比例过低，资金长期趴在账户，也是不正常的，说明客户对本息不敏感、不关心、无所谓。显然，这是客户的问题，不是银行的问题，处罚银行是没有道理的。

产业技术更迭与银行信贷风险。科技进步无疑是一件好事。技术更新迭代是衡量科技进步快慢的重要指标。从 iPod 第一款产品问世到 iPod 停产，仅用了 11 年时间。银行一方面为技术进步欢欣鼓舞，另一方面必须考量技术进步给银行信贷带来的新的高频风险。由于技术更新迭代势不可当，一些投资和信贷完全可能打水漂。为此，做银行的人要关注科技进步，了解市场趋势，预计技术及其产品的生命周期。

贷款久期应与再生产周期相适应。银行贷款久期原则上应与借款企业再生产周期相匹配，一般还要略长于再生产周期，否则，人为逾期和人为不良将不可避免。银行仅站在自身角度思考，想当然地制定信贷政策、推销信贷产品会出问题，银行必须树立宏观意识，用宏观指标、实体经济指标指导和规范自己的微观经营活动。

银行贷款的期限要与再生产或商业循环周期基本一致。银行贷款除了对象、金额、利率等要素商定外，就是期限确定了。为了安全和效益，银行往往倾向于做短期流动性贷款业务。对于再生产或商业循环周期短的企业和项目，这样做并没有错，而且，可能节省成本。问题是，对于长期投资特别是设备投资贷款，期限短了，企业势必捉襟见肘、疲于应付，渴望银行拉长贷款期限。一般情况下，银行长期贷款期限应与设备、厂房的折旧年限基本一致，或与 ROE 换算的回本年限基本一致。

放贷三原则。廉洁、谨慎、负责任是放贷三原则。廉洁是循规蹈矩的前提。违法乱纪总是与腐败联系在一起。廉洁放贷的关键是，增加放贷的透明度。阳光，永远是最好的防腐剂。所谓谨慎放贷，就是放得出、收得回。发放贷款的时候，就要想到如何回收贷款。要对贷款企业法定代表人的人品了如指掌，对企业的财务和经营状况一清二楚，对行业、项目和产品的市场前景精准预判。所谓负责任放贷，就是要牢记银行的社会责任，助力人类对美好价值观追求，如绿色发展、可持续发展、公平发展、共同富裕等，银行绝不能为虎作伥，助纣为虐。

股东贷款是一个笑话。能入股或持股一家银行，表明其账上有余钱、闲钱；而转头又向银行贷款特别是向入股银行贷款，表明其手头缺钱、资金吃紧。这一矛盾信息表明：入股的那部分钱不过是鱼饵，而贷款如同大鱼。监管部门这一点看不明白的话，等于默许、放任个别居心不良的股东掏空银行，风险暴露是迟早的、必然的！所以，应该禁止银行向自己的股东放款，至少要有上限、时限、比例，并且与其股份挂钩，即一旦出现不良，要及时冲销股本。

股东在本行授信不可取。监管部门规定，股东在本行授信（应为受信——作者注）逾期，其表决权等应当受到限制。实践证明，这是姑息养奸、养虎为患的做法。应该禁止银行股东在本行贷款，不允许银行股东把银行当作自己的提款机，当作私人资本无序扩张的动力源。一方面有钱入股银行，另一方面无钱向银行贷款，在逻辑上是说不通的。存在不一定合理，不合理必须改正！

宗教仪式与内部借贷。多数宗教都强调互助、共济。向贫困会员、信徒放贷是题中应有之义。与一般借贷活动不同，宗教借贷特别重视仪式。而这类仪式，在莫泊桑那儿，完全不可理解，是一大堆笑死人的幼稚把戏："他们（注：瓦匠共济会）实行基督的教训，'你们彼此要互助。'唯一的不同之点就是要互相搔手心。不过为了借一百个铜子儿给一个穷汉，何必费事去搞那样多的仪式？"[①] 莫泊桑或许不明白，仪式只是形式，而形式与内容的关系是辩证统一的。宗教借贷仪式体现互助、共济，是严肃性、认真的、实在的、诚心诚意的，也是守信的、一定偿还的！

信贷自觉·信贷主动。在一个正常的、良好的市场经济环境里，银行是有信贷自觉和信贷主动的。这种自觉和主动是由生息资本性质决定的。如果银行普遍存在"不敢贷、不能贷、不愿贷"现象，说明环境出了问题。毫无疑问：风险大，则不敢；限制多，则不能；追责重，则不愿。金融是现代经济核心、血脉。信贷自觉和信贷主动不够，意味着血脉不畅，经济和金融可能陷入恶性循环。解决这个问题，首先要打造信用环境，营造"欠债还钱天经地义"的文化氛围和法制情境；其次要科学界定银行经营自主权和银行监管权，真正让市

---

① ［法］莫泊桑：《莫泊桑短篇小说全集·我的索斯登舅舅》，李青崖译，湖南文艺出版社 1991 年版，第 252 页。

场在资源配置中起决定性作用；最后要区分不同情况，精准问责、依法问责、适当问责，不搞上纲上线、无限放大和无情打击那一套。

评审就是揭面纱。《教长的黑面纱》是美国作家霍桑的短篇小说。胡波牧师"布道的主题是讲隐秘之罪和人们对最亲近的人，对自己的良知都要隐藏不露的隐私，甚至忘却了全能的上帝是能洞察一切的等等"。他的临终语是："每一张脸上都有一面黑纱！"不管是有形的抑或无形的。做银行的人不要因为个别客户不诚实而大惊小怪，也不要因为他们可能坑蒙拐骗而畏手畏脚，要敢于和善于揭下对方佩戴的黑纱，同时，携手共创推心置腹、坦诚相待的营商环境！

评审不能替代调查。银行"三查"制度安排和流程设计，是银行用巨额损失换来的，是银行人的历史经验总结和教训吸取。信贷必须建立在对客户充分信任基础上，而信任必须建立在 KYC（了解你的客户）基础上。只有了解，才能信任；只有信任，才能信贷。这是信贷政策基本逻辑，也是银行历史宝贵经验。了解是多维度的、长期的、客观的和全面的。不了解而放款，不是天真、无知和懒政，就是犯罪动机和贪婪心理在作祟。总之，评审不能替代"三查"，就像论文答辩不能替代论文指导、写作、修改一样，即使这些前期工作很辛苦、很琐碎。

评审要看对象。银行信贷评审，不能一把尺子量到底，眉毛胡子一把抓，谁的项目都一个样。评审要看对象，看对象的性质和可靠性，看项目审批流程和批准者的权威，看监管穿透力和制衡力。比如，央企的项目流程长，审批严，监管完善，其信贷需求应该尽量满足，评审要尽可能简化。相反，对看不准的项目，不确定的市场，不了解的客户，有前科的人和企业，给银行造成过损失的地方，要更细、更严、更深入了解。正像民间借贷看人下菜：对亲戚朋友、邻里乡党信任，而对陌生人、坏人怀疑。银行评审工作，一言以蔽之，即发现优质的客户，拦截烂人、坏人，避免银行损失，确保经济金融可持续发展。

谁都可能需要信贷。 20 世纪初，熊彼特讲："在原则上只有企业家才需要信贷……信贷是为工业发展服务的……如果他借不到，那么显然他就不能成为一个企业家。"① 显然，这个论断是片面的、不符合事实的。所有人都可能需要信贷，所有行业都有信贷需求。对贷方来说，只要借方能还本付息，贷款没有问题，无论是生产者、消费者，还是企业家、普通居民。这是普惠金融的核心要义。不过，就物质财富生产、生产力进步（创新）和纯经济发展、财富增量而言，熊彼特的话仍然值得重视。

为什么投资可以冒风险而贷款却不能。 假定等量投资十家企业，其中一家企业收益是原始投资的十倍，而其余九家投资全部损失，则总投资收益为零。假定等量均匀贷款给十家企业，其中一家到期本息收回，九家贷款全都损失，则贷款本息损失率高达 90%。可见投资可以冒风险而贷款不可以，因为两者的性质（一个是股权，一个是债权）和游戏规则（一个是收益共享、风险共担，一个是收益固定、风险不担）截然不同。

贷款可否先问"三老"。 银行贷款给企业，企业法定代表人无疑是贷款本息到期偿还的责任主体。一般情况下，企业法定代表人品行

---

① ［美］约瑟夫·熊彼特：《经济发展理论》，何畏等译，商务印书馆 1991 年版，第 114 页。

端正、能力强，债务违约概率很低。可是谁最了解这个人呢？老婆、老师、老乡。所以贷前调查先问"三老"（WTF）是明智的。至于企业报表、订单之类的东西也很重要，要看也要分析，但都是面上的，是品行和能力的佐证罢了。当然咨询和分析预判的结果要档案化、标准化以备查核，而计算机和互联网技术使这一要求的实现轻而易举。

银行的恐惧及其消除。所有的恐惧都源于无法预测，源于无知。银行的恐惧同样源于无法预测，源于信贷回收的不确定，源于对客户的不了解，对项目成功的无把握，对产品的市场前景不确定。而消除这种恐惧，靠的是 KYC（了解你的客户），靠的是高、中、低"三级联络人制度"，靠的是"三查"（贷前调查、贷中审查、贷后检查）。

互信程度越高，融资成本越低；反之，越高，这是一条规律。银行与客户互信程度影响甚至决定融资综合成本大小。因为客户信用存疑，所以额外增加了信用保险费，融资担保费，贷款抵押物及其价值评估费，律师、会计师各类鉴证费，等等。这些费用无疑推高了企业融资成本。所以，征信记录和失信惩戒是提高银行信用放款比重最有效的做法，也是降低企业综合融资成本立竿见影的办法。

轻诺必寡信，多易必多难。《道德经·六十三》："为无为，事无事，味无味。大小多少，报怨以德。图难于其易，为大于其细；天下难事，必作于易；天下大事，必作于细。是以圣人终不为大，故能成其大。夫轻诺必寡信，多易必多难。是以圣人犹难之，故终无难矣。"做银行久了，遇到轻诺寡信的人和事太多了，甚至包括某些地方政府，因为"新官不理旧账"而失信于债权行。其中一个重要的原因是忘了老子的谆谆教导："多易必多难"，即客户答应轻快而没有想到践行之艰难；银行想得简单而不知事情演变之复杂。

银行与客户的黏性。银行被认为是嫌贫爱富的典型。优质、优良客户往往不缺钱，而银行愿意给、一再给，这叫锦上添花。一旦与其建立合作关系，银行也不肯轻易撒手、断交；劣质、恶化客户，往往少钱、缺钱、要钱，银行却见死不救，不愿意雪中送炭，不敢惹、不想惹、不能惹，而一旦惹了，又难以摆脱。民国银行人陈伯琴深有感触地说："银行与厂家不发生借款关系则已，如有了借款关系，则始终不易摆脱的。"[1] 鉴于这种黏性的存在，银行选择客户，一定要慎重。

适可而止。优质企业和项目，银行都想扑上去。殊不知，经济有周期，企业和产品有生命期（life span）。《阴符经》讲："生，死之根；死，生之根。"银行必须适可而止。不能盲目乐观，不能一贷永逸，不能贪，更不能轻易做接盘侠。大到宏观经济，小到微观企业及其产品，一旦进入尽人皆知的衰败期，银行是退不出来的，贷款会变成殉葬品。可以同甘，不可以共苦，这在道义上、情感上是说不过去的。然而，从银行风控角度讲又是可以理解的。

竞争与公平。同业竞争是必要的、必须的和意义重大的，因为竞争有利于消费者。公平同样是必要的、必须的和不言而喻的。比如，某些银行的业务范围被限制，另一些银行也不能无所不为，这叫公平。贷款在招投标制度下价低者（利率低者）得，债券银行肯定不是存款结算银行的对手。如果允许存款结算银行什么都做，那么债券银行在法定允许的经营范围内也必败无疑，因为它们没有价格优势，没有信用创造功能，贷款不能以存款形式回流，贷存不能轮回。

---

① 刘平：《微观金融史——一个银行职员的档案寻踪（1921—1942）》，东方出版中心 2019 年版，第 116 页。

存量贷款被不断替代是一个危险信号。存量贷款被不断替代是一个危险信号：同业竞争激烈，存在更低成本资金供给和更优惠贷款条件开列。一般来说，增量或者说开拓新的信贷市场比在存量市场竞争更困难。存量信贷市场不断被替代、被挤出，意味着银行信贷市场竞争力削弱。今天是项目贷款被替代，明天可能是行业贷款被挤出，最后一定是银行自身的毁灭。

印象与事实。银行认为，乡村贷款主体较弱小，现金流不充足，回报率低，风险较高，所以涉农客户评级相对低。然而，事实上，乡村贷款主体更守信，贷款不良率低于平均水平。这说明：评级指标设置、权重和精准考量方面存在问题，银行内部评级部门对涉农主体存有偏见、成见，现金流、回报率等权重过大，而征信记录等未受到应有的重视，所以考核维度不够，权重分配也不完全符合实际经验数据，因此，有必要将向量概念和原理引进评审工作，同时结合经验数据，提高评审、评级工作的科学性。

银行源于兑换而成于放贷。历史上，从兑换、保管到放贷，从板凳、柜子到银行几乎同时推进。银行源于兑换而高于兑换。它将别人存放的现金放出去并收取利息时，它便从一个粗俗的兑换商蝶变为温文尔雅的银行家。正像电商将客户的预付款放出去或者美其名曰理财即发生质变一样：买卖双方信息平台和线下快递小哥变成了事实上的网上借贷中介。所以，防止电商变银行，阻止其无照经营行为最好的、最有效的办法是：将预付款控制住——上存央行，将其行为纳入金融监管。

见好就收。做人，见好就收是智慧；做银行，见好就收同样是智慧。一个人、一家银行没有一点"贪心"是违心的、虚伪的。可以说没有一点"贪心"就不会有储蓄、投资、信贷等金融活动。但在法规和市场允许的范围内，这种"贪心"等同于合法的、自然的利益追求，并不可怕。可怕的是什么呢？可怕的是无止境地逐利，不择手段地逐利，不顾风险地逐利。恨不得自己抛完的有价证券立马下跌，接盘的人立马亏损，以示自己聪明绝顶；自己贷款回收后，企业经营和财务状况立马恶化，其他银行像一个个傻子。事实上，见好就收、适可而止是智慧，也是美德。企业及其产业、产品都有生命期，都面临优胜劣汰同业竞争，稳健的、明智的、知足的银行一定要在其走下坡路前或者说牛气冲天时全身而退。不退，可能踩雷，可能发生踩踏事件，届时退不出来。把握这个时点，是一门大学问，需要银行艰苦细致的工作。古人说：物极必反，否极泰来。人弃我取，人取我予。我的经验是：这个时点即很多银行都争着给它贷款的时候。

银行既要支持生产，也要支持消费。 中国人自古以来重视生产，节制消费。《大学》讲："生财有大道，生之者众，食之者寡，为之者疾，用之者舒，则财恒足矣。"到了近现代，这种思想没有多少改变。"新政繁兴，孳孳谋利，而於古先圣王生众食寡、为疾用舒之道，昧焉不讲"[1] 是不行的。生产力落后，恒念物力维艰从而节约节制完全可以理解。然而生产力高度发达乃至商品过剩后，支持进而刺激消费亦无可厚非。由此银行消费贷款应运而生且份额日益提高。不过奢侈浪费任何时候都是不能鼓励的，债台高筑以至于无力偿还也是不应该的。所以，银行消费贷款规模要始终以债务人偿付能力为限，不可盲目追求数量和速度。全社会消费贷款规模不应高于居民储蓄规模。否则，过度消费将导致物价上涨。

---

[1] 《清史稿·食货志一》。

为实体经济服务，首先要对实体经济有感情。 金融要为实体经济服务，这是完全正确的。因为利息源于利润，实体经济是金融系统的衣食父母。经济决定金融。"皮之不存，毛将焉附？"实体经济基础不牢，金融不可能行稳致远。但服务实体经济，首先要理解实体经济，对实体经济有感情。弗洛伊德说："缺乏感情上的共鸣，理解也就不那么容易了。"要在亲、清二字上下功夫。同时，利润分割要适度，绝非越多越好。一家大型银行把 2003—2013 年十年间净利润年复合增长率高达 32％当作成绩炫耀，在任何一个明白上述道理的人看来都是一种悲哀和不可思议。可以讲，银行的利润率越偏离社会平均利润率，银行的性质越接近高利贷，对实体经济的伤害越深远。

有关借贷机构的偏见和成见。 人们对借贷机构的偏见和成见，如中世纪视放债者为社会败类，与信贷机构自身的行事风格分不开，与借贷业秉持的信念更是密切相关：相信效率是最大的公平，优胜劣汰是竞争的本质，守信履约、还本付息即平等，收入和效益是最好的评价依据，赚钱是经济活动第一要义，没有营利能力的客户是最差的客户，信任与谨慎是最可贵的品格，欠债和损失没有理由，可以同甘不可以共苦，嫌贫爱富亲强远弱……所有这些信念和理念都反映了借贷业这一特殊行业的特点，与人们熟悉的、信奉的传统、情感、道德、习俗等不一致乃至相冲突。人们对借贷机构包括银行的偏见和成见就是在这种矛盾和冲突中形成的。

信贷性质与信用膨胀、紧缩。 在熊彼特那儿，生产信贷与消费信贷对信用的作用完全不同：企业家"以一批其总价格既大于他所取得的信贷，也大于他直接和间接用掉的商品总价的商品，来增益社会流转。因此，货币流转额与商品流转额之间的等量关系得到了恢复而有余，信用膨胀得到了消除而有余，对价格的影响得到了补偿而有余。于是，我们可以说，在这种情况下，完全不存在信用膨胀——倒毋宁说是存在着信用紧缩——只不过是购买力以及与之相适应的商品不同时出现而已，这样就暂时地造成了通货膨胀的假象"①。相反，消费信贷可能导致真实的、持久的信用膨胀或物价上涨。因此，信贷流向实体经济，银行支持企业家，经济社会才能行稳致远，部分道理即在此。中国 21 世纪初无节制个人房贷印证了这一点。

防止行业性限贷、抽贷、断贷。三百六十行行行出状元，这是事实。要补充一句的是，也出不肖，甚至坏人、骗子。银行可能以偏概全，"一朝被蛇咬，十年怕井绳"，出现行业性限贷、抽贷、断贷极端做法。显然，这是不对的。行业贷款与企业、项目贷款有区别，它们间的关系是一般与特殊、抽象与具体的关系，必须正确处理。每一个行业都要支持，但具体的企业和项目，要具体分析，要按照银行经营规律办事，该支持的支持，不搞株连，不走极端和一刀切，避免简单化。

抽贷、限贷、断贷、惜贷现象和心理分析。熊彼特在分析"信贷的性质与作用"时指出："最终当所有新老企业都被拉进信贷现象的圈子里的时候，银行家甚至仍然宁愿进行这种信贷，因为它的风险较小。"② 做过银行业务的人，没有人会反对熊彼特这个观点。所谓抽贷、限贷、断贷、惜贷，完全是企业家和非银行部门的人对银行的误解、怨恨、批评和指责。矛盾的产生，源于借贷双方对贷款项目的前景、产品市场的预期以及企业财务的稳健和可持续分析、判断存在歧

① ［美］约瑟夫·熊彼特：《经济发展理论》，何畏等译，商务印书馆 1991 年版，第123 页。
② ［美］约瑟夫·熊彼特：《经济发展理论》，何畏等译，商务印书馆 1991 年版，第116 页。

义。银行可能夸大风险，杞人忧天，风声鹤唳，草木皆兵。而企业和非银行部门的人可能过于乐观、自信乃至于自负了。"泰山崩于前而色不变，麋鹿兴于左而目不瞬。"公认稳健、可靠的客户，银行的确是鼓励甚至怂恿他们贷款的。当然，因为夸大风险，银行抽贷、限贷、断贷、惜贷是绝对不对的。保守是银行家的性格，但不能陷入病态，一点风都不能吹。承担经营风险是银行与生俱来的职责。防化风险关键在深入调研、仔细分析、准确判断、合理应对。银行不可能在真空中生存和发展。反过来，不负责任，不顾风险，掩盖风险，要求银行贷款也是不对的。

借贷是交易不是施舍与乞讨。鲁迅在《呐喊》"自序"中有一段描写典当的话可谓刻骨铭心："我有四年多，曾经常常，——几乎是每天，出入于质铺和药店里，年纪可是忘却了，总之是药店的柜台正和我一样高，质铺的是比我高一倍，我从一倍高的柜台外送上衣服或首饰去，在侮蔑里接了钱，再到一样高的柜台上给我久病的父亲去买药。回家之后，又须忙别的事了，因为开方的医生是最有名的，以此所用的药引也奇特：冬天的芦根，经霜三年的甘蔗，蟋蟀要原对的，结子的平地木……多不是容易办到的东西。然而我的父亲终于日重一日的亡故了。"从金融史角度来看，这段描述有三点特别值得注意：第一，质铺（典当）柜台特别高，比药铺的高一倍，鲁迅言外之意：救急的钱比救命的药珍贵。第二，质押品包括衣服、首饰等物品，看来值钱的、不值钱的都可以质、可以当。第三，"在侮蔑里接了钱"，侮蔑者，侮辱和蔑视也。对一个孩子来说，这是终身难以愈合的心灵创伤（trauma），成为鲁迅先生年逾不惑"偏苦于不能全忘却，这不能全忘的一部分"呐喊。银行业是服务业，行员一言一行都影响客户的心情和印象。银行应该从这段文字吸取教训，要求行员和气、友善、热情、大方。要知道，借贷是交易，双方是契约关系，是平等的、自愿的、互利的，不是施舍与乞讨，不能盛气凌人，不能趾高气扬。

普惠金融要靠市场和政府两只手推动。推进普惠金融高质量发展不是一件容易的事。光靠市场不行。因为中小微企业和弱势群体在银行那里"信用评级"偏低，而业务费用率偏高。因此，需要转变思路，携手地方政府推动，如助学贷款。一般商业银行依靠大学，通过市场手段推动，结果很不理想，不良率高。政策性银行不同，依靠县级教育行政部门，立足生源地，动员学生家长参与并担保，问题很快解决，业务规模扩大，质量提升，作用立竿见影。银行、教育部门、学生三方都很满意。

乡村振兴金融服务。乡村振兴金融服务要在确定"示范区"，并且把示范区金融服务搞好。立标杆、树榜样，作出特点和亮点。以点带面，发挥榜样的作用；要在以项目为切入点，牢记信贷资金不同于财政资金，有借有还，再借不难。按照市场化、法治化方式推进金融服务工作；要在打造可持续、可复制的融资模式，总结推广，先进带后进，全面助力乡村振兴。

制造业金融。近现代社会与古代社会区别之一是从农业社会到工业社会的大转变即从"重本抑末"到制造业立国的观念转变。可以说，支持制造业发展、发达是现代金融业的基本特征与本质要求。然而，制造业投入大，回收期长，辛苦，利薄，银行贷款不良率相对高，因此，融资相对难且贵。做好制造业金融工作，首先，要平衡好支持与风控的关系。鱼与熊掌必须兼得，银行资金毕竟不是无偿取得的财政资金。但制造业弱小，现代经济基础强不了。其次，做银行的人要扑下身子、沉下心去，认真分析、科学研判行业走势、竞争态势、市场趋势，银行只能选择性支持，即支持那些有理想、有潜力、有本事、有希望的制造业企业和项目。坐在办公室搞不好信贷。不深入调查、研究，不认真分析、研判，盲目放贷，是主观主义和官僚主义、形式主义的表现，是懒政、怠政、不负责任的表现，是极其危险的。再次，关键核心技术攻关，"卡脖子"工程攻克，需要多方支持，比如，银行信贷支持，贷款期限更长一点，利率更低一点固然重要，但与产业政策、财政税收政策、土地政策等协同配合，作用会更明显，效果会更好。最后，工业是一个庞大而又复杂的体系，制造业是一个系统工程，内在逻辑极为严密，因此银行要重视产业链金融、供应链金融。攻其一点，不及其余，是形而上学思维在银行信贷工作中的表现。

成功的中国助学贷款模式。中国助学贷款成功不只因为产品设计和推出包含着令人尊重的道义——雪中送炭、扶贫济困，也因为融资模式极具中国特色：政府与银行互信互助，金融政治性人民性集中体现。助学贷款应该是中国政策性金融成功范例之一。支农贷款、中小微企业转贷款等可以参考这种模式运作。因为只有代理人，没有中间人，所以利率更低，客户更受益；也因为当地政府深度介入，有利于贷款增信，确保信贷安全。

生源地信用助学贷款风险补偿金管理。为帮助经济困难的大学生、研究生求学，国家委托国家开发银行等机构联合教育部门发放生源地信用助学贷款，并规定学生求学期间贷款免息（计息利率 LPR-30），由国家财政贴补。此外，国家财政还拨给银行一定的风险补偿金（2021 年前为 15%，之后为 5%）。风险补偿金性质为递延收益，待核销损失后记入当期损益。风险补偿金额若低于生源地信用助学贷款损失，不足部分由银行自行承担，相反，超出部分可作结余奖励或代位贴息，奖励资助各级、各地教育部门学生资助中心。与美国助学贷款债台高筑、风险累积、怨声载道相比，中国助学贷款业务更专业、稳慎，受益人更诚信。

助学贷款的意义、额度和经营模式。给家庭经济困难的大学生在校期间以无息贷款的意义重大而深远。助学贷款有力地驳斥了"银行嫌贫爱富，只会锦上添花、不会雪中送炭"的谣言和偏见；它生动诠释了银行的社会责任和人道主义；它证实了在市场与政府之间存在政策性金融的可能性和必要性，让主张非此即彼、水火不容的市场与政府对立派哑口无言；它是政策性银行为实现教育公平而推出的一项重要举措。

助学贷款的额度。助学贷款也是贷款，最终是要偿还的。银行主打的是学生就学与工作时间差，即以学生毕业工作后若干年收入为还款来源，所以助学贷款标准额度与平均收入挂钩。以中、美为例，美国本科生毕业后，助学贷款平均负债 3.7 万美元，在毕业生平均年薪 5.3 万美元中占比 70%，是中国学生 25%的 2.8 倍。可见，"额度"一个偏高，一个偏低。

助学贷款经营模式。（1）资金来源或负债。美、日、英、澳等国家以财政资金为主，中国以债券资金和存款为主。（2）资产或产品。有提供学费单一贷款的，也有提供学费、生活费甚至家长贷款的。（3）价格或利率。有就学期间财政补贴成无息的，如中国、美国；有政府担保成低息的，如美国补贴贷款利率 4.53%；有优惠但有限的，如美国非补贴学费贷款 6.08%；有纯商业性的，如美国生活贷、家长贷 7.08%。此外，在美国还另收手续费。美国助学贷款利率异化问题严重。（4）营运主体。有委托银行的，有委托高校的，有银行和教育部门合作的,有专营的。(5)规模和资产质量。有规模大、质量差的,如美国助学贷款余额1.6万亿美元,占2020年GDP的7%,不良率14%;有规模小质量好的,如中国,2021年余额1500亿元,占GDP的0.12%,不良率0.67%。(6)上限。优惠或贴息贷款上限,美国5500美元/人·年,中国8000元人民币/人·年;非补贴学费贷款上限,美国12500美元(本科)、20500美元(研究生);生活贷款、家长贷款无上限。中国无此类金融产品。(7)期限与偿还计划。期限普遍在毕业工作20年左右。偿还计划有每月等额本息还款;等差递增本息累进还款;后延还款;还有与收入挂钩,按比例逐月还款。(8)豁免。例如,日本毕业从教豁免,优秀硕士生、博士生还款豁免等。

非银行网贷的本质是线上高利贷。以貌似低利率为诱饵(通常报日利率),实际利率却高得出奇(换算成年利率后比小贷公司利率还高得多,有超过35%的)的互联网金融平台,本质上是线上高利贷、现代高利贷。它不仅乘虚而入,引诱误导消费者,产品定价管理极不审慎,而且暴力催收,影响社会稳定,败坏民风民俗。因此,应该整治非银行网贷。此外,银行零售金融服务要全面覆盖,毋以利小而消极不为,毋以利暴而借刀宰人。

信贷结构政策与产业政策的一致性与滞后性。将货币、信贷作为产业结构调整的工具,已成为当代宏观经济调控的一部分。保持信贷政策与产业政策的一致性,形成政策合力是必要的,但前提是产业政策必须科学有效,而不是相反。此外,产业政策在前,信贷政策可以及时跟进,但信贷是契约行为,有期限条款,当产业政策发生变动时,信贷不可能及时、轻易退出,因此,可以说,产业政策是信贷政策制定的依据之一,但不是唯一的依据。银行在支持产业政策的同时,在具体的信贷活动中,要有自己的判断。

　　信贷政策与信贷行为的关系是对立统一的关系。强势的政府部门往往会发布信贷政策，要求银行支持什么、反对什么、限制什么、拒绝什么，尽管它们并不对其政策可能带来的严重后果负责。银行一方面要循规蹈矩，响应号召，听话；另一方面要承担经营风险，将信贷政策变成信贷行为。而信贷政策不同于信贷行为，尽管两者联系密切。信贷政策属于理念和认识，而信贷行为属于实践和实际。首先，实践是检验真理的唯一标准。信贷政策应接受信贷行为检验，而不是相反。其次，信贷政策的同一性与信贷行为的差异性存在矛盾，必须求同存异，具体情况具体分析，而不是一刀切。最后，信贷政策的时效性或时点特征，与信贷行为严格而复杂的程序以及投放、回收时期特征明显矛盾，从而导致信贷行为不可避免地出现始则滞后、终则延续于信贷政策的现象。

　　货币政策、财政政策与信贷政策。人们普遍认为，货币政策是总量政策，财政政策是结构性政策。货币政策围绕货币供应量调控，实现币值相对稳定而展开。财政政策围绕国家机器运转和各类结构调整而展开。信贷政策呢？由于信贷规模永远少于货币供应量，且受资本充足率、存贷比等相对指标限制，所以，信贷政策既是总量政策，也是不完整的、不自主的总量政策。它既有上限，还有下限。下限，源于银行的利润压力。银行必须把钱用起来。既然信贷政策不是完整意义上的、完全自主的总量政策，那么它是不是结构性政策呢？现在，很多人甚至监管部门的人，事实上把它当作结构性政策。因此要求银行"不得放松信贷用途管理和真实性查验，防止信贷资金被套取和挪用"，学起了财政部门"打酱油的钱不能买醋"那一套。如果预算编制是科学的、准确的、实事求是的，那么财政那样做并没有错。但信贷资金与财政资金有本质区别。财政部门转移的是资金所有权，而信贷部门转移的仅仅是资金使用权。因此，银行对资金使用的监督和查验，理论上是说不通的，实际上是行不通的。正如存款人不必也无法对存款银行存款使用进行管理和查验一样，银行不必也无法对客户资金使用进行监督和查验。银行关心的是贷款安全，银行的杀手锏是抵押、质押和征信、起诉。而结构调整最终取决于市场竞争和客户选择，信贷在结构调整过程中的作用是有限的。一个项目如果市场前景不被看好、不确定，即使有银行支持，客户也会拒绝。硬要牛喝水是不行的。如果存在多项选择，客户一定会将银行信贷资金挪到他认为更赚钱、更有把握的项目上。一个守信的客户，必须考虑企业自身盈利和银行贷款偿付能力。因此，信贷政策不是什么结构性政策，它甚至都不应该成为"政策"，充其量算银行信贷市场策略。

财政政策是结构性政策，货币信贷政策是总量或近似总量政策，这是经验和常识。但是，有人不相信，认为是成见和偏见，货币、信贷政策也可以用于结构调整，并且夸大其词，以此炫耀部门、单位政绩。实际上，即使可以，也是一次性的、有限的。因为，第一，要看企业杠杆率，即利息支出在企业项目经营成本比重高低。越高作用越大，越低作用越小。第二，要看需要支持、扶持的对象困难的原因是在资金上，还是在技术上、市场上、经营管理上。货币信贷政策不是万能的、包治百病的。第三，要看拟支持或扶持的对象利润水平和前景。在资金面前，利润是最大的考量因素。高于社会平均利润率的行业、企业、项目，生息资本都会趋之若鹜。相反，低于社会平均利润率的行业、企业、项目，即使有政策性优惠资金进入，也是一次性的。长期来看，资金是留不住的，很可能被挪用于市场套利、利益输送、腐败而不是实业项目。因此夸大和滥用结构性货币、信贷政策，不仅难以实现既定目标（如果实现，背后真正发挥作用的一定是贴息和损失分担等财政政策工具），而且容易搅乱正常的市场调节机制，影响公平竞争。

信贷资金与风险资本不同。信贷资金本质上是生息资本，体现的是债权债务关系，表现为契约、合同和使用权转让，目标是还本付息即本金安全和息差的存在。银行并不插手企业管理，关系相对简单、清晰。企业经营的好坏都不改变债务的性质和数量，换句话说，信贷资金回报是预定的、不变的。银行不能像风险投资机构那样，从成功的客户身上获取超额回报，弥补失败客户造成的投资损失，从而综合损益，实现社会投资平均回报。风险资本本质上是产业资本，体现的是股权关系，代表着所有权，追求的是利润最大化。同样数量的客户、同样金额的贷款或投资，银行不能像风险资本那样，从成功的企业身上获得固定本息以外的收益，弥补在失败客户身上的损失。所以，银行的信贷资金只适合于成熟的产业、产品和客户，信贷资金性质决定了信贷机构必备稳健经营风格，也决定了银行家必备保守、谨慎的性格特征。而风险资本适合于创新、前卫的产业、产品和客户。因为一部分股本的损失可以从另一部分股本超额回报中弥补。假定 100 个项目成功率为 50%，每个项目贷款 1 亿元或者投资 1 亿元，共 100 亿元贷款或 100 亿元投资，则银行贷款的结果是，损失 50 亿元，假如息差为 1 个点，则需要 5000 亿元的正常贷款才能弥补损失，即 100 亿元的正常贷款规模远远不能覆盖 50 亿元的损失。而风险投资的结果是，损失 50 亿元，假如成功的企业回报率为 100%，则 100 亿元的投资完全可以覆盖 50 亿元的损失。如回报率降为 50%，则 200 亿元的投资可以覆盖。如回报率降为 5%，则最多 2000 亿元的投资可以覆盖，也比正常信贷资金 5000 亿元规模覆盖同等损失要少。所以，进入风险领域，银行要慎之又慎，最好不介入。且风险越高，不确定性越强，需要覆盖损失的正常信贷规模就越大。

从寓言中汲取信贷智慧。《伊索寓言》有一则是这样的："鹿跑去向羊借一斗麦，并说狼可以为他担保。羊怀疑他是存心欺诈，便说：

'狼常常抢夺他所要的东西,而你跑得比我快得多。到了偿还时,我怎么能找到你们呢?'"这是说不要相信那些不值得相信的人,不要借钱物给那些根本不打算偿还的人。做银行的人一定要多看一看、听一听、想一想客户的品质和能耐,弄清楚客户的信用记录和性格特征,做实做足信用结构,避免信用风险。

另一则寓言这样写道:"牧人们在野外祭祀,烹制一只山羊,请来附近的人们共享。有个贫穷的女人,带着她的孩子也来了。正当大家吃得高兴时,那孩子因吃了太多的肉,肚子痛。他痛苦地说:'妈妈我要把肉吐出来。'他妈妈说:'孩子,那不是你的,仅仅是你所吃下去的罢了。'"这故事是说,有些人随随便便就拿别人的东西,欠别人的债,当被讨还时却是那么痛苦。欠债还钱,天经地义!借钱时就要想到还钱时。杠杆率绝不是越高越好。有多少钱办多少事,有多大的能耐揽多大的活。杠杆率是要控制的。

贷款发放和管理与不良贷款回收。 在人力、物力、财力、精力投入方面,贷款发放和管理与不良贷款回收成反比。贷款发放和管理投入的人力、物力、财力和精力越少,不良贷款处置、回收时浪费的人财物和精力越多。反之亦然。一笔不良贷款处置、回收花费的人财物和精力可能是正常贷款发放和管理的数倍、数十倍、数百倍、数千倍、数万倍!

不良贷款特别是损失的倍数效应。损失是最严重的不良,最彻底的不良,无异于宣布相应贷款的最终死亡。损失的负面影响,不限于抹黑银行的声誉,在员工心理投下可怕的阴影,威胁银行可持续能力,更是对前期信贷业务的完全否定。以利差一个点计算,任何一笔损失都是其百倍正常业务的否定和批判,所以,银行最忌讳的、要力求避免的是损失。

　　欧·亨利笔下的活期贷款。银行与文学似乎风马牛不相及。事实上，银行可以让文学更加严肃、开阔并深刻，文学可以让银行更加生动、通俗和有趣。两者完全可以相辅相成，相得益彰。欧·亨利的短篇小说《活期贷款》，是银行与文学结合的典范。牧牛人比尔·朗利，"钱多得邪门"，"他的财产有五十来万元，收入还在不断增加"（要知道那时一头牛的均价才十五元）。可是，"他无所事事，日子不好打发，便创办了查帕罗萨第一国民银行，被选为总经理"。一天，外部稽核发现一张借据，借给汤姆·默温一万元活期贷款，"问题不仅在于数目超过了银行发放私人贷款的最高限额，而且既无担保，又无抵押"。违反了国民银行法，政府随时可以提出刑事诉讼，稽核严肃地指出。朗利承认这笔贷款，除了有十年交情的老朋友汤姆·默温一句话以外，没有任何抵押品。"不过我一向认为，一个人只要讲信用，他的话就是最好的抵押品。"朗利辩解说。同时，牧牛人出身的银行家知道"政府不是这样想的"，所以，他决定去找一次汤姆。稽核听完解释，先是惊讶，接着吓坏了，要求第二天中午十二点前清理这笔贷款，"报告里就不提这件事"。最后鞠了一躬就走了。朗利没有看错人，汤姆是个讲信用的牛贩子，"说一是一，说二是二"。在遭到镇上另一家银行拒绝提供周转贷款后，他竟会铤而走险，埋伏起来拦劫火车，准备筹钱还债。被朗利尾随制止后，回家从弟弟埃德口里得知，他的牛脱手了，价差还不低，收入足够偿还银行贷款。在这里，欧·亨利面上写的是小说，实际讲的是道理：现代的、民间的、真正的信用是对人的信用，而不是政府监管部门希望的、法律要求的对物信用即对抵押、担保的过度依赖、信赖。这一点，也完全符合马克思关于银行信用的论述。欧·亨利一生坎坷，才活了48岁，在银行工作过，因为银行短缺一笔现金而坐过牢。没有亲身经历和深刻思考的作家，是写不出类似《活期贷款》这样的小说的。

抵押物管理。理论上说，现代信用是对人的信用，而不是对物的信用。实际上，至少在中国，90%的信用是对物信用。所以，大部分银行面临抵押物及其管理问题。民国时期银行人陈伯琴早已感慨万千："银行放款，因为信用放款的危险性较大，所以竭力地发展抵押放款。因为有货物在手里，比较没有东西稳妥得多。又因为借款的厂家地点的问题，事实上不能将他们出的货品，抬到有银行分支行的地方，于是乎想出了驻厂管理的办法。驻厂管理押品的人员，他的责任，不但是管理押品，凡厂家经济上的状况、营业上的情形，均需特别注意。遇到实在办事的厂家，善于对付的管理员，当然还不至发生重大的意外事情。倘然厂家办事人狡猾一点，或者所办的事情，另有别的作用，他们说的话，天花乱坠，看管员稍微不经意一点，往往就要上当。并且厂家的当事人，都是气派十足，来头极大的人物。他可以不顾你管理员的立场，直接向银行董事经理接洽。所以常常听见有管理员认为不可能的事，他们已经容容易易办好，管理员也只得服服帖帖的照办。"[1] 今天，抵押物不实、抵押品价值高估、抵押物证明材料不全、抵押物法律纠纷不断、通过贿赂解押、转移或掏空抵押品、重复抵押、抵押物无法处置、抵押物价值贬损等等，仍极大地困扰着银行。

信用的基础。商业信用、银行信用都不是以拥有资金或财产为唯一基础或者第一前提。对物信用，表现为抵押和质押，简单、明确，干脆、具体，轻松、有形，固然重要且必要。但实践证明，对物信用并不完全可靠，并非一劳永逸、高枕无忧。信用的基础，正像J.P.摩根在国会作证时说的，首要的是品格。一个品格高尚的人，他会砸锅卖铁维护自己的名誉和信用；而一个品质恶劣的人，他会让银

---

[1] 刘平：《微观金融史——一个银行职员的档案寻踪（1921—1942）》，东方出版中心2019年版，第114—115页。

行拥有的抵押品或质押品形同虚设。

　　银行信用与商业信用有机结合有助于中小企业融资难、融资贵问题的解决。按照马克思《资本论》的说法，产业资本循环公式：P…W′—G′—W…P，即处在生产形式上的产业资本周期性地表现为生产成本、销售利润、再生产成本。生息资本的运动公式：G—G′（G+ △ G）即从本金到本息。显然，这是形式和表象。事实上，生息资本循环是从货币资本开始，依次经过产业资本必须经过的购买、生产和销售三个阶段，从而实现资本价值增殖，再回到货币资本的运动过程，公式：G—W…P…W′—G′。不过，生息资本以债主身份出现，关心贷款安全但并不干预企业经营管理，因此，银行与企业之间除了债务合同约定的偿付义务外，出现了严重脱节。银行只关心自己的本息安全，不在乎企业死活；而企业只关心自己死活，不在乎债台高筑。于是，信用环境恶化，融资难、融资贵问题出现了，并且没有缓解的迹象。应对融资难、融资贵的办法有很多，但将商业信用和银行信用有机地结合起来，理论上说得通，实践中可操作，是一个好办法。银行向"龙头"企业或者说产业链、供应链上"链长"企业批发贷款，再由"龙头""链长"企业零售给周边中小微企业。由于链上企业之间存在商业信用，存在货款支付或商业票据签发，客观上为银行信用奠定了基础。银行信用不是削弱了，而是加强了。银行的确让出了贷款批零价差，但同时减少了零售贷款费用和风险成本。总的说，是划算的。中小微企业也好了。它们靠"龙头"企业吃饭，不敢失信、耍赖，会更自觉，更讲信用。又因为融资环节减少，挤压了黑色金融中介、资金掮客的活动空间，整个融资成本有望大幅下降。

　　贷物与贷款。银行与租赁的主要区别在：银行贷款收取利息，租赁贷物收取租金。《管子·国蓄》讲："春以奉耕，夏以奉耘，耒耜(sì)

械器，种饷粮食，必取赡于君，故大贾蓄家不得豪夺吾民矣"，"无食者予之陈，无种者贷之新。故无什倍之贾，无倍称之民"。有学者将这两段话理解为西汉时期发放农业贷款思想。其实，这里主要讲贷物，不是贷款，类似今天春耕备耕专项贷款或粮棉收购贷款，所以，是租赁不是贷款。至于贷钱而收物，因物价波动而获益，有一个假定即丰年谷贱。而事实上，也可能歉收导致政府亏空。王安石的青苗法源于陕西地方经验，目的之一是排挤抑制民间高利贷，采用的是典型政府放贷模式：官贷官收（"天子开课场"——范镇。"官自放钱取息"——韩琦），强贷强收（"抑配"或云"今也无问其欲否而颁之，亦无问年之丰凶而必取其息，不然则以刑法加焉"[1]）。贷钱收钱（尽管政策规定："内有请本色或纳时价贵愿纳钱者，皆从其便。"但实际做法是："有司约中熟为价，而必偿缗钱。"[2]），无关实物。所以，农民不仅要还本付息，还要额外承担商品交易及其价格风险从而受商人们的盘剥，反对是必然的。说王安石的青苗法受《管子》启发有一定道理；说青苗法是《管子》政策思路的具体实践，要斟酌，要慎重，毕竟业务的性质不同。

贷款：资源？负担？交易？"信贷是宝贵的金融资源。"这话是片面的、想当然的、一厢情愿的。对于赚钱从而不缺钱扩大业务的客户，信贷不仅不是资源，相反，是节外生枝、额外负担、居心不良，是蹭饭吃。银行在他们面前没有一点优势和尊严，毫无议价能力和惯有的优越感。在银行那里，他们是 VIP、香饽饽，银行想锦上添花，就要求他们贷款！而对于经营困难、捉襟见肘、花钱而不赚钱的企业，或者对于蓄意骗贷的人，信贷的确是稀缺资源、宝贵资源，因此

---

① 杨时：《龟山集·语录》。

② 《宋史·陈舜俞传》。

他们愿意求银行，取悦银行，千方百计甚至低三下四、委曲求全、不计成本，以弄到贷款为目标。在这里，银行找到了飘飘然的感觉，找到了寻租的机会，并在这种感觉中、机会里失去了理性，埋下了后患，留下了隐患。对于大多数企业、一般客户来说，信贷既不是什么宝贵资源，也不是什么额外负担，而是一笔交易、一份契约、一张合同。遵循的是等价交换原则，履行的是事先约定的权利和义务。谁也不亏欠对方，谁也无须感恩对方。银行与客户的关系是平等的、合作的、双赢的、相互感激的。唯其如此，才是正常的、可持续的。

贷款投向应以最低损失率为指针。银行不仅要计算总的贷款损失率，还要计算不同类型企业、不同行业、不同地区、不同发放阶段的结构损失率，从而发现损失分布特征，鉴此引导全行信贷投向，精准放款，安全放款。假定银行综合利差为90bp，税费为20bp，则净利差为70bp。再假定综合损失率为30bp，其中，中央企业贷款损失率最低，为5bp，则正确的信贷投向应该是：第一，新增贷款尽可能往损失率最低的中央企业集中；第二，单一损失率高于综合损失率的区域贷款、行业贷款、企业类型贷款、所有制性质贷款、专项贷款等存量贷款及部分手中新增贷款，应尽可能向损失率低于综合损失率的区域、行业、企业、专项等转移或投放，所谓"两害相权取其轻"是也；第三，假定不考虑非信贷业务，则存贷净利差（比如70bp）－贷款综合损失率（比如30bp）＝贷款平均收益率（即40bp）。可见，利差不变，损失率与收益率成反比。银行应该将贷款投向收益率高于平均线的客户类群。反过来，单一损失率低于综合损失率部分，比如中央企业为25bp，即30bp－5bp，构成银行优质客户让利空间、同业竞争空间和银行客户经理自由裁量权限。减少高损失率客户类群贷款，相应增加低损失率客户类群贷款，即使将两者损失率差当作优惠全部让出，银行的总收益也不会减少。总之，优质客户贷款利率优惠不是拍脑袋拍出来的，是计算出来的。

银团贷款的道德准则。 一家牵头，多家联合向某客户贷款，谓之银团贷款。银团贷款体现的是银行同业间的信任，风雨同舟的合作精神，即收益共享、风险共担原则。"承诺"体现的是各行内心意愿，"签约"体现的是各行法律意志，"发放"体现的是各行真实贷款行为。非预定比例贷款增加，牵头行应在银团内通报和协调，避免在好项目上遭"独食"之嘲讽，在坏项目上扩大自身信贷风险，类似哑巴吃黄连，让人看笑话。原则上，银团参与行要按比例新增贷款发放，除非有主动且明确放弃者，其他行可以增补。贷款评审不能光听分行的，否则，总行的评审就没有意义了。对于项目超概算部分，资本金比例要求不能维持不变，应该大幅度提高。此外，为了防止资本混淆视听，无序扩张，绝不能拿国有银行的资金，冒充私人资本、民营资本、民间资本，更不允许帮它们无序扩张和恣意妄为。

差异化定价是银行经营管理面临的大课题。 银行分支机构的定价权应该有所区别，不能所有分支机构一个 FTP、一个定价。因为各个分支机构的资金成本不一样：不良率和损失率不同从而风险成本不同，不能不分地区风险高低而统一加点；人均资产、人均贷款等劳动生产率指标和资产收益率、人均利润等效益指标不同，人均费用等支出指标也不同，不能不分好坏、优劣而一律吃大锅饭；活期存款、结算资金等低成本资金比重不同从而筹资成本不同，不能不分负债能力大小和质量高低而统一定价；核后回收规模和回收率不同从而可动员竞争资源不同，不能不分存量风险化解效果而一刀切……这些区域差别、分支机构差别决定定价权差别。总行总的 FTP 计算限于全行筹资成本、风险成本、税费支出、息差等，它是全行平均值，可以参考但不能妨碍分支行定价机制改善和定价权差异化管理。差异化是银行精细化管理一个表现，而精细化对总行来说，工作量会加大但十分值得且必要。

银行间市场债券借贷。根据中国人民银行定义，债券借贷是指债券融入方提供一定数量的履约保障品，从债券融出方借入标的债券，同时约定在未来某一日期归还所借入标的债券，并由债券融出方返还履约保障品的债券融通行为。期限最长 365 天，费用双方商定。显然，这是活跃债券二级市场的工具，是货币市场产品。其主要目的是，同回购返售一样，满足债券持有人流动性需要；满足次级债和垃圾债等风险分散、转移需要；同时，满足资金所有人质押融资安全和利益诉求。债券市场本身是非常刻板的，但债券品种多了，规模大了，情况复杂了，机会和挑战多了，类似创新是完全必要的。

贷款定价的直线与曲线。银行贷款定价是一件大事、难事、敏感事。特别是政府、优质企业对存贷款业务采取招投标制度以及中央银行 LPR 改革以后，银行在资产、负债两端的竞争均白热化。存高、贷低者得业已成为社会共识。在优质客户那里，银行的价格战愈演愈烈。定价策略不得不深入研究，认真制定。首先银行定价不能"一刀切"，不能天下一个价；也不会一劳永逸，一定终生，天不变价亦不变。因为筹资成本、管理成本和风险成本时空上、结构上存在差异。其次亏本不贷，这是原则，银行不能做背离商业本质的事。最后"本"的定义和计算方法很重要。定价必须建立在综合成本上，不能仅以单一负债成本如各类负债中最高者为成本定价。对于不同性质的银行，成本概念和利润概念在其心目中的地位也不一样。所谓"本"，指综合成本，包括综合筹资成本、人力等经营管理成本、风险成本、税费成本等。拨备相对监管标准和要求过多过高，说明风险成本计算有水分，计过头了。此外，客户、区域一定时期算账是盈利的，应该在单笔业务上做些让步和让利。总行有总行的成本底线，分行有分行的成本底线。分行的底线有高有低，因为各分行负债结构不同，核后资产回收情况不同，盈利率或超额完成利润计划数量不同，管理和风险成本不同，所以总行定价是全行价格直线，而分行定价是围绕这条直线上下波动的曲线。这样才体现区别和差异，而不是良莠不分。那些低成本负债多的、核后回收多的、盈利高而风险低的分行，应该享有更大的定价权和更明显的资产端竞争优势。

贷款深度。贷款深度即新增贷款占 GDP 比重。该指标要保持基本稳定。经济下行压力大的时候，宜适当提升。1978 年中国贷款新增占 GDP 的比重为 6.17%，低于美国贷款新增占 GDP 的比重为 11.18%；2009 年国际金融危机，中国贷款新增占 GDP 的比重为 27.63%，美国贷款新增占 GDP 的比重为 -22.23%；2020 年中国贷款新增占 GDP 的比重为 19.37%，美国贷款新增占 GDP 的比重为 3.70%；2021 年中国贷款新增占 GDP 的比重为 17.44%，美国贷款新增占 GDP 的比重为 2.60%（见图 3-1）。可以说，中国经济崛起，贷款功莫大焉；

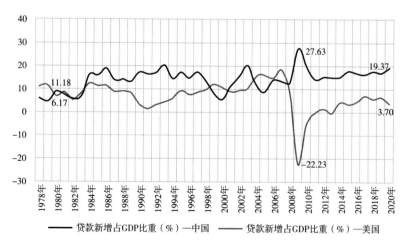

图 3-1 1978—2020 年中美贷款新增占 GDP 比重或贷款深度比较

中美经济差距不断缩小，与其贷款深度反向变动密切相关。经济面临下行压力时，即需求收缩、供给冲击、预期转弱，宜适当提升新增贷款占 GDP 比例，加大信贷投放力度，至少不出台信贷收缩政策。

贷款密度。贷款密度即人均贷款。过高时，宜适当控制。1978年，美国人均贷款折合人民币 2.57 万元，中国人均贷款 0.02 万元。2007 年，美国人均贷款达到历史峰值，折合人民币 59.59 万元，此时中国人均贷款为 2.28 万元。2020 年，美国人均贷款折合人民币 57.28万元，中国人均贷款 12.23 万元（见图 3-2）。贷款密度的提高，说明人们创业意识、消费意识增强，是经济发展动力之一。改革开放以来至 2020 年，尽管中国贷款密度一直低于美国，但增长倍数（612 倍）远超美国（22 倍）。可以说，美国经济是大而迟缓，而中国是小而迅猛。但与人均可支配年收入相比，中国人均贷款压力（3.9）高于美国（1.67）。因此，贷款密度要适当降低，重点是控制消费信贷。

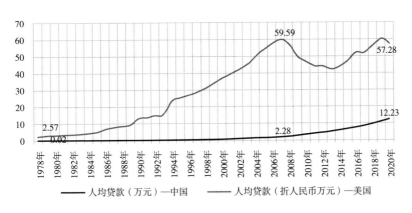

图 3-2　1978—2020 年中美人均贷款或贷款密度分析

存款资源要充分利用。中国存款资源丰富，宜加大储蓄向投资转化力度。1978 年，美国人均存款折合人民币 0.17 万元，中国人均存款 0.01 万元（美国为中国的 17 倍）。2012 年，中国人均存款开始超过美国。2020 年美国人均存款折人民币 9.34 万元，中国人均存款 15.05 万元（美国为中国的 62%）（见图 3-3）。1978—2020 年中国人均存款增长 1505 倍，而美国同期增长 55 倍，且绝对量大于美国。贷款、投资最终源于存款（储蓄），中国人存款的优异表现，是中国经济高速发展的结果，也是中国经济高速发展的原因。宜加大储蓄向投资转化力度，重点是进一步放宽资本市场门槛，切实推进注册制。

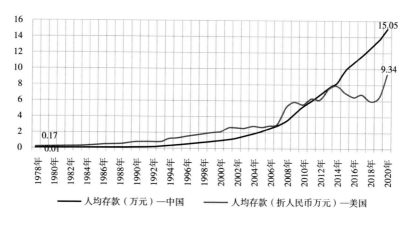

图 3-3　1978—2020 年中美人均存款分析

贷存比。 从贷存比来看，中国应该加大贷款投放力度。1978 年，中国金融机构资金运用各项贷款 1890.42 亿元；金融机构资金来源各项存款 1155.01 亿元，其中个人存款 599.23 亿元，贷存比为 164%。2021 年，中国金融机构资金运用各项贷款 1926902 亿元；金融机构资金来源各项存款 2322500 亿元，个人存款 1033117.54 亿元，贷存比为 83%（见图 3-4）。43 年间存款总量增长 1933 倍，贷款总量增长 1016 倍，说明银行贷款增长低于存款增长，金融供给大于金融需求，储蓄能力超过信贷能力。

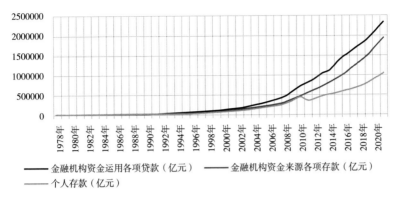

图 3-4　1978—2020 年中国金融机构贷存款

1978 年，美国金融部门贷款 19463 亿美元，通货和存款 1261 亿美元，贷存比为 1543%。2020 年，美国金融部门贷款 289044 亿美元，通货和存款 47128 亿美元，贷存比为 613%。可见，美国贷款需求下降更厉害。随着国家富裕程度提高，贷款需求下降。越富裕，下降比例越大。

再从人均贷存比来看，如图 3-5 所示。

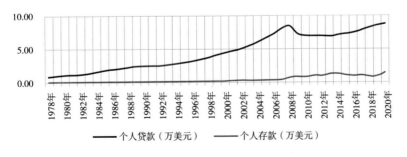

图 3-5　1978—2020 年美国人均存贷款

美国贷存比由 13 倍（1300%）下降到 6 倍（600%），40 年间美国下降 700 个点，而中国下降了 119 个点（200% 降至 81%）。美国人均贷存比也在下降，中美这个指标差不多都打了对折。但相对于储蓄存款，美国人均的债务压力（6.68）比中国（0.81）大得多。因此宏观层面（不是居民个人微观层面）应加大贷款投放力度。

贷款不可，理财更不可。 一家企业业务差财务难，银行拒绝贷款，却为一点手续费和存款份额，以高收益为诱饵，连蒙带骗，替其发行、推销所谓理财产品，无异于助纣为虐，嫁祸于投资者。有品德、负责任的银行是不屑于这样做的。当然，理智而非利令智昏的投资者也应该想一想：为什么企业不申请成本更低的贷款？为什么银行不赚比手续费更多的息差？为什么银行不向"好"企业放款硬要把到手的唐僧肉拿给素不相识的人分享？"热销中"的理财产品有无最终兑付人？（债权型）如果要求投资人完全承担风险，那么，投资人事先了解这家企业吗？银行和企业真实、全面披露有关信息了吗？可能获取高收益也可能蚀本这样的提示语公开、反复而又明确地向投资人提示到位了吗？（股权型或信托型）

理财产品按风险大小分级销售，不是一厢情愿，就是自毁自残。 2018 年资管新规禁止银行刚性兑付。银行理财产品自此按风险等级分类销售，即 R1、R2、R3、R4、R5。其中 R4、R5 风险最高，R3 中等，R1 和 R2 风险较低。R1、R2 主要投资协议或定期存款、保险产品、优质债券，所以亏损概率极小，收益率也比较稳定，不是刚兑类似刚兑。目前，银行发行的理财产品 80% 以上是 R1 和 R2 级别的。但从理论和逻辑上说，这类产品推出未免一厢情愿。因为"精明的""专业的"投资人完全可以自行购买，无须委托银行。至于投资衍生品和股票类的理财产品，风险级别自然高。银行销售这类产品多，迟早要自毁自残。因为它并不是儒商鼻祖端木赐（子贡），在零和游戏中，"亿则屡中"；或像孙子塑造的战神，"百战百胜"。

政府负债与银行贷款。 银行从成立的第一天起，就与政府有着千丝万缕的联系。无论是从资产端还是从负债端来看，政府一直都是银行的重要客户。从权益来看，政府不仅是征税机关，将银行利润分割成税前和税后两部分，而且可能做银行的大股东，是银行利润的直接分享者。当然，反过来，银行也一直是政府的左膀右臂，是政府"隐性钱袋子"和最后贷款人、风险防控人。理论上，政府预算是平衡的。实际上，"入不敷出"是常态和普遍现象。换言之，政府会举债。其或发行债券筹资，比如国债和地方债；或向银行贷款。前者叫直接融资，后者叫间接融资。不管是直接还是间接，都是融资、举债。众所周知，两种融资方式各有利弊、各有千秋，不存在什么优劣。如果说控制政府债务总量是可以理解的，那么发行政府债券置换银行贷款而债务总量和筹资成本并没有随之减少是令人费解的，可以说，这是财政职能金融化的表现。总有一天，各级政府会发现，市场融资活动政府亲自操刀不如请银行代劳。在资金融通方面，任何部门，包括财政部门都不如银行专业、经济和精明。它们永远算不过银行。银行是资金的大海，百川归海，有容乃大；银行是如来佛的手掌，资金是流不出银行体系的。

地方政府债、企业债对政策性银行信贷市场具有挤出效用。地方政府债、企业债是直接融资工具，银行信贷是间接融资工具，两者是对立统一、此消彼长的关系。地方政府债、企业债发行越多，银行信贷市场的空间越窄，对地方政府和优质企业客户贷款的可能性、必要性越低，存量客户的挤出效应十分明显。一般商业银行由于账户体系健全，零售客户数量多，机构和员工队伍庞大，简言之，东边不亮西边亮，影响是有限的。此外，商业银行自身拥有强大的信用创造功能，债券资金最终变成了银行存款，所以对商业银行资产总规模和放贷能力影响有限。政策性银行不同，影响是巨大的甚至是致命的，替代或挤出效应明显。这些银行一直以来以地方政府、大型企业为服务对象，零售客户少，零售市场份额低，大多从事大额、批量业务，所以，地方政府债券和大型企业债券发行，极大压缩了政策性银行信贷市场空间，它们不得不转战毫无优势的零售市场，在没有机构、人员、账户和支付结算体系准备的领域，不具备信用创造功能带来的低成本竞争产品。总之，转战到先天不足的零售市场竞争。

平台经济与金融。随着互联网技术应用，电子商务、互联网经济、平台经济迅速发展。以我国为例，平台经济规模已超过 10 万亿元，用户超过 10 亿人，相关就业人数超过 7000 万人。长期存在的买卖信息不对称、商务活动时间和空间限制、支付的不便利等问题瞬间被解决，传统商业模式受到前所未有的冲击，供应商与消费者的距离趋零。与此同时，由于预付款、担保金等线上资金存在，以及新的支付渠道开辟和数字货币应用，平台大量介入持牌金融领域，刻意规避监管，投机套利，给经济社会留下巨大隐患。尤其是依据金融脱媒谬论、冒充新的金融创新而野蛮生长的 P2P，给客户造成巨大损失和不安。殊不知，互联网技术让金融如虎添翼、提高了生产力，并不改变金融的本质和代表的生产关系。金融业务性质不会因为运用了互联网技术而改变或丧失。因此，平台金融活动应该全部纳入金融监管，纳入行政许可。要严格区分预付款、担保金等线上资金与存款的本质区别。未经许可任何人和机构不得将它用于贷款或投资；要严禁线上高息集资然后放贷、投资；要严格规范线上资金的所有权、使用权、收益分配权等，引进托管银行，保护线上资金所有人利益和安全。

LPR 改革和存贷款招投标做法使息差进一步缩窄。中央银行 LPR 改革、客户存贷款招投标做法，在提高银行资金成本的同时，压减了银行贷款利率和收益，从而使息差进一步缩窄，尤其对以债券筹资放款的政策性银行不利。

　　LPR 允许银行自主报价，取消了之前基准利率加、减点做法，从而使高成本负债银行失去了央行的"保护伞"，经营压力骤然提升。客户存贷款招投标，一方面抬高了银行存款及金融债券利率；另一方面压减了银行贷款利率，使银行的息差显著缩窄。

　　银行和客户是一对矛盾统一体。对客户来说，LPR 改革和存贷款招投标是好的、有利的，而对与客户相对的银行来说，是不利的。

　　但是，客户是银行的衣食父母，经济是金融的基础，LPR 改革和存贷款招投标是不可逆的，是符合时代趋势和最广大人民利益的。银行只能适应和变革。所谓顺之者昌，逆之者亡。唯一的办法是，改善自身的经营管理：调整负债结构，增加低成本负债比例；精打细算、节约费用开支；提高劳动生产率，降低机构和人员运营成本；管控风险，减少损失，控制风险成本；扩大中间业务收入；等等。

第二节　资产

　　提要：核后资产真的一钱不值吗？银行资产从正常到关注到不良到核销，是一个不断恶化的过程，一个每况愈下类似癌变的过程。金融资产分类要融入资产全生命周期管理理念。

　　核后资产真的一钱不值吗？银行资产从正常到关注到不良到核销，是一个不断恶化的过程，一个每况愈下类似癌变的过程。通过司法手段都难以回收的资产，通常会被银行不情愿地核销。因此，在多数人看来，核后资产等于死资产、呆账甚至损失。然而，只要"新官理旧账"，惩戒与激励并重，银行上下用心用力，千方百计，穷追不舍，核后回收率是可以大幅提升的。

金融资产分类要融入资产全生命周期管理理念。监管部门把金融资产分为五类：正常、关注、次级、可疑、损失。后三类合称不良。因此五类实为三类。不良资产细分如同癌症细分：早期、中期、晚期，劣变恶化程度不同而已。实际上，对银行经营者来说这种分法是不完善的。第一，只看不良率不看核销率，客观上怂恿了核销出表行为，把核销出表当作风险压降成绩，犹如把伤口包扎当作疾病痊愈。第二，事实上助长了"新官不理旧账"风气，不考核核后回收率，谁有兴趣费力做回收工作？第三，债权未彻底消失之前，"损失"是无法精确计算的，因此不良率计算结果可能被夸大。

负债结构、负债成本与资产端竞争力的关系。负债结构不同，比如，低成本负债比例越高，负债成本就越低，资产端竞争力越强；相反，资产端竞争力越弱。假如存款成本为0.5%，债券筹资成本为3%，则存款和债券筹资成本差为2.5个百分点。假若调整负债结构，即将债券发行计划调减1000亿元，用存款形成的超额储备1000亿元替换，则负债成本可以节约25亿元。（1000×2.5%）若息差为1个百分点，则节约的25亿元息差相当于2500亿元正常贷款的利息收入。假若这25亿元用于贷款优惠10bp，则可支撑25000亿元贷款利率优惠；假若贷款利率优惠20bp，则可支撑12500亿元贷款利率优惠。可见，负债成本下降对资产端竞争力的培植、报价优势的形成作用巨大且直接。

第四章
账户·客户·支付结算系统

关键词：账户　客户　支付结算系统

第一节　账户·客户

提要：银行必须像大海，而账户和支付系统是江河，是水渠。推动账户连点成线目的是提高项目派生存款能力。创新账户管理，增强存款客户黏性。银行透明度要求，是相对的、内外有别的、原则性的，不是绝对的、敞开的、无保留的。账户就是饭碗。集团客户管理责任要落实到位。实行三级联络人制度，才能把客户的业务更多地吸"引"过来。了解你的客户是最基础的工作。好客户是一诺千金、绝对守信的客户。将向量概念和计算方法引进客户评估。银行客户的知情权、自主权神圣不可侵犯。

银行是大海，不是水库和池塘。银行必须像大海，而账户和支付系统是江河，是水渠。"海不择细流，故能成其大。"不能把银行办成水库、池塘，开闸放完了，就见底了。账户系统像蜘蛛网，覆盖面越宽越好；像生物链，越长越高端；像如来佛手掌，无论资金性质怎么变：贷款、存款、证券资金、结算资金、货款、工资……都逃不出银行账户系统。

抓细抓实账户体系。 推动账户连点成线目的是提高项目派生存款能力。一要做好日常开户，不断完善"借款人＋用款人＋上下游企业"多层级账户体系建设。做好大额信贷资金支付链管理和资金归集，做到下游企业账户应开尽开。二要抓好资金节流，做好日常留存，加强账户动态管理，延长项目下游存款留存本行时间。

创新账户管理，增强存款客户黏性。 比如设立开户专柜和服务热线，构建账户管理微信交流群，提供预约开户服务，实时发布账户管理最新要求，提供在线咨询和开户预审核服务，减少客户往返次数，解决异地客户遇到的实际困难，推进网银业务，提高网银支付比率，打造自主结算能力，增强存款客户的黏性。

透明有度。 银行拥有大量的客户信息和经营管理数据。但信息的披露和公开，或者说银行透明度要求，是相对的、内外有别的、原则性的，不是绝对的、敞开的、无保留。一旦银行信息具有情报价值、对声誉产生影响以及存在风险隐患，对谁透明，向谁披露和报告，在什么范围内公开等，就成了严肃问题。一味要求银行提高透明度是幼稚的、有害的。

漏斗银行的特点。 漏斗银行的特点是资金进来后立即出去，留不住。表现为贷款发放过程中，跨行支付占比非常高，有的超过70%。原因是：账户覆盖面太窄，客户及其上下游企业如收款单位不在本行开户；或者开了户但同时在别的银行也开户，资金很快从本行转到那家银行。客户及其下家、下家的下家不在本行开户，本行贷款一放即变成他行存款。这样的银行，可以形象地称为漏斗银行，它的负债成本一定低不了，因为结算资金成本最低，而它几乎没有或者在负债中占比相当低。经营的稳定性和可持续性令人怀疑。在市场经济环境里，利率完全市场化，这样的银行如果不靠财政贴补或者享受其他优惠政策，比如央行提供低成本资金，很难有生存空间，很难在资产端竞争中取得什么优势。

账户如网：向蜘蛛学习织网。 银行支付结算部门、营运管理部门、财务会计部门、科技开发部门、一线分支机构等要牢固树立"账户就是饭碗"意识，深刻领悟账户拓宽及便利管理的意义。向蜘蛛学习织网，将账户的覆盖面像蜘蛛网一样越织越大、越织越密，让更多的资金停留、周转在本行账户系统内，切实把银行做成像大海，而不是漏斗。要知道存款特别是活期存款、结算资金等资金是一手资金，成本最低。而债券资金是二手资金，成本相对高。扩大账户覆盖面，增加结算户，等于扩大存款或者说低成本负债来源。要知道社会经济活动，在银行那儿表现为贷款、存款在不同客户账上不断地变换性质和转化的过程。只要账户覆盖面足够广，这种转化发生在本行的概率就足够大，银行的资产端竞争能力、盈利能力、穿透能力（监测预警能力）等就足够强。

集团客户管理责任。 集团客户管理责任要落实到位。总行的，总行管；分行的，分行管；跨地区的，总行和主办行要负起管理责任。内部信息不愿、不会、不能共享，外部风险即可能乘虚而入。

集团客户管理。 集团客户无论其内部层级多少，股权结构和资金关联度多复杂，只要向其主要股东、集团总部发函、征信并确认，那么，被骗的可能性就会大大减小。

越守信的人越容易获得信用。财富定律——马太效应同样适用借贷领域，即越守信的人越容易获得银行信用。反之，除了骗，越不守信的人越难获得银行信用。当然，信用是相互的。一方面，银行要深入了解客户，不带成见，不持偏见；另一方面，客户要用行动和事实证明自己是可靠的、忠诚的。

银行与客户的关系。引力的大小与物体的质量以及两个物体之间的距离有关。物体的质量越大，它们之间的引力越大；物体之间的距离越远，它们之间的引力越小。众所周知，客户是银行的衣食父母，银行是客户重要金融服务提供商。双方关系越紧密，对双方越有利。换句话说，要提高双方的引力。从万有引力定律推断：（1）大银行和大客户彼此引力都大；（2）大银行对小客户引力更大；（3）大客户对小银行引力更大；（4）银行与客户的距离（关系）越近，引力越大；（5）银行与客户的距离（关系）越远，引力越小。可见，大银行要把精力放在大客户身上，因为小客户会主动找银行。银行要主动接近客户，实行三级联络人制度，才能把客户的业务更多地吸引过来。

客户身份与档案库。银行经营管理是一门技术，更是一门艺术。做好银行的经营管理需要夯实基础，万丈高楼平地起，即了解你的客户是最基础的工作。因此，建立客户身份与档案库极为重要。把钱放出去并不是银行的本事，放出去收回来，再放出去，再收回来，循环反复，周而复始，才是银行的看家本领。而这，需要真正的、精准的、全面的、实在的、随时更新的客户资料积累和分析。把钱放给德才兼备的人，干事创业的人，诚实守信的人，钱才能连本带息回来。一个银行是不是建有完备的客户身份与档案库，是衡量其内部管理水平高低、客户管理质量好坏的重要指标。

客户的广度和深度。客户是银行的衣食父母。做好客户工作的重要性和必要性，不言而喻。客户数量越多，覆盖范围越广，银行资产和市场份额占比越高，说明客户广度越宽。俗话说，多一个朋友多一条路。对银行来讲，多一个客户，多一个守信的客户，即多一条财路。与考察客户广度相比，考察客户深度要复杂些。能否用项目入库率、评审通过率、贷款发放率、本息回收率等指标衡量，可以研究。如果以上四率三低一高，是否说明银行对客户的了解深且准呢？而对客户了解越深、越准，银行的贷款安全度肯定越高。好银行既要广交天下客户，又要深入了解客户，看准、看透客户。

好银行与好客户。"好不好"不是自己说了算。"问心无愧"是被误解后的一句台词，最终也是事实说了算。同理，好银行、好客户不是银行和客户自己说了算。银行和客户是资金交易双方，是借贷活动主体。他们既对立，又统一。因此，他们心目中的好银行或者好客户可能主观片面，怀有成见、偏见。客观公正地讲，好银行是了解客户本质和品质的银行，是雪中送炭的银行；好客户是一诺千金、绝对守信的客户，即使发生贷款逾期也能及时取得银行理解和谅解的客户。

信用评级要参考同业。不同的银行，对同一客户的信用评级不同，是自然的。但相差太大，结果悬殊，要找原因。一般来说，同业评级结果要参考，要坚持实事求是的原则，全面、公正、客观、准确评价企业信用等级并制定相应的信贷策略。

评级讲究"三性"（科学性、准确性和实用性）。给客户评级，不是一件小事。不仅涉及客户的颜面，更涉及银行随后的贷款决策、资产分类、贷款定价、减值准备计提等。牵一发而动全身。所以，评级不是一件小事。评级的方法要趋于科学，评级的结果要近乎准确，结果运用能先知先觉、实践证明的确有利于风险防控和损失避免。评级指标的设置是多维的，兼顾了历史、目前与未来，定量与定性。风险成本覆盖风险损失并不是本事，避免损失、减少优良客户风险成本负担才是高手。

将向量概念和计算方法引进客户评估。银行是从多个维度观察、评估和判断客户的。例如，信用记录（C）、利润率（P）、负债率（L）、产品市场份额或行业排名（N）、法定代表人口碑（R）、存续时间（H）等。按照百分制或上、中、下九等分制等，可以根据其重要程度或影响还本付息程度给予不同指标不同经验分值和打分，再根据向量原理计算客户 A 的分数：

$$A=\sqrt{C^2+P^2+L^2+N^2+R^2+H^2}$$

不同客户分数不同，高下立判，贷款优先序出来了。当然，维度（注意不能相关）越多，评估越全面；预定分值和打分标准越准，评审越科学客观；分数越高，授信和贷款发放越放心。

银行客户的知情权、自主权神圣不可侵犯。CNN 网站 2022 年 7 月 31 日报道：美国银行（Bank of America）日前被美国消费者金融保护局处以 3750 万美元的罚款。原因是：该行部分员工非法获取客户信贷报告，并在未经客户允许的情况下开立账户。监管机构称，总部位于明尼阿波利斯的美国银行拥有超过 5590 亿美元的资产，在全美有超过 2800 家分支机构。该行管理层经常向员工施压，要求他们完成销售目标，并为他们销售银行产品提供激励。调查发现，该行有员工非法获取客户信用报告和个人数据，并在未经客户允许的情况下开立账户。管理层在知道员工未经客户授权开立账户后，没有采取措施预防和制止此类行为发生。美国银行涉事员工违规开立的这些存款账户和信用卡的额度与利率都非常高。

此事结合国内银行账外经营、篡改客户账户数字、挪用客户资金、擅自替客户买理财和保险、盗卖客户信息等不法行为，让人不得不严肃思考一个问题：银行客户的知情权和自主权在哪里？这类权利是否应该受到绝对尊重？是不是神圣不可侵犯？如果回答是肯定的（作为信用组织，必须做肯定回答），那么，接下来的问题是如何维护这类权力？美国银行为了自身的业绩，盲目追求规模、速度和利润，在明知员工未经客户授权情况下开立账户，管理层不予以制止和预防从而被监管处以重罚，可谓咎由自取、罪有应得。

第二节　支付结算系统

提要：支付（汇划）是一切金融业务的原始入口。不要低估银行支付结算系统的重要性。

支付（汇划）是一切金融业务的原始入口。历史证明，金融源于支付。从支付口进入金融领域，让人想起《桃花源记》一段描述："山有小口，仿佛若有光。便舍船，从口入。初极狭，才通人。复行数十步，豁然开朗。"现实提醒我们，要特别注意互联网企业、电商等，由涉及自身客户的线上收银台（初极狭），变成社会层面涉及公众的网上支付平台进而变成网上借贷机构（复行数十步，豁然开朗）。P2P本质上是网上非法集资，线上庞氏骗局，教训尤其深刻。从历史和逻辑来看，P2P是对银行的嘲弄，对公众的愚弄。

支付结算系统、账户、存款、负债成本。支付结算系统直连及账户开立、存款新增、负债成本高低似乎关系不大。事实上，是一回事，或者说相关度相当高，内在逻辑相当强。可以说，银企系统不能直连，集团账户及其子公司、控股公司业务不能纳入银行服务范围，银行存款、低成本负债就不能自动形成。所以，银企财务系统直连十分重要和必要。能连尽连，才能弥补线下机构、人员不足的银行短板，才能保持其高劳动生产率的特点和优势。

廉价资金要直达实体经济。央行出台政策支持实体经济，并提供廉价再贷款，善莫大焉！然而，通过政策性银行贷给大型优质企业，再转存中小银行，再注入实体经济，利率就高了。雁过拔毛，过桥收费，不如直达有需要的企业。

不要低估银行支付结算系统的重要性。在银行，拉存款、放贷款通常被称为前台一线业务，仿佛高人一等。而支付结算等营运部门被称为中、后台，定位为服务保障，像可有可无、低人一等似的。这种想法和做法是有问题的。事实上，实体经济是心脏，资金资本是血液，而支付结算系统是血管。血管老化、硬化、粥化，收窄甚至堵塞，经济金融是要出大问题的，极端情况下有"生命"危险。因为俄乌战争爆发，当地时间 2022 年 2 月 26 日，美国与欧盟、英国和加拿大发表共同声明，宣布禁止俄罗斯使用环球银行间金融电讯协会（SWIFT，1973 年成立，覆盖 200 多个国家和地区 11000 家金融机构）国际结算系统。这个总部位于比利时布鲁塞尔美丽郊区的被称为"金融核弹"的家伙终于引爆了，美欧试图从根本上阻断俄罗斯同外界的贸易经济联系，釜底抽薪，动摇俄罗斯对外战争的经济基础。同时，再一次给中国提了一个醒：依靠对手的（尽管号称是中立国际组织）跨国支付结算系统是危险的。就像有饭吃的时候，不知道农业和粮食的重要性，银行营运正常时不知道支付结算系统的重要性和独立可控的战略意义。尽管被排挤的国家和地区银行也可以采用某些替代的支付渠道和平台，比如智能手机、消息应用程序或电子邮件等。

要重视托管业务。托管业务反映银行自身的信用。托管规模越大，可信赖程度越高。客户愿意将资金托付给某银行，这是对银行的绝对信任。所以，基金托管、贵重物品保管、遗产管理、理财，都是以信任为基础，是银行高度信用的集中体现之一。

托管业务，主要讲资金托管，需要专门的机构和人才，需要估值、报价、支付，而这些需要支付信息系统支撑，需要按契约规定监督管理人。

对银行来说，托管还是低成本资金来源的渠道和平台。托管规模越大，沉淀资金可能越多，低成本资金量越大，所以做银行的人要重视托管业务，做大托管规模，提升托管质量。

银行要重视托管业务。银行是信用机构，信用外化于"行"的最高形态是银行。可信赖，是银行的基本品质。同时，银行是资金支付结算机构，是公共簿记和社会会计。而作为托管机构，一要可靠，二要高效、准确汇划资金并簿记。

衡量银行托管业务指标，一是规模大小及其增长率快慢，二是存托比、托管系数高低，三是托管资格有无和托管品种多少，四是市场份额、同业占比多少，五是托管系统开发水平高低、专业队伍大小。

托管业务最大的好处是银行声誉的培植、传播和廉价结算资金的积聚。所以，现代银行十分重视托管业务。

第五章
利率·汇率

关键词：利率　汇率

第一节　利率：资金的时间价格

提要： 利息的存在是一个简单事实，但关于它的解释并不简单。利率是众多因素作用的结果。对市场利率保持敬畏。利率是把双刃剑：几家欢乐几家愁。价格始终是信贷市场竞争最重要的工具。银行好比国民经济的心脏，而资金如同血液。息差：前差与后差。利率市场马态效应。引导利率下降是最佳的最普惠的宏观金融调控政策。利率是优质客户信贷市场竞争的关键。利率市场化≠自由化，要适度干预，合理构造。

利息的存在是一个简单事实，但关于它的解释并不简单。"利息的存在是一个事实。"[①]熊彼特说："我至今尚未能说服自己，让我相信

---

① 〔美〕约瑟夫·熊彼特：《经济发展理论》，何畏等译，商务印书馆1991年版，第178页。

利息的来源一类的问题是既不重要的，又不令人感兴趣的。"① 的确，许多事实和概念，多数人知其然不知其所以然。利息是其中之一。要是把利息说清楚了，银行理论也就基本搞清楚了。然而，到目前为止，关于利息，众说纷纭。熊彼特试图用庞巴维克价值理论、边际理论解释，但效果也不尽如人意。

利息的多重性。对企业家来说，利息、租金、工资、原材料等，都是成本。而对银行、业主、工人、供应商来说，它们全都是收入。利息的多重性，不仅体现在这种不同的维度和角度定义上的区别，体现在矛盾双方的对立统一，也体现在不同时间节点和重叠上，即资金使用权每一次让渡，都会产生利息问题：加点加到下家无力接受为止。资金掮客因此产生。

利息是压力也是动力。熊彼特承认，没有利息，资金就会储存不动或用于消费。可是，有了利息，"很多企业家就会被淘汰，随着利息的增大，被淘汰的企业家数量也在增加"。熊彼特感慨说，利息是经济现象中迄今为止最难理解的一部分。按照他的说法：利润是"发展"的直接结果，而利息是必要的"制动"因素，它履行的是"经济系统的监督官"职能。虽说是"企业家利润的税收"，但也是"进行新组合的一种特殊方法所带来的结果"②。换句话说，利息既是经济发展的压力，也是经济发展的动力。

利息的合理性。欠债还钱，天经地义。然而，怎么还是有争议的。是还本还是连本带息？利息如何计算（单利与复利）？利率多少合情合理？还本，大概没有异议；谴责和禁止高利贷，大概也没有什么异义。于是，问题变成利息的合法性和利率的合理性。熊彼特说：

---

① ［美］约瑟夫·熊彼特：《经济发展理论》，何畏等译，商务印书馆1991年版，第3页。

② ［美］约瑟夫·熊彼特：《经济发展理论》，何畏等译，商务印书馆1991年版，第235页。

"利息是现代经济中的正常要素——否认它确实是荒谬的。"①然而，在历史上或某些极端宗教教义里，利息被否认屡见迭出。即便身处现代社会，人们对银行的负面情绪和潜意识里的厌恶心理，与银行收取利息这一事实是分不开的，正像佃农恨地主、房客不喜欢房东一样自然而然，不管法律如何明文规定银行收取利息的合法合理。

利息的来源或生成。利息从哪里来？这个问题见仁见智。马克思说，利息是对利润的分割，是剩余价值的一部分，是剥削收入。熊彼特和他的导师庞巴维克坚信："利息是现在购买力相对于未来购买力的一种贴水。"等量货币产品的估值，当前的高于未来的。"在这些场合，利息可能存在。"②如果真这样，为什么同期利息收入或利率因地、因行、因企而不同？可见这个论断站不住脚。尽管熊彼特又说："生产性利息的源泉在于利润；生产性利息本质上是利润的派生物。"③因此，利息来源转到了利润来源。这里姑且不予追问了。如果真的源于利润，那么消费信贷利息如何解释？事实上，利息直接源于资金一定时期内使用权的转让，就像地租、房租直接源于土地、房屋一定时期内使用权的转让。而最终源于剩余价值（生产性贷款）或工资、财产性收入（消费贷款）即对未来享受的"贴现"。（庞巴维克）这里讲的"剩余价值"就整体而言不会因为熊彼特说的"竞争机制和一般估价规律"而消灭。④它会金蝉脱壳，出现在创新项目和创新企业及其产品里。这一点，从银行核销操作和核销能力建设当中不难看出来。

---

① ［美］约瑟夫·熊彼特：《经济发展理论》，何畏等译，商务印书馆1991年版，第175页。

② ［美］约瑟夫·熊彼特：《经济发展理论》，何畏等译，商务印书馆1991年版，第175页。

③ ［美］约瑟夫·熊彼特：《经济发展理论》，何畏等译，商务印书馆1991年版，第176页。

④ 参见［美］约瑟夫·熊彼特：《经济发展理论》，何畏等译，商务印书馆1991年版，第193页。

熊彼特心目中的主要问题可以迎刃而解：持久性的利息流，是如何从暂时的、不断变化的利润中抽离并流向金融资本。

熊彼特的利息基础理论是庸俗的、肤浅的、主观的。熊彼特在《经济发展理论》第五章"资本的利息"中阐述了他的利息理论，"利息不会成为真正意义上的成本要素；利息的存在将会归因于成本与产品价值或产品价格之间的差异；它将会是超过成本的真正剩余"[①]。他的根据是他的老师庞巴维克的价值时差理论即现物值更高原理。实质上，价值可以与时俱增（例如利息），也可以与时俱逝（例如折旧）。根本说明不了价值的起源。所以熊彼特的观点是主观的或臆测的。利息、利润直接源于剩余价值、"净剩余"，这是事实，但不能代替终极原因分析或对利息的本质揭示，即利息是雇佣劳动（包括银行雇员）创造的剩余价值。所以熊彼特的分析是肤浅的。

熊彼特关于利息的六个命题。（1）利息源于剩余价值。（2）剩余价值由"发展"产生。分成两个类别：企业家利润和那些代表"发展的结果的价值"。利息实际上是对利润的一种征税。（3）利息不附属于任何具体种类的商品，所有依附于具体商品的剩余价值必定是暂时的。（4）共产主义社会或非交换经济中没有利息。（5）在私有制社会或交换经济中，企业家必须请求资本家（银行家）创造购买力并承诺还本付息。生产性贷款利息不同于消费性贷款利息，"贷款存在利息是由于存在商业利润"，"债务人绝不会由于借款而变得更加贫穷，这削弱了对利息采取敌对态度的根本理由，并且在科学上前进了一步"，"企业家的利润（注：原始利息）在本质上是资本的利息"，而"利息（契约利息）是一种永久性的收入，它来源于企业家"。（6）构成利息基础的剩余，是一种价值剩余，只能以价值形式表现。"利息

---

① ［美］约瑟夫·熊彼特：《经济发展理论》，何畏等译，商务印书馆 1991 年版，第 187 页。

是购买力价格中的一个要素，而购买力又是作为控制生产品的一种手段。"① 在这里，人们不禁要问：经济社会为什么会发展？主体是活劳动还是死劳动，是雇员还是生产资料和工具本身？

利息与利润。在经济学说史上，有人认为利息和利润是两个概念，不能简单重合（亚当·斯密）；有人认为是同义词：利润是自有资本的利息而与借入资本契约利息并行不悖（李嘉图、熊彼特）。不过，银行和企业的会计们不想、不敢也不能含糊，二者必须分得十分清楚，桥归桥、路归路，采用完全不同的科目核算。否则，成了一笔糊涂账。从理论上来说，资本本身不会自动生利。此外，亏损时利息怎么解释？所以，利润和利息是两个既有联系又有区别的概念。银行贷款收取利息，是因为银行工作人员一样付出了劳动，银行经营一样产生了费用。利润包含在具体商品的价值中，体现为价格与成本之间的差额，依托具体产品，产品间有质的区别，所以是暂时的收益。相反，利息依托资金或资本，而资金或资本只有量的差别，没有质的区分，所以它是永久性或普遍性收益。熊彼特说："利息最本质的特点是它的持久性。"当普适的、一般的利息因为具体的、个别的利润消失而损失时，它会在利润时空的转换中寻找补偿。这种补偿体现在银行具体操作方法里，是将风险成本提前摊到每笔贷款定价中。

利率是众多因素作用的结果。理论上，利息率取决于利润率。但利息率高低受资金供求关系影响十分明显，而影响资金供求关系变化的因素不胜枚举。以 2022 年 11 月中国疫情政策稍加放松为例，在岸、离岸人民币即时大涨，离岸涨幅高于在岸分别报 7.1020 和 7.1291，债市利率亦随之上涨。

---

① [美] 约瑟夫·熊彼特：《经济发展理论》，何畏等译，商务印书馆 1991 年版，第 206 页。

对市场利率保持敬畏。银行贷款利率面对中央企业等强势客户的实际结果是可降不可升。而与之对应的负债成本大多是固定的。这就产生了矛盾和风险。解决这个问题，需要处于强势地位的人对市场利率保持一丝丝敬畏。

利率是把双刃剑：几家欢乐几家愁。2023年，美联储真是进退维谷：通胀高企须提高利率、加息；担心经济衰退和金融机构风险加剧，又不能进一步提高利率或加息。利率也是一把双刃剑，必须权衡利弊：两害相权取其轻，两利相权取其重。局部利益服从整体利益，小道理服从大道理。中央银行要像体操运动员，利率政策即平衡木。

利率影响信贷策略。遏制存量信贷市场缩减或被替代趋势，需要多管齐下。试图以新补旧、以低补高、以增量补存量，在利率下行情况下，新的信贷市场竞争更激烈，贷款发放困难更大。价格始终是信贷市场竞争最重要的工具。价高者易借，价低者易贷。作为中介，银行息差在市场竞争、挤压过程中不断缩小。银行必须千方百计控制资金成本从而让贷款利率处在较低状态，否则没有竞争优势。

利息、息差、资本周转。一般而论，利息既是银行的最大收入项，也是银行的最大支出项。不过，前者指的是贷款利息，是放债行为报酬；后者指的是存款或债券利息，是负债行为代价。作为中介，银行获取息差。对贷方来讲，银行代表所有的存款人或债券投资者，是资金供给方、总借款人；对借方来讲，银行代表所有的贷款人，是资金需求方、总贷款人。银行必须对资金供需双方负责，不断地变换角色，以确保资金积聚、分散、再积聚、再分散。银行好比国民经济的心脏，而资金如同血液，不断地流向它又被不断地泵送到全身。这是银行的秘密，也是银行的基本功。

息差：前差与后差。债券银行如中国的政策性银行，其息差为债券发行利率与贷款利率之间的差，是为前（贷款前）差，是一次性的。存款结算银行的息差有两种：一为存款利率与贷款利率之前差；一为贷款利率与回流存款利率（客户甲贷款以客户乙存款形式回流）之后差，且循环反复，财源不断。因此，债券银行在价格竞争中与存款结算银行相比毫无优势。只有当回流存款利率（成本）≥存款利率（银行资金平均成本）时，二次息差才会消失。不过只要信用创造、再放款，第 n 次前差收入仍可能发生，除非最后损失率≥息差。此外，当存款利率≥债券平均收益率时，存款结算银行才完全失去价格竞争优势。而这，几乎不可能。因为结算资金成本在所有资金成本中最低；债券认购资金源于存款，其收益率必须高于存款利率，否则没有市场吸收力。换句话说，债券银行的息差在市场贷款利率一致的情形下一定小于存款结算银行，这是政策性银行"保本微利"财务目标的理论逻辑和实践结果，也是它们经常需要财政贴息和央行资金支持的原因。

隐性利率。某些银行除了公开收取利息外，也编造各种理由额外收取客户费用：安排费、承诺费、违约费等，五花八门不一而足，并且在放款时扣收，相当于变相加重客户利息负担或变相提高贷款利率。这种做法值得商榷，即使在资金比较稀缺的社会或资金比较紧张的时期，这些费用都应该包含在利息中，列支成本。另外，银行遇到优质客户时，这些费用是没有的。可见这些费用并不是必须的，而是选择性的，收取显失公平，还不如直接提高利率光明磊落和坦荡。

利率市场马太效应。一般讲，贷款利率 = 成本（资金成本、税费成本、风险成本等）+ 利差。贷款利率市场化以后，国内利率也会因客户不同而不同，但似乎没有国别利率相差悬殊。政治越稳定、经济越发达的国家银行贷款利率越低，相反，政局越动荡、经济越落后、债务负担越重的国家获得资金的难度越大、成本越高。银行确定给这类国家及其企业、项目放款利率不仅看自己的成本和利差，还看对方在国际市场筹资的价格。落井下石，趁火打劫，仿佛理所当然。"马太效应"在利率市场上表现十分明显。这听起来与某些经济学原理很不一致，即认为利息源于利润，利息率受制于利润率，利息是生息资本对产业利润的合理分割。也就是说，认为国家经济形势好，企业经营状况好，产业资本利润水平高，银行利息应该多分割些！相反，少分割些。而事实是，越富有的国家和地区、越赚钱的行业和企业，银行越热情、越弱势，利率越低，利息占比越低；越贫穷的国家和地区、越困难的行业和企业，银行越冷血、越强势，越像高利贷。利率似乎不再取决于利润率，而取决于主观预期偿付能力。越穷、越不赚钱的客户承担的利率越高，相反，越低。这不是马太效应是什么呢？

引导利率下降是最佳的最普惠的宏观金融调控政策。马克思讲过："高利贷不改变生产方式，而是像寄生虫那样紧紧地吸附在它身上，使它虚弱不堪。高利贷吮吸着它的脂膏，使它精疲力竭，并迫使再生产在每况愈下的条件下进行。由此产生了民众对高利贷的憎恶。"[①] 反过来说，引导利率下降是最佳的宏观金融政策，最受企业欢迎，最有益于社会风气。

利息形式比利润形式古老。在古代，利息的高度对于生产者来

---

① 《马克思恩格斯文集》第 7 卷，人民出版社 2009 年版，第 674—675 页。

说，绝不表示利润的高度，而是表示：不仅利润而且部分的合理收入最低收入保障都被高利贷者以利息形式占有了。只有到了资本主义社会，产业资本控制生息资本，利润才真正高过利息。唯其如此，它的一部分才可能作为利息分出去。历史上，情况正好相反。所以高利贷受到普遍的深深的憎恶，被斥为怪物、恶汉、罪犯、敌人、大盗等。这种情感融入血液，深入骨髓，以至于今天的银行都受到牵连和负面评价。是利润决定于利息，还是利息决定于利润，无疑是古代经济金融和近现代经济金融的主要区别，也是高利贷和银行的本质区别。

重置期限和利率。银行业的普遍做法是：期限越长，利率越高，无论存款贷款。其实，银行可以向保险公司学习精算，让期限和利率匹配更加合理。比如，活期、结算账户存款（100）中到底有多高比例的存款是超长期存款，假如 20%，则合理的活期存款利率 =（80 × 现行活期存款利率 +20 × 现行超长期存款利率）÷100。显然，这样计算的结果，活期存款人可以获得应该获得的更高的收益。反过来，贷款越长，同时假定客户零风险或较低风险，则利率应该越低才对。因为人力成本和风险成本为零或较低，而收益相对稳定。其底线利差略高于银行的 ROA 点数即可。短期贷款通常是周转贷款，恰恰可以承受较高利率，而银行要价却较低。总之，期限和利率管理要精细化，目前的做法是有问题的、粗糙的、不合理的。当然，现在的做法主要对银行有利，因此，银行是不会轻易变更的。

利率走势与债券发行时点、节奏、期限的确定。负债成本越低，信贷市场竞争力越强。要高度重视负债业务，精打细算，不断降低资金成本。科学分析，准确判断金融市场走势，特别是利率走势。长期看趋势，短期讲匹配。一定时期，利率趋降，宜短不宜长，宜晚不宜早；利率走升，宜长不宜短，宜早不宜晚。利率趋势弄准了，发债的节奏、时点、期限就自动确定了。

利率是优质客户信贷市场竞争的关键。 要争取优质客户和优质项目贷款市场份额，必须在价格上拥有相对优势。这种优势首先来源于资金成本相对低，即存款在总负债中的比例或者结算资金在存款中的比例，显然比例越高成本越低。其次是核后回收率，回收率越高意味着用于价格竞争的资源越多。此外，风险控制严，损失概率低，风险溢价腾挪空间大，定价水平即可以进一步压降。总行要将分行和基层一线的积极性、主动性调动起来激发出来，就必须在这方面动点脑子，奖优罚劣，让干得好的分行拥有更多的竞争资源，绝不能搞"一刀切"式简单、粗暴管理那一套。

资本回报率与贷款利率可以相互参照。 银行与客户的关系是资金交易关系。当预期资本回报率超过贷款利率时，交易中客户会更加主动积极。因为在客户眼里银行的资金是便宜的。相反，当预期资本回报率低于贷款利率时，在客户眼里银行的资金是昂贵的。这时客户负债经营的动力缺乏，同时银行放款的信心也不足。按照社会平均利润率规律，资本回报率应该约等于贷款利率，银行与客户的交易成功概率处于最高点。

资本回报率可以换算成回本年限。比如，回报率 5% 意味着回本年限 20 年，10% 意味着 10 年。依此类推：项目回本年限越长，可承受、可接受的银行贷款利率越低。反之，越高。这就是发展中国家相较发达经济体、暴利行业相较普通行业可承受、可接受贷款利率更高的原因。穷人更急于回本；暴利行业更有能力快速回本。

利率市场化 ≠ 自由化，要适度干预，合理构造。 2022 年，按照中央银行的说法，我国利率体系和调控框架如图 5-1 所示。

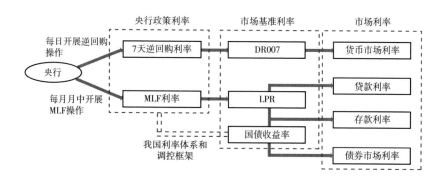

图 5-1　我国利率体系和调控框架

说明：（1）2013 年、2015 年分别放开贷款利率下限、存款利率上限；

（2）2019 年推动贷款市场报价利率（LPR）改革；

（3）2022 年建立存款利率市场化调整机制；

（4）持续完善中央银行政策利率体系。

中央银行的原意是以政策利率引导市场基准利率，以市场基准利率引导整个市场利率。所谓基准，即利率标杆、利率参照物，类似商品价值；而市场利率，不是与之等同，就是根据它上浮、下浮，类似商品价格，受供求规律作用和影响。当资金供过于求时，则利率下浮；当资金供不应求时，则利率上浮。的确，这听起来非常美妙，看起来十分理想。

然而，问题是：银行的大小不同，声誉和信用等级不同，实力不同，负债成本不同，所有制性质不同，服务对象不同。而不同的银行和客户对利率的感受、敏感度或者说利率弹性不同。于是悖论出现了：

（1）优质客户套利。因为大银行给优质客户的"贷款利率"低于中小银行村镇银行报出的同期"存款利率"。

（2）越差的银行越需要高息揽储。其他一切都不如大银行的中小银行村镇银行，只能打价格战即高息揽储。而高息揽储如饮鸩止渴，势必高进高出，铤而走险，或者一开始就是一个庞氏骗局，给金融系统埋下风险隐患。再加上账外经营，逃避监管，披着羊皮（银行牌照）的狼（网上集资、股东借款等）出现了：2022 年前后河南村镇银行、内蒙古和辽宁中小银行出事就出在这里。

（3）不受约束的自主定价权导致利益输送，腐败丛生，犯罪频发。如此行贷彼行存。低息贷高息存。是亲友，则高存低贷；是一般客户，则低存高贷。玩空手套，赚利率差，搞利益输送。

所以，利率市场化不等于自由化。不能把定价权无条件交给商业银行，必须适度干预、合理构造。比如，规定任何银行的存款利率不得高于同业同期最低贷款利率；任何银行的贷款利率不能低于同期国债收益率；任何银行的贷款利率不能高于 LPR 百分之多少；等等。

第二节　汇率：资金的空间价格

提要：汇率是货币的空间价差。套利行为与利率差别、信用级差存在。算账是银行的本能。货币买卖与互换。

货币的时间价差和空间价差。汇率是货币的空间价差。多种货币存在，不管它们是主权的还是经济共同体的，只要它们相遇，就要比出强弱贵贱，产生一个名义的或实际的价格，建立一个等式，这就是汇率。汇率表面比的是币值，实际比的是国家实力和影响、经济强弱与大小、市场预期好坏，以及政策透明度、确定性。汇率的真实性要看货币的长期表现，敏感性则须观察短期的偶然反应，市场投机力量和人为操控对汇率短期波动影响较大。"六王毕，四海一"。随着经济一体化或者世界一统，单一的共同的货币在形式上和实质上都会出现，汇率随着两种或多种货币并存局面的结束而消灭，成为一种滑稽可笑的历史现象。

利息是货币时间价差的绝对额，利率则是这种价差的相对数。但是利息不是时间的自然结果。一定量的货币如果没有下列前提条件，"量"是不会随"时"变化的。利息与货币一样是社会经济现象：

（1）性质改变即从货币变成货币资本。无论时间长短，货币不会量变会质变，货币资本不会质变会量变，它时时处处渴望利息，它是患有利息饥渴症的货币。

（2）使用权与所有权分离并让渡。货币的所有权不动，这是它最终要回归、要偿还的原因。货币每一次转手，转的是使用权不是所有权。利息是对这种使用权让渡的合理回馈。作为货币发挥交易媒介功能（钱货两讫，故所有权转移互换）与作为资本追逐利息的本能完全不同，这里只有使用权一定期限内的让渡和出租，没有发生所有权转移互换。一句话，作为货币，是一锤子买卖；作为货币资本，是借贷关系，有借有还，再借不难。

（3）利益分割。正像税收是国家政权对公民利益的分割一样，利息是货币权利对债务人利益的分割。当债务人是生产者时，分割的是利润；是消费者时，分割的是薪酬。

套利行为与利率差别、信用级差存在。利率差别源于信用级差，即信用级别高低决定其融资成本高低；套利源于利率差别，即投机商套的是利率、汇率在时间、空间（市场）、产品等方面的收益差。无风险套利完全可以智能化、自动化，削峰填谷，可以熨平市场利率，让资金供求更趋合理。

算账是银行的本能。凡事要算账，做事要划算，这是银行的本能和行事风格。什么资金便宜，多弄些，务必提高低成本资金来源在负债中的比重。什么地方收益高，在法定允许的范围内，多放些，务必提高高收益资金运用在资产中的比重。汇率升了，要及时买入外汇；相反，要果断卖出外汇。外汇是交易工具、活资产，不是金佛像、窖藏物。发行债券，长短都行，关键在资产负债匹配、衔接，支付不掉链子；关键在预期利率或收益曲线是走高还是走低，高则宜长，低则宜短。

汇率是货币间的比价。汇率对企业特别是有进出口业务的企业影响巨大。早在 2006 年，有企业家说："分析人民币升值还是不升值，首先要解决中国企业客观上存在的一个问题，即我们用汇的人跟创汇的人，是不同体制的。创汇多的人，多是民营中小企业，他们是生产服装鞋帽的人，还有稀土，大多是民营企业；用汇的人呢，多是国营大企业，像航空公司、石油公司等。人民币如果升值，利于进口，对用汇的人自有更多的好处。同时，也更有利于国家对产业的调控，因此会更好经营。在这种态势下，中小微企业通过自己内部的挖潜改造，也能继续生存。基于此，我的结论是人民币会升值。"[1] 应该说，这个分析研判角度是新颖的、有价值的。不过汇率形成十分复杂：首先取决于国家经济实力对比，具体到货币购买力比较；其次取决于预期，具体到货币市场供求规律作用；最后取决于国家外汇储备规模设定及其结构偏好，外贸政策导向及进出口双方利益平衡，外汇管制程度等等。只有综合研判，才能相对准确把握汇率走势。

货币买卖与互换。货币价格是波动的，换句话说，汇率不是固定的。一种货币的价格上涨、汇率上升，意味着另一种货币价格下跌、汇率下降。银行要善于观察、分析和判断，及时作出反应：升则抛售，跌则买进，坚持以利润为目标，而不是以业务规模论英雄。货币没有贵贱嫡庶之分，不要迷信任何一种货币。在外汇市场上，货币

---

[1]　曹德旺：《心若菩提》，人民出版社 2015 年版，第 313 页。

也是赚钱的工具，是活资产。

银行拥有外汇是一件好事。但因为汇率变动和本币记账导致浮盈（汇率贬）或浮亏（汇率升）未必好。要从浮盈变成真盈，银行必须同时拥有外汇交易资格和外汇经营自主权。不能一会儿浮盈一会儿浮亏从而让银行的财务指标像过山车似的忽高忽低。银行不仅应该拥有外汇市场席位，更应该拥有外汇买卖自主权，像一个真正的交易银行一样存在。

货币互换有很多考虑，利益考量是其中之一。看好哪一种货币，互换哪一种货币，意味着互换的结果是亏还是赢。高利率货币换成低利率货币，赚了；反之，亏了。所以，货币互换决策是对银行利率市场、汇率市场敏感度和判断力的考验。

外汇管制的利与弊。 关于外汇管制，仁者见仁智者见智。自由主义者和纯市场派等批评人士认为，它妨碍了国际资本流动，影响要素资源配置，弊大于利。相反，拥护者则强调外汇管制有利于反洗钱、反欺诈、反投机，有利于维护国家金融安全和金融市场稳定，构筑隔离网，夯实防火墙，避免境外势力操纵市场从而避免金融危机。

作为一个企业家，曹德旺先生是拥护适当管制的。他在《心若菩提》（增订本）中回忆道："1997 年春，亚洲发生因泰铢贬值崩盘，引发的东南亚金融危机，爆发于泰国，波及菲律宾、马来西亚、新加坡，最后受传染的国家是印度尼西亚，受到冲击也最为严重。很多印尼企业破产。汇市和股市一路狂泻，一蹶不振，几乎让这个国家处于瘫痪的边缘。当时中国正处于改革开放的初期，国家外汇管理到位，受益于此，虽然也受到东南亚金融危机的影响，整个市场也十分疲软，但与印尼相比，好了许多……印尼这次危机十分严重，他们那里发生的是货币崩盘，不是贬值，印尼盾市值几乎为零。他们现在印尼交易，都必须用美元。这样一来，他们几乎无法卖。他们现在所处的环境，比你们了解到的还要难。"①

其实，外汇管制好不好，完全取决于自身经济实力强弱和国内金融市场承载力、驾驭力、成熟度。"敌"弱我强时，可以放宽放松些；"敌"强我弱时，必须适当管制。不分敌我，不论强弱，一味管制或放开都是错误的。其结果不是压抑就是死，不是自闭就是任人宰割。外汇管制必须以维护国家利益、产业利益、人民利益为出发点和落脚点。

---

① 曹德旺：《心若菩提》（增订本），人民出版社 2017 年版，第 233—235 页。

第六章
银行营销

关键词：营销理念和原则　营销方式和方法

第一节　营销理念和原则

提要： 银行要主动营销，有针对性营销。银行营销对象有选择、有侧重。营销原则，一是主动，二是双赢，三是诚信，四是亲清。营销的目的是取得客户的信任。价值观是银行营销的灵魂。人人都是营销员。从自我营销开始。发现潜力客户。没有天生的营销大师。

营销理念。 银行是企业，是市场主体，有金融产品。产品要让人接受，所以，银行要主动营销，有针对性营销。银行是"坐贾"，更是"行商"。银行坐等上门的年代，是企业资金短缺年代，也是风险可能累积的年代。因为真正赚钱的企业是不渴求银行贷款的，相反，银行求他们开户和存款。银行领导要勇做第一方阵营销员，争当首席客户经理。

营销对象。 银行的性质和功能不同，客户的类型和经营状况不同，所以银行营销对象有选择、有侧重。所有银行都去营销一个企业和项目，那是无序竞争；一家银行去营销所有企业和项目，那是犯糊涂，必然事倍而功半甚至更低。一般情况下，营销就是慧眼识珠、发现潜力客户的过程。

营销原则。一是主动。合作既是原则性的，也是具体的。隔行如隔山。要千方百计让客户了解金融产品，接受金融产品，利用金融产品。二是双赢。合作的持续期取决于双赢基础的稳固程度。仅仅站在银行的角度营销，是不行的。必须将心比心、换位思考，始终推销于双方都有利的产品。三是诚信。言必信，行必果。答应的事情，砸锅卖铁也要做。四是亲清。靠行贿、输送利益等不当手段营销，是可耻的；损公肥私，内外勾连，成伙作势，是危险的。

营销目的。银行营销的目的是取得客户的信任，而信任是一切信用活动的基础和前提。要取得客户的信任，真诚是必需的。一次欺骗会毁掉前期营销留下的所有美好印象和良好效果。

营销方法。一是画同心圆，求公约数，找双方共同点切入。比如，同属央企，都服务和服从"国之大者"。二是晓之以理，动之以情，讲清双方合作的好处，讲清乱象及其隐忧等。三是建立三级联络员机制。高层定方向、原则和目标；中层拟方案，确定具体合作方式方法；底层或一线人员抓落实、出结果。

酒好也怕巷子深。酒好不怕巷子深，是一种情景，但不是唯一情景。顾客多了，嗜好不同；品种多了，口味不同；假如酒的质量相差无几或者相对好一点，巷子太深不方便进出恐怕也要愁销了。银行作为金融服务机构，同质化现象比较严重，如果不主动营销恐怕难以做大做强。

营销不是吹牛。银行最讲信用。守信是银行生存和发展之道。营销可以讲自己的优势和特点，但不能吹牛，不能言过其实、天花乱坠。巧言令色鲜矣仁！为富不仁，受害者是要维权的。银行必须对自己的言行负责。

价值观是银行营销的灵魂。银行作为企业、经济组织，有自己的文化或价值观，自己的初心和使命。"不忘初心、牢记使命"这八个字对银行经营管理同样适用。银行营销方式方法多种多样，战略战术令人眼花缭乱，但都围绕银行价值观展开，是银行初心使命的具体体现。银行的市场形象与声望，银行的一言一行，都是其价值观的外化。乱来的银行一定有一套错误的价值观在支配着。

偶然性与必然性。银行营销成功概率有大有小。概率大小与银行的知名度、可信度成正比。这是必然性、规律性作用的结果。新银行、小银行营销难度一般比老银行、大银行大，营销成功带有特殊性和偶然性。从偶然到必然，需要银行上下艰苦奋斗，长期积累，在知名度和可信度上下足功夫。

人人都是营销员。每一个行员都是银行的名片、窗口和形象代言人。因此，人人都是营销员。透过他（她），人们初步了解其所在的银行，形成印象，建立联系，决定是否做业务。做营销，首先要走出"士农工商"商人地位卑贱、"无奸不商"商人印象差等传统文化投射的心理阴影，坦坦荡荡、光明磊落介绍自己银行的产品和服务；其次要言之有理持之有故，想客户之所想、急客户之所急，设心处虑，在利他中利己；最后要看结果，互利双赢才行，没有后患隐患方可持续。

从自我营销开始。营销产品和服务得从自我营销（介绍）开始。好的开头是成功的一半，自我营销必须做好，即让人在较短时间内产生好感、信任感。这的确不是一件容易的事。既不能唐突，又不能扭捏；既不能不说，又不能过头；既不能夸大，又不能自贬。怎么办？那就有一说一、中规中矩、老练通达、中庸辩证吧！

发现潜力客户。共性与个性不同，但又相互依存。营销一般原理是存在的，但要看对象。孔孟周游列国，也是营销。营销什么呢？儒学。为什么到处碰壁呢？因为对象错了。孟子见梁惠王，王曰："叟不远千里而来，亦将有以利吾国乎？"孟子讲仁义，梁惠王要眼前利益，牛头不对马嘴，怎么产生共鸣呢？如果将客户分为三类：优质、较差、不确定。那么，银行很快会发现：真正需要营销的是少数优质客户，而这些客户恰恰不太需要银行；比较差的客户往往会主动找银行，倒过来做工作。明智的银行因此警觉，力求回避他们，相反，问题银行却很享受这一点；多数情况下，银行面对的是不确定客户，双方需要的是建立联系、反复沟通、深入了解、准确判断和充分信任。这里有相互营销的意思，不是单方面行为。一个伟大的银行家、一个精明的营销员，慧眼独具，发现潜力客户，在不确定的大海里找到确定的对象合作。

踩点营销，先行一步。宏观上，经济周期也叫商业周期、景气循环。过去把它分为繁荣、危机、萧条和复苏四个阶段，今天表现在图形上叫衰退、谷底、扩张和顶峰，十分形象。经济周期理论源远流长，农耕时代气候周期变化以致丰歉更替，人们很容易觉察到。微观上，企业也有生命周期，经营和财务状况会发生周期性变化。以银行信贷营销为例，顺应周期变化，把握周期律，踩准点位，先行一步，资金方能收放自如：见好便收，人进我退，有人接盘，则锁定收益，存量本息回收顺利，避免危机损失；逆周期操作，人弃我取，廉价抄底，容易做实信用结构，分享繁荣红利。

没有天生的营销大师。银行界没有天生的营销员。只要遵循一些简单而又十分重要的营销规则和理念，营销便轻而易举。戴尔·卡耐基的 *The Quick and Easy Way to Effective Speaking* 一书（中文译《语言的突破》）提到一些关键词：学习汲取、培养勇气、确定目标、下定决心。无畏、自信、准备、暗示。"讲自己经历过的事情和精通的知识，对自己要讲的题目充满热情，让听众产生共鸣。"具体、集中、举例。熟悉情况、热情推介、投其所好、互动参与、低调谦虚。时空转换、特色创意、逻辑清晰、重点突出、对比强烈、声调更有力更弹性更自然、视觉辅助。精诚所至、共鸣同理、尊重友好、"切莫信口开河"。客户也是听众，这些关键词无疑有助于营销。

营销的自信心（底气）从哪儿来？ 戴尔·卡耐基讲过一句名言，大意是"你只要把听众都当作欠你钱的人，他们现在是在求你能再宽限几天——你是债主，怎么会怕他们呢？"同理，将听众换成客户，银行营销员尤其是初出茅庐的小伙伴亦须作如是观，无所畏惧，营销的自信心（底气）才能树立起来。而自信心（底气）是全部营销过程和行为规范的精神支柱。孟子曰："说大人，则藐之，勿视其巍巍然。堂高数仞，榱题数尺，我得志，弗为也。食前方丈，侍妾数百人，我得志，弗为也。般乐饮酒，驱骋田猎，后车千乘，我得志，弗为也。在彼者，皆我所不为也；在我者，皆古之制也。吾何畏彼哉？"[①] 即使遇到特别牛的客户，我得志弗为也，怕啥呢！

---

① 《孟子·尽心章句下》。

一次与终生的关系。银行每天与不同的客户打交道。而客户只是偶尔上银行办事。客户留给银行的印象是一次性的、偶然的、容易忘却的。相反,银行留给客户的印象可能是终生的、刻骨铭心的甚至影响和决定他是否继续在该行做业务。所以,银行必须始终如一地做好客服,来不得半点懈怠和敷衍、粗暴与无礼。

此一时也彼一时也。在货币资本稀缺而投资机会众多的年代,银行比较强势,处境比较优越,一家有钱百家求,银行无须过度营销。然而,银行多了,竞争强了,社会资本积累到一定程度了,再不营销就不合时宜了。银行营销大多借助于媒体,其进程与媒体进步是一致的。电话营销、柜台营销、街头厂矿等现场营销、各层级面对面营销等,似乎有点古旧乃至过时,但仍有必要且极重要,尤其是高层会晤、当面洽谈,可谓牵一发而动全身,事半功倍。

客户经理与客户。客户经理与客户的关系因业务不同而不同。拉存款,如娶媳妇,银行是男方,"稳靠"是第一位的要求,客户经理越稳重、朴实,越好。高息揽存,犹如庞氏骗局;轻诺寡信,终将不欢而散。放贷款,如嫁闺女,银行是女方,"看准"是第一位的要求,客户经理越敏锐、细心,越好。看走眼则人财两空。动员开户,如设代表处,目的是建立联系,为双方潜在业务开展做准备。"自然"是第一位的要求。客户经理越理性、谦恭,越好。不要急于求成,巢有了,凤迟早会飞来的。

第二节　营销方式和方法

提要:银行与客户经理:如何放风筝。在法律框架内营销。营销既是技术也是艺术。感动自己才能感动客户。营销必须真实客观。行长应该是银行的第一营销员、首席客户经理。口碑好的银行——"营"即"销"。中小银行要从信用级别高的产品营销起。营销对象要以年轻人为重点。"三级联络人"让营销机制化。任何金融产品推出都必须问三个问题：真假、贵贱、进退。

银行与客户经理：如何放风筝。银行与客户经理的关系好比放风筝：既要放飞，又要控制。飞不起来不行，飞跑了也不行，关键在手中的线要足够长、足够牢。这根线就是制度、合约和监督。客户经理在一线，赋予一定的自主权是必要的，但不能无拘无束，为所欲为，尤其不能搞体外循环账外经营。

客户经理的酸甜苦辣。每一个人、每一种职业、每一份工作都不是一种味道，都有酸甜苦辣，这就是人生，就是生活。银行客户经理没有例外。他们有开疆拓土过程的辛酸和痛苦，也有大功告成后的喜悦与欢欣，还有市场竞争的压力和残酷。酸甜苦辣，久经考验，终于完美，不亦乐乎？

在法律框架内营销。依法经营包括依法营销。营销必须在法律允许的范围内进行。不择手段甚至向特定关系人输送利益，或以名为奖励实为商业贿赂的方式拉业务、促销售是不行的甚至是危险的。营销必须公平、公开、公正、合法。营销不是暗无天日、暗箱操作，不是明修栈道、暗度陈仓。

营销既是技术也是艺术。银行营销内容如产品、期限、定价、收益、风险等合同条款涉及技术，银行营销方式方法等涉及艺术。技术贵在严谨合法，以理服人；艺术贵在态度诚恳，以情动人。技术考验的是业务能力，艺术考验的是交际能力。

感动自己才能感动客户。银行营销要以客户为中心，站在客户立场想问题、出主意，换位思考。要感动客户，首先要感动自己；要让客户接受，首先要让自己接受，比如，利率，既不是越高越好，也不是越低越棒，必须按照市场一般利率水平，结合客户的经营实际、信用等级等因素，给予恰当的双方都能接受的利率。己欲立而立人，己欲达而达人，己心动而后动人。

营销必须真实客观。银行营销必须真实客观：讲高收益时必须讲高风险，讲存款利率低时必须讲存款安全，讲贷款利率高时必须讲信用等级差，讲投资时必须告诉对方收益不确定，讲债券时必须讲与股票的异同，讲跨行转账收费时必须讲行内转账免费……给顾客选择权就是给顾客自由，而自由是送给客户的最好礼物。

第一营销员。行长不能当官做老爷。行长应该是银行的第一营销员、首席客户经理。率先垂范，身先士卒，这是前台营销理论与实践、历史与现实对行长们的基本要求。让更多的人了解、理解、支持银行业务，银行才能顺风顺水。银行不是"官府""衙门"，但稍不留神，官僚主义、形式主义照样滋生作祟。少数高管高高在上，颐指气使，光说不练，忘了业务，忘了客户是衣食父母，把资金配置当作权力，吃拿卡要，作威作福，这是完全不对的。

营销与广告语。做广告是银行营销的一种方式。好的广告语，短小精悍，印象深刻；客观实在，觉得是那么一回事儿。例如，中国工商银行广告语："你身边的银行，可信赖的银行"，就不错，前一句讲机构网点多，方便；后一句讲可靠，放心。完全符合广告用语标准。当然，随着金融科技进步，再多的物理网点也没有网银方便，没有 7×24 小时营业、突破时空限制、自动自助方便。所以广告语还必须与时俱进。中国建设银行广告语："要买房，找建行。"经营房贷，直截了当。有些城市商业银行广告语强调地域性——自己是某市市民银行；或可靠性——自己是某市政府银行，也不错。总之，好的广告语简明扼要，朗朗上口，是银行优势和特点的高度浓缩。

银行柜台要友好。现金时代，爱财如命，防民如贼。柜台高不可攀，内外森严壁垒。玻璃防弹，孔小且奇。钢门铁网，保安如临大敌，营业室充满了猜疑与恐惧，感觉不到一丝信任。现在不同了，现金业务越来越少，货币数字化了，支付电子化了，柜台设计应该改革，应该友好些。营业网点氛围应该轻松愉快些。

营销与诈骗。银行既是坐贾，又是行商。坐贾主要体现在物理网点和线上网店方面，行商主要体现在各种产品营销特别是贷款业务拓展方面。于是李鬼、李逵同时现身，真假难辨，假冒银行实施电信、网络诈骗活动时有发生。网警呢？防不胜防。银行和用户苦不堪言，深受其害。严厉打击是必须的，教育和宣传也是必要的。因为诈骗和贪婪是一对孪生兄弟。

口碑好的银行——"营"即"销"。银行业固然存在特有的营销技术与艺术，但银行本身的口碑、公众形象和评价客观上影响银行的营销效果。口碑较好的银行，信用级别较高的银行，同样的产品和服务推出，销售业绩更佳！桃李不言下自成蹊。入职不同的银行营销难度不一样。声名差的银行，即便销售的是国债，也令人迟疑！

中小银行要从信用级别高的产品营销起。中小银行由于自身实力差、信用等级低，一开始要借助信用级别高的产品和服务如国库券、金融债券代销、经销等提高自身的市场声望和可信度。之后，才能试着推出本行特有的产品与服务。营销存在优先序。

营销对象要以年轻人为重点。在老中青三代人中，年轻人最没有钱。但是，他们却定义未来，代表未来。银行营销要以他们为主攻对象，只要把容易接受新鲜事物的年轻人牢牢拴在本行网银上，本行的未来和市场就有了。在互联网和智能手机广泛应用的年代，客户的黏性和忠诚度主要靠网银"路径依赖"实现。

营销产品和服务大致分三类。银行主营存、贷、汇，因此，营销产品和服务大致分负债类、资产类和中介类等三类。负债类的关注点在收益率，过低没有吸引力，过高让人怀疑是庞氏骗局。资产类的关注点是利率，过低银行覆盖不了成本，过高没有市场，除非遇到借了不打算偿还的人。中介类的关注点在收费，免费一定另有所图，另有所获，比如行内汇划免费，因为资金仍然留在本行；过高又会吓跑客户，显然不行。所以，收费讲究合情、合理。

营销的形式。银行营销史是一部多姿多彩生动有趣的历史。有编山歌唱的，有摆地摊卖的，有举办讲座送礼的，有聘请明星代言的，有墙上刷标语口号的，有楼顶街边竖广告牌的，有在电视网站报纸杂志上拼命宣传介绍的，有发动亲戚朋友参与的……五花八门，无所不用其极！一句话，让更多的人了解、理解和支持银行，让更多的业务委托营销银行办理。然而，百闻不如一见，营销是形式、表象，万变不离其宗，银行服务实质在平时，在细微处，在真诚、信赖与尽可能利他。

　　"三级联络人"让营销机制化。营销，说到底是人与人之间的联系和沟通，即银行高层、中层、业务员与单位客户相应层级建立联系沟通，无论是定期的沟通还是日常的沟通，确保双方各层级志同道合、信息共享、步调一致、目标精进。"三级联络人"让营销机制化，是一个行之有效的做法。

　　营销业绩考核与激励。考核是根指挥棒，激励是瓶兴奋剂。考核指标设置及其权重分配十分重要，要兼顾发展与风控，做到蹄疾步稳，行稳致远。要在法规允许、风险可承受的范围内，蹄厉奋发，争先创优，激励员工。

　　业绩与孽债。银行营销的效果如何？要看业绩，这叫结果导向，或以业绩论英雄。低成本资金增加了没有？账户覆盖面扩大了没有？信用创造能力提高了没有？信贷市场份额扩大了没有？如此等等，都是业绩考核必须考虑的问题。但是，结果有眼前的、长远的，有好的、坏的，不择手段，结果可能变成后果、苦果。换句话说，业绩要经得起时间的考验、发展的考验，必须是没有后患和隐患的业绩。违法乱纪创造的，不是业绩，是孽债。得不偿失，君子不为也。

　　营销自传（Memoir）。有心人不仅每天创造历史，也记录历史。一个优秀的营销员经过一段成功的营销实践，可以轻而易举地写一部营销自传（Memoir）：总结成功经验和做法，分析失败教训和原因。不一定抽出专门时间写，可以学唐代诗人李贺，有感而发，随时札记，积句成册。 You can't go backward（你不可能往回走），但是人类过往经验弥足珍贵。

　　金融产品故弄玄虚与欺诈。虽说诚信是银行等金融机构的生命，但欺诈从未远离金融市场。正像健康是身体的最佳境界，但疾病从未在人群里消逝一样。金融欺诈的基本方法是，推出玄乎其玄的产品，明示或暗示超高回报，利令智昏，让投资者上当受骗！你听说过这些产品吗：反向浮动、爆炸期权、死亡保单证券、天堂地狱债券、limbos（期权）……正是这些稀奇古怪、天花乱坠的产品，用美国金融史学家的话说，在20世纪90年代给投资者带来巨大的损失和伤害。[①]所以，存款人、投资人、投保人远离欺诈的最好办法是，不购买自己看不懂、想不明白的金融产品，不相信高额回报、天上掉馅饼的奇谈怪论。

金融产品六字经。任何金融产品推出都必须问三个问题：真假、贵贱、进退。真假关系到产品的性质和运作规则。比如，理财。真理财是信托，风险由委托人承担，受托人只要勤勉尽责即可。假理财是高利贷、非法集资、庞氏骗局，责任主体不明确。银行绝不能做挂羊头卖狗肉的事。做假与银行的性质完全不符。半真半假，亦真亦假，名真而实假，始真而后假，此真而彼假，总之，真真假假也不行。银行必须诚实守信。银行应该是社会最高信任组织。价格高低关系到产品的市场竞争力。在商品世界，价格始终是竞争工具，贱买贵卖、低进高出是经营者的通行做法。成交，意味着高低、贵贱、供求之间的暂时平衡。银行推出任何一款金融产品都必须做到最终盈利，否则不具备财务价值，没有可持续性。进退关系到产品的成败，关系到产品的最终结局。进退维谷是产品设计大忌。产品冷遇、产品火热但零收益，贷款打水漂……意味着具体的单项产品设计存在严重缺陷，或者意味着前中后台失职渎职，当事人寻租腐败。

---

① ［美］杰瑞·马克汉姆：《美国金融史（第三卷）：从衍生品时代到新千年（1970—2001）》，李涛、王滹凯译，中国金融出版社2018年版，第1页。

第七章
银行管理

关键词：内控合规　财务审计

第一节　内控合规

提要： 银行既要尊重监管，按监管要求办，又要结合实际、实事求是推。从严问责、依法问责是从严治行、依法治行的体现。要树立金融情报意识，确保银行信息安全。监管与合规相伴相随。合规管理"三一法"。"骆驼"要适应水土。巴塞尔银行监管要求存在适应性问题。反腐有利于金融安全和资源分配公平。会计师事务所要对银行的存款人、投资人负责。量化关联交易是正确的做法。明确股东关联交易额上限十分必要。廉洁奉公始终是银行监管和经营的底线。防止银行异化是银行业的共同任务。系统重要性银行要求不能停留在资本层面上。案防永远是重点。发达健全的银行体系不是与生俱来的。自由裁量权过大是监管腐败的制度漏洞。"稳预期＋管住人、看住钱、扎牢制度的篱笆"。坚持走中国银行发展之路。

银行既要尊重监管，按监管要求办，又要结合实际、实事求是推。因为最终承担责任的是银行，而不是监管部门。银行必须提高政策水平，服务政治，落实政策。同时又必须提高市场敏感度和市场判断力。银行始终行走在政府与市场之间，一只手是有形的，一只手是无形的，哪一只手都可以要银行的命。

银行监管与银行经营既有联系又有区别。银行是企业但是是特殊企业。因此，银行监管和经营既要遵循一般企业经营管理原理，又要满足某些特殊要求。一般企业经营的是商品使用价值，追求的是商品价值，产品质量至关重要；而银行经营的和追求的是同一物——价值，只有量的不同，没有质的差异。在资本比例要求或负债率控制方面，一般企业与银行不在一个量级，银行是一个典型的、法律允许的高负债企业，并且风险权重为零的资产如国债不消耗资本。银行高负债靠的是绝对信用。可以说，信用而不是抵押、担保是银行的根基和生命。至于清算破产，影响也不一样。一般企业债务量相对较小，最多影响股东和雇员、少数供应链企业和个别贷款银行的利益。而银行清算破产涉及千千万万存款人、投资者和大批同业，影响大到社会稳定、经济可持续和储蓄投资转化。所以，银行风险管控格外重要。

监管部门重在制立法规，并依法依规监督。经营单位重在循规蹈矩，并依法依规经营。法无定式，规随时变，法规贵在符合实际，顺应民意，利国利人。银行作为经营机构，承担经营责任，既要把钱放出去，又要把钱收回来，还要有利息，银行是真正的责任主体，是前线和一线。古人说："将在外，君命有所不受。"监管部门涉及经营方面的意见只能是指导性的，而不是命令式的。如果是命令，后果和责任也就揽过去了。另一方面，对于监管部门发现的问题银行要正确对待，坚持对的，改进错的，探讨合理的。有争议，有歧义，有误解，是正常的，可以汇报、沟通、解释，寻求共识。银行对待监管部门发现的问题，要本着有则改之、无则加勉，闻过则喜、从善如流的原则，认真研处和整改。不能讳疾忌医，不能遮丑护短，不能固执己见。实践证明，监管权和经营自主权要有明确界限。法治化、市场化仍然是处理一线问题的基本取向。把行政指导意见当作命令是危险的和错误的。为所欲为不对，唯命是从也可能是不负责任的表现。银行倒闭、金融危机等重大事件，会导致人们对监管体系质疑、对监管制度反思乃至监管框架更新升级。没有一个监管部门可以宣称，自己定的规矩是绝对真理，永不修改。监管当局可以说存在的（制度规矩）就是合理的，而银行可以反驳说只有合理的才能继续存在。真正永恒不变的、双方必须信奉的是：实事求是或者实践是检验真理的唯一标准；是蕴含在监管法律中的精神，即传递正确的价值观，保护客户的合法利益以及维护金融体系的诚信。监管理念和经营实践必须有机结合起来，两者相得益彰、互相促进，止于至善。

银行监管评级要素与银行经营管理重点是一致的。银行监管评级要素，包括资本充足（权重15%）、资产质量（15%）、公司治理与管理质量（20%）、盈利状况（5%）、流动性风险（15%）、市场风险（10%）、数据治理（5%）、信息科技风险（10%）和机构差异化要素（5%）。应该说，这些要素与银行经营管理层关注重点是一致的，特别是国有独资或控股的银行，监管与经营的总目标完全一致，都对国家和人民负责。不过，要素权重见仁见智，监管者和经营者可能有不同感觉和考量。因此，由评级要素打分得出的分级（1—6级）结果、差异化监管政策，会引起一定歧义和争论。相反，某些事件（比如，信用危机）发生后直接确定银行等级（比如，5—6级）容易操作得多，且无任何疑义。需要指出的是，监管评价要素中要尽可能挤压主观判断空间，因为它们是这项工作寻租腐败和不公正的制度根源。

追责问责。从严问责、依法问责是从严治行、依法治行的体现。追责问责要做到三个区分，即有无本息实际损失，有无个人腐败行为，有无主观故意。追责问责可能一次，也可能多次。随着时间推移以及新问题新线索暴露，可能再追责问责。因为追责问责只能基于已知违规事实进行。

监管真空：互联网公司是如何进入金融领域的。互联网公司通过线上商业活动，甚至打着纯粹提供供需、借贷信息等名义，自然而然悄无声息涉足线上收付款业务。它们抄着古老的通道，神不知、鬼不觉进入现代金融领域，并且因为拥有明显数据优势和庞大客户群、路径依赖而迅速做大做强存贷等银行基本业务。由于监管滞后，形成监管真空，最后给参与者和政府造成巨大损失。这是 21 世纪早期中国金融的巨大教训。

代入式缺陷分析。查找银行经营管理过程中的短板、弱项，有很多方式方法。代入式缺陷分析是其中一种。要做好这种分析，必须以案例剖析为基础，以内外检查为依据，对照法规要求，借鉴同业经验，查漏补缺，止于至善。

银行保密。银行是社会机体一部分，也参与国家大事要事，所以要保守国家秘密；银行是资金信息、项目信息集散地，是客户信息、政策信息聚集地，所以要树立金融情报意识，确保银行信息安全。

银行保密工作也要创新。保密工作除日常要求和做法外，也要创新，如飞行检查和情景演练。保密条线的同志要学婆婆嘴，常念保密经。为了国家和民族利益，不怕得罪人。要多一个心眼儿，往坏处想。

银行保密工作与业务工作关系。保密工作与业务工作不是两张皮，互不相干。恰恰相反，要在业务推进过程中践行保密理念和要求；在保守秘密过程中稳慎开展业务。做到全程保密，全面保密。既要各负其责，又要通力合作，共同构建银行保密铁丝网。

银行保密工作要努力做到肯定不出事。有些工作不出事就是成绩，比如外科手术、驾驶车辆、银行保密工作等。但不出事不是不做事。不做事或者做事不认真、细致，不出事是偶然的，有运气成分。只有做事，只有认真做事，始终心中有数，胸有成竹，不出事才是必然的。

银行定密、保密与解密。银行定密要精准。既不能风声鹤唳，草木皆兵，什么都是秘密；也不能口无遮拦，行无敬畏，大大咧咧，没有保密意识，该保守的秘密也不明确下来。

银行保密要严格。一旦确定下来的秘密，要守口如瓶，防意如城，严格按等级、范围、期限保守。

银行解密要依法听令。随着时间推移，形势和任务改变，秘密事件本身失去保守意义，要依法听令定期解除。

要有管规矩的规矩。立法法即管规矩的规矩。银行经营管理没有规矩不行，且必须牢固树立"依法经营，按章办事"意识。但是，规矩过多、过细、过于严苛，求全责备，臆测妄想，员工动辄得咎，"未敢翻身已碰头"也不行。规矩不能成为自残的工具，"内卷"的理由，"躺平"的借口，成为影响主观能动和效率效益的因素。所以，制定规矩要把握好分寸，抓主要矛盾。

从陪护想起什么？陪护，英文叫 doula，是一种新兴职业。有

birth doulas，也有 death doulas。《时代》杂志（2022 年 2 月 28 日 /3 月 7 日）
对死亡陪护有专题介绍。人是群居动物，因为需要相互帮助，特殊时
期还需要全天候陪护，如生产、生病、临终。如果将一个银行比作一
个人，同样有生老病死需要陪护。问题是，谁是银行的陪护？监管部
门、董监高、同业等可以说都是，阶段和内容不同而已。银行行政关
闭、破产清算，简言之，"死亡陪护"往往是被监管部门指定的同业
机构。它们的主要责任是减轻因问题银行关闭或破产引起存款人等债
权人的损失和痛苦，包括最先解放限额以下小额存款人，确保其本金
乃至合理利息支付等。

　　防止银行机体遭病毒侵蚀。如果把银行比作一个有机体，存在
其内外部的不良分子、坏蛋、犯罪嫌疑人就是威胁它健康的病毒。病
毒的特点：一是肉眼看不见，二是致病，三是传染。威胁银行稳健经
营的病毒，可以说也无处不在、无时不有。消灭病毒、阻断传播链是
应对银行病毒的基本方法。例如，贷款"三查"；教育、防控与惩罚
并重；看住人、守住钱、扎牢制度的藩篱；等等。

　　合规官。由于来自监管部门的、有关银行经营、管理的规矩越
来越多，且动辄处罚，银行不得不设立合规部门、合规官（compliance
officer）。监管与合规相伴相随。银行必须学会尊重监管当局，敬畏
内、外制度，强化自身合规意识。让合规融入血液，变成基因和自
觉。古人说："君子爱财，取之以道。"道者，规矩也！

　　合规管理"三一法"。银行经营过程中违规在所难免，不是有无
而是多少和严重程度区别，但通过严格管理可以尽量压减压缩。敬畏
规矩，方能行稳致远。违规发生后怎么办？可以采用"三一法"：要
求违规者写"一份检讨书"，总部举办"一次案例剖析会"，系统内发

"一份通报"。"三一法"的目的是举一反三，由此及彼，堵漏洞、强弱项、补短板，压担子；建立合规文化，让依法经营、合规经营理念融入每一个分支机构、每一个部门和每一名员工的基因里。

合规官不能成为行刑官。合规官了解监管部门颁布的规则条款，这些规则条款之多且严，让银行一线部门很容易触碰。合规官既可以成为银行的守门人，防风险，免处罚，守正创新；也可以成为"行刑官"。这也不行，那也不行，引起同事不满和抵制，成为"业务阻击专家"（BPO），最后"极度缺乏被尊重"。传统的简单的做法是利用监管吓唬他们，让不守规矩的人承担相应的责任。只想取悦监管当局，极少考虑东家业务发展。《金融合规要义》的价值在于，作者明确指出：合规官不是可怕的梦魇，"我们值得成为每一个金融从业者的良师益友"和指路明灯。比如，在否决别人方案的同时，携手提出可替代方案；通过培训让更多的人了解规矩之所以然以及违反的后果和代价；以最恰当的方式将监管要求和最佳实践运用到公司，把握公司方向，远离监管雷区，改进内部业务流程；等等。

监管与合规的演变。制度监管是监管初级阶段，以规则为基础，卡具体条款，容易犯本本主义错误。而本本主义害死人："很显然，我的努力像公司得了不治之症一样，我的每一个举措似乎都在阻挠着公司开展业务。我遇到公司的同事，他们满脸愁容地抱怨，我的举措令他们无法像行业中其他公司那样行事，或者我引用的规则并不适用于他们的业务类型。我彻底困惑了，我不知道他们是对的，还是我是对的，也不知道该如何去证实问题的答案。""我感到有人会因此辞职，也许是我，也许是我的同事，或者是监管机构的同事……我的行为一定引起很大的争议，我感到很恐慌，整个局面都令人恐慌，最令我恐慌的是我的名字已经出现在监管机构重要事项报告清单上。"① 原则监管是第二阶段，看大方向，不拘泥于小节，但容易套利、钻小空子；"最佳实践标准"是最新阶段，以结果论英雄，接地气，易推广。合规官要随监管理念和做法改变而改变，在"最佳实践标准"监管时代，将监管的普遍要求同银行的具体实践相结合，让所在的银行做好自己的事。

"骆驼"要适应水土。1952 年，美国建立银行评价体系，该体系由五项指标构成，即 capital requirement（资本充足率）、asset quality（资产质量）、management（管理水平）、earnings（盈利能力）、liquidity（流动性安全）。五项指标的英文首字母构成 camel（骆驼）一词，故名。应该说，在以私有制为主体的市场经济体，这个评价体系是合理的、必要的、适应的。但在以公有制为主体的经济体，通常政府的信用比资本金更重要、更靠谱！所谓流动性危机也是分分钟可以化解的。资本金要求和流动性准备都没有那么重要。

巴塞尔银行监管要求存在适应性问题。巴塞尔银行监管要求及其他所谓国际惯例，主要针对私人银行，适应以私有制为主体的经济体。中国是一个以公有制为主体、多种所有制并存的经济体，国内银行又主要由国家控股经营，所以照搬巴塞尔银行监管规定是不行的，存在适应性问题。例如，最低资本充足率、最高贷款集中度、三权分立治理结构等都不太适应中国国情，必须探索和总结中国特色社会主义银行经营与管理的方式方法、理论实践。在中国，党和政府是银行最大的信用和背书，比区区资本金代表的信用高得多、大得多；

---

① ［美］安妮·米尔斯、彼得·海恩斯：《金融合规要义》，高洋等译，中国金融出版社 2019 年版，"引言"。

集中财力办大事，是社会主义制度优势，集中度限制只适用于众多私营中小微企业客户管理；党的领导是中国社会治理、银行管理最大特色和最大优势，比所谓"董监高"三权分立效率更高效果更好。任何倾向于用普遍的、不变的、永恒的所谓国际惯例来解释、管束银行经营行为都可能是错误的、有害的。

反腐有利于金融安全和资源分配公平。深入整治金融领域腐败问题，严肃查处资本无序扩张等背后的腐败，既有利于金融安全和金融风险防控，又有利于金融资源公平分配和高效利用，应该长期坚持下去。没有坏人（除了天灾）就没有坏账；没有不良分子（除了天灾）就没有不良资产。金融安全说到底是惩治坏人、清除不良分子。

会计师事务所要对银行的存款人、投资人负责。根据《中华人民共和国会计法》《中华人民共和国注册会计师法》等法律法规，财政部秉持"过罚相当、公正执法"原则，综合考虑华融、德勤违法行为的性质、程度、持续时间、影响范围等因素，于 2023 年 3 月 15 日依法作出行政处罚决定。

主管部门履职尽责，对胡乱提供会计报告、掩盖金融风险、欺瞒客户、损害公众利益的事务所给予处罚，完全正确。信用是银行等金融机构的生命。聘请会计师事务所审核，目的是更好地取得客户的信任，确保财务、业务数字真实可靠，而不是花钱走过场、搞形式，更不是弄虚作假、助纣为虐。尽管费用由被审机构支付，但事务所要维护公众、客户和政府的利益。

量化关联交易是正确的做法。银行关联交易分重大的和一般的两类。重大的关联交易是指，银行与单个关联方之间单笔交易金额达到银行季末资本净额 1% 以上，或累计达到银行季末资本净额 5% 以上的交易……与资本净额挂钩，毫无疑问，是为了确保银行的稳健和风险分散。

从源头上阻断银行与关联方交易要顾及其他法规规定。银行关联交易包括授信类、资产转移类、服务类、存款和其他类型关联交易。防止关联交易目的是防止银行利益转移。从源头上阻断银行与关联方发生交易，这些看似釜底抽薪的监管规定，是否符合公平竞争精神，是否有违集中采购规定，是否与招投标法一致，需要认真比对和研究。既要防止因关联而获取不当利益，也要防止因噎废食，即因关联而失去一般市场主体拥有的合法权利。

明确股东关联交易额上限十分必要。监管规定，持有银行5%以上股权的股东质押股权数量超过其持有该银行股权总量的50%时，监管当局可以限制其与银行开展关联交易。这一点很好，古人说："以约失之者鲜矣"[①]，等于给股东套取银行资金设定了一个上限。但是，应当进一步明确，允许关联交易限额内一旦出现损失，股权要及时、足额地冲销、压减。

关联交易管理。关联交易限制和管理的目的是防止利益输送（如向股东贷款）、不公平交易（如操控市场以渔人之利）等。关联交易管理从技术层面说，重点：一是确定关联方，比如股权关系人、利益关系人等；二是确定关联交易量，比如按资本净额一定比例确定标准等；三是限制、禁止、批准之类管理措施明确，不含糊；四是违者处罚条款清晰。

---

① 《论语·里仁》。

关联关系识别与更新靠信息技术。靠人工、手工方式方法识别、更新关联关系是困难的。要识别、更新各种显性的、隐蔽的、复杂的、多变的关联关系，必须依靠 IT 技术。一方面，监管当局要求银行不得通过掩盖关联关系、拆分交易等各种隐蔽方式规避关联交易审批和监管；另一方面，自身也要与时俱进，踔厉奋发，建立强大的股权登记、监测、穿透系统，同时，借用银行支付清算系统数据分析，强化大数据管理能力，令其欲隐不能。

关联方定义不能扩大化、泛化，也不能模糊。银行关联自然人包括：控股股东、实际控制人、一致行动人、最终受益人；5%以上股权持有人、有重大影响的自然人；高管、审批决策权拥有人；关联方的配偶、父母、成年子女及兄弟姐妹等。首先，银行能拒绝国有控股股东（实控人、一致行动人）的交易指令吗？他们会自噬或者有必要发出损害国家和公众利益的交易指令吗？所以，关联方定义必须区分股东所有制性质。其次，最终受益人指实际享有银行股权收益、金融产品收益的人，仍过于宽泛和模糊。最后，将配偶、父母、成年子女及兄弟姐妹列入关联方，必然影响银行正常业务拓展。尽管在交易额（个人单笔 50 万元、法人 500 万元以下）、现金认购证券、活期存款、国家定价等情形下排除了监管。

关联交易要具体情况具体分析。事物是普遍联系的。个体既是独立的，又是整体一部分。银行与客户、股东、同业、监管部门等存在着普遍联系。联系本身没有错，交易本身也没有错，错就错在关联交易显失公允，违法违纪，输送或套取银行自身利益，从而损害国家和公众特别是存款人利益，给银行留下隐患后患，挖个大窟窿，甚至置银行于破产清算之危险境地。在中国，防止关联交易，重点是防止居心不良的私企股东"钓鱼""钓愚"，掏空地方银行，以少量股金套数倍、数十倍、数百倍……贷款，然后挥霍、无序扩张、转移资产、洗钱、中饱私囊等。如果双方都是国有独资企业，隶属国资委或财政部，或母子公司均属国有独资，不存在利益冲突和输送，则其交易不应列入禁止或限制情形，换句话说，并非所有的关联交易都是违法的、需要禁止或限制的。"银行保险机构关联交易是指银行保险机构与关联方之间发生的利益转移事项。"① 定义中的"利益"必须理解为"非法利益"即显失公允，有损银行自身、第三方、公众和国家利益的利益。

　　廉洁奉公始终是银行监管和经营的底线。《贼和看家狗》是伊索写的一则寓言："一个宁静的夜晚，一个贼悄悄地溜入一户人家的院子，为了防止狗吠叫醒主人和追咬自己，贼特意随身带了几块肉。当他把肉给狗吃的时候，狗说：'你若想这样来堵住我的嘴，那就大错特错了。你这样无缘无故、突如其来地送给我肉，一定是别有用心，不怀好意的，肯定是为了你自己的利益想伤害我的主人。'"《小偷和狗》是伊索写的另一则类似寓言故事："有只狗从小偷身边走过，小偷连忙将面包分成小块，不停地扔给它吃，狗却对小偷说：'喂，伙计，快滚开些！我非常害怕你这般好意。'"第一则寓言伊索是这样点睛的，这是说忠心的狗不受肉的贿赂，每个人都应忠于职守，抵制诱惑。第二则寓言伊索是这样点睛的，这故事是说那些送厚礼的人必另有所图。可见，伊索笔下的这两只狗是充满智慧的狗，明辨是非的狗，由此及彼、透过现象看本质的狗。银行界总有个别工作人员，为了个人利益，为了蝇头小利，置银行法规于不顾，置银行资产于危险境地，酿成案件，造成不良和损失。这样的人，无论品德、智慧，都赶不上伊索笔下的狗。银行界应该向伊索笔下的狗学习，不为贿赂所惑，恪尽

---

① 《银行保险机构关联交易管理办法》，2022 年 1 月 10 日。

职守，廉洁监督，廉洁办贷，确保银行依法合规、资产安全。

金融腐败与金融风险、金融危机存在因果关系。在过往相当多的案件中，金融腐败与不良资产形成存在因果关系。在这里，个别领导的指示代替了法规，例外和特殊论取代了程序，怀疑却不报告，口头招呼代替了公文等。要防控资产不良、损失，关键在反腐防腐，尊重法规，恪守程序，有疑必报，秉公办事！

防止银行异化是银行业的共同任务。古人讲："仁，人心也；义，人路也。舍其路而弗由，放其心而不知求，哀哉！人有鸡犬放，则知求之；有放心而不知求。学问之道无他，求其放心而已矣。"今人讲，不忘初心、牢记使命。说到底，古今哲人都看到了社会异化现象并警醒人们注意防范。财政和银行都有各自的初心和使命。可是运作久了，异化现象就产生了。财政热衷于投资借贷，热衷于负债，热衷于税和费以外的其他筹资方式方法，总之，热衷于做银行业务。而银行经常被要求让利、核销、缓债、减免、信贷结构调整……总之，仿佛银行是财政，资金是无偿的，贷款可以当拨款用。本来，银行与财政泾渭分明，一个主要代表政府，一个主要代表市场，各司其职，各尽其责，相安无事。由于异化现象存在，打乱了财政和银行原有的格局，造成银行与财政秩序混乱。"学问之道无他，求其放心而已。"解决的办法，各自收心即财政严格预算，维护国家机器运转；银行尊重市场，助力国民经济运行。

世界上存在不同性质的银行，如政策性银行、商业银行、合作银行、投资银行、信托银行、清算银行等。同一性质的银行可以有不同功能。例如，政策性银行里，有负责国家开发的，有负责基础设施建设的，有负责国际贸易和国际合作的，有负责粮食收购和储备的，等等。银行的性质明确了，功能明确了，银行的主责主业、初心使命就明确了，经营方向就不会偏离，行稳致远才有可能。

系统重要性银行要求不能停留在资本层面上。 世界是矛盾的，矛盾分主要矛盾和次要矛盾，主要方面和次要方面。眉毛胡子一把抓，是不对的。做银行业务的机构很多，但各行的资产规模不一样，可替代性不一样，同业往来深度和广度不一样，客户资源和关联度不一样，损失吸纳能力或风险消化能力不一样，市场地位和影响力不一样……所以，不能一刀切，不能平均用力，必须抓主要矛盾和矛盾的主要方面，即分级确定系统重要性银行名单，并对它们提出特别监管要求，如资本充足率更高，资本约束更严，附加资本等。但是，需要注意的是，与银行资产规模相比，银行资本永远偏少；与实体经济负债率相比，银行负债率永远偏高。并且，这一"少"一"高"体现的是银行本质特征，是银行法赋予银行的特权，是被允许的、合理的、必要的存在现象。银行是天然的、法定的高额负债经营企业。一般企业负债率超过 60% 就算高杠杆率企业了，法定资本占投资总额 20% 就算最低资本要求了，即负债最多为资本的 5 倍。而银行资本充足率一般为 8%，负债或资产可以是资本的 12.5 倍。可见，靠资本抵御风险、吸纳损失是有限的。况且，资产与资本的关系恰如水与面粉的关系：水多了加面粉，面粉多了加水。资产规模越大，即使相对风险不变，绝对风险敞口必然越大。所以系统重要性银行附加资本也不是越多越好，尤其是附加资本不能作为资产继续扩张和膨胀的依据。此外，系统重要性银行数据基础设施建设，软硬件灾备，通信及电力供应等，要有更高的要求。经营风格应更加保守，站位应更高，趋势判断应更准。

案防永远是重点。 案件的发现与发生、存量与增量是两码事。管理松懈，作风建设宽松软，案件发生多而发现、暴露反而可能少；相反，管理严了，案件发生少了，但存量案件发现和暴露可能更多。因此，不能以案件暴露多少否定当期的管理。必须区分发生与发现、存量与增量，必须承认案件发生与发现存在时滞。但是，总结教训，完善制度，预防类似案件再度发生，没有时滞。应该实时整改，即知即改，立行立改。不能新官不理旧账。老问题要有新办法解决，新老问题都要有办法解决。出了案件，不去解剖；解剖了，不去整改；整改了，不去评估、固化、再评估、再完善，案防工作就没有做到位。

发达健全的银行体系不是与生俱来的。十全十美的经营和监管模式是没有的。"美国经济刚起步的时候，连货币都不存在……殖民地人不得不进行物物交换，用小装饰品和贝壳珠当做交易媒介，使用商品货币和汇票，以及创造了付款通知书形式的'法定'货币（类似支票和兑换券？）……殖民地付款通知书的使用也照亮了金融独立的道路。殖民地发现这些工具可以用于自身的管治活动，而不需要英国王室的协助。"① 可见，当今美国金融体系健全与发达、强大与霸气，以及称雄于世界的地位不是与生俱来的。事在人为，既不要自负，也不必自卑。

在中国一段时期，很多人把英美银行经营和监管模式当作标准模式崇拜和效仿。殊不知美国人自己说，那是"一堆没有规律和没有理由的规定""陷害和惩罚了无辜的人"，是"随意和昂贵的监管模式"，是"改革—失败—更多监管法规的永无止境的循环……徒增了社会成本，但富裕了律师们"。② "各州被证明是不称职的金融监管机构。"③可见，世界上没有十全十美的银行经营和监管模式，切中要害、符合实际的做法都是好的、可取的；提高资本效率，同时控制资本风险的

---

① ［美］杰瑞·马克汉姆：《美国金融史（第一卷）：从克里斯托弗·哥伦布到强盗大亨（1492—1900）》，黄佳译，中国金融出版社 2017 年版，第 440 页。

② ［美］杰瑞·马克汉姆：《美国金融史（第四卷）：从安然事件到金融改革（2001—2004）》，韩姝译，中国金融出版社 2018 年版，第 771、772 页。

③ ［美］杰瑞·马克汉姆：《美国金融史（第三卷）：从衍生品时代到新千年（1970—2001）》，李涛、王滑凯译，中国金融出版社 2018 年版，第 392 页。

做法都是好的、可取的。政治制度不同，法律环境不同，具体情况不同，银行的经营和监管方式方法完全可以不一样。

自由裁量权过大是监管腐败的制度漏洞。 客观世界无限复杂，主观认识总是有限。智者千虑，必有一失。解决的办法是，赋予监管者自由裁量权。例如，"银保监会或其派出机构可以根据实质重于形式和穿透监管原则认定关联交易"，"银保监会可以根据银行保险机构的公司治理状况、关联交易风险状况、机构类型特点等对银行保险机构适应的关联交易监管比例进行设定或调整"等规定，体现的正是监管者自由裁量权。公正、廉洁、科学、准确运用自由裁量权当然求之不得。问题是，裁量权过大或滥用，使用程序过于简单、粗暴，会给不良监管者腐败留下可乘之机。

股份不对称可能导致金融乱象。 大部分银行公有、国有，而相应的实体企业大部分私有、民营，这种股份不对称是信贷市场供求失衡的重要原因。而失衡乃经济之大忌。应该说，股份制改造，银行上市成为公众公司，一定程度上缓解了这种状况。但从股比来看，银行大部分姓公，实体企业大部分姓私，无根本改变。于是矛盾和不可思议的现象出现了：（1）银行有钱放不出去。银行想给央企、地方国企大量低息贷款而对方需求不足、条件苛刻；民企盼求贷款而银行不敢、不能给，融资难着呢！贵着呢！同时，"套利"、企业间转贷行为又不允许。（2）银行对央企、国企放款，损失再大，几乎没有责任；而对民企放款，损失再小，也要追责、问责。出于安全考虑，企业在信贷面前事实上不平等。（3）影子银行披着创新的外衣粉墨登场，同业市场红红火火，资金掮客弹冠相庆，银行因外部限制不能做的事，影子银行以创新名义轻而易举做了。民企是部分解渴了，但资金成本倍增，经营压力加大，隐患、后患更多，类似饮鸩止渴。（4）金融腐败空间大，信用风险漏洞多。金融经济改革必须关注经济金融部门所有制占比的一致性，经济成分的对称性，以及公、私在经济、金融两类企业分布的均衡性。

稳预期 + 管住人、看住钱、扎牢制度的笼子。 不透明、不确定是对经济金融活动最大的伤害。稳健的经济金融活动依靠预期，而透明度和确定性是预期的基本内容。换句话说，不透明、不确定可能对经济金融活动造成巨大伤害。以银行经营为例：货币政策不透明，则利率汇率风险不可控；产业政策、监管政策等不确定，则信贷风险骤升；司法、审计、监察和行政自由裁量权过大，动辄处罚，则经营计划和节奏会被打乱。

管银行须管住人，即管住银行里的坏人及其内心里的恶念和劣根性，包括但不限于吃里爬外、贪污受贿、损公肥私、狼狈为奸、违法乱纪、不细不实、无事生非等现象。管住人既要敢于斗争、善于斗争，即敢于、善于与坏人、坏事作斗争，又不能不分青红皂白吹毛求疵，没日没夜地管，管成一潭死水，管得毫无生机与活力，管到人人"躺平"万马齐喑，没了积极性、主动性和创造力。管住人应该是严而不苛，不在鸡蛋里挑骨头，不求全责备、刻薄寡恩。管住人要讲分寸，管而不死、活而不乱是管住人的最高境界。管住人不是与人性为敌。相反，要理解人性、尊重人性、顺应人性、利用人性。不能凭感觉、看心情、顺我者昌逆我者亡。必须依法依规、客观公正，让被管的每一个人都心悦诚服。

银行是做钱生意的，看住钱是它的本职工作。钱是银行的命根子，必须死死地盯住。进来时要便宜（经营需要）、干净（反洗钱要求），出去时要安全、守信、盈利。贷前必须调查，贷中必须审查，贷后必须检查。要减少不良和损失，避免违法与违规，这是看住钱的核心内容。

银行靠制度管理，必须扎牢制度的笼子。制度是用来管人管事的。好制度让坏人变好，坏制度让好人变坏，模糊不清的制度让人无所适从。银行制度体现的是经营哲学。制度粗细要适宜：疏而不漏，密而透气。制度是银行经营管理活动的根本遵循，是大是大非，是方向、道路和目标。制定时要实事求是，执行时要严格规范，修订时要与时俱进。稳健可持续是检验制度的唯一标准。

坚持走中国银行发展之路。对中国特色社会主义银行理论和实践要有信心。中国特色社会主义银行理论是中国特色社会主义组成部分，是银行一般原理同中国具体实践、中华优秀传统文化、时代印记相结合结晶，是中国特色社会主义基本要求在银行经营、监管实践必然体现，包括但不限于：坚持中国共产党的领导，党管银行干部和信贷政策；设立党委和派驻纪检组，不设或取消监事会；全过程体现政治性、人民性、专业性，反对唯利是图；着重解决经济社会发展不平衡、不充分问题；恪守新发展理念，服务国家战略和人民需要；薪酬基本固定；等等。

第二节　财务审计

提要：正确对待审计和检查。审计关口要前移。金融服务公司不能放任不管。注重更为宏观的经济金融指标统计分析，有助于银行自身认识和经营管理水平提高。对利率、汇率变化无动于衷的财务主管不是合格的企业财务主管。银行成本的三道防线和一条底线。银行会计要成为高管的高参。

正确对待审计和检查。银行经营管理过程即审计检查过程。如何对待审计和检查指出的问题，"三一·四到"很好：承认并解决一个问题，评估并完善一套制度，堵塞并防止一批漏洞。具体问题纠正到位，相关风险控制到位，举一反三排查到位，制度机制完善到位。

审计关口要前移。审计要变"翻旧账"为与一线员工一起"建新账"。关口前移确保业务一开始就符合法律法规要求，把好业务准入关，早介入，全介入，深介入，将审计要求融入业务各环节、各方面，实行全过程审计，而不是事后审计，"秋后算账"。

银行审计。银行审计是对银行的全面体检。一方面，要尊重审计，闻过则喜，从善如流，认真整改审计发现的各种问题；另一方面，要坚持实事求是原则。审计结论的正确性取决于审计依据的科学性与合理性。而依据可能过时、片面甚至错误，需要在实践中更新、修订、完善，以适应新的形势和任务的要求。因此，被审计银行一方面要严肃认真整改审计发现的问题；另一方面要善于沟通、汇报，将银行的普遍原理、金融的一般规律同银行具体实践结合起来。知行合一，相得益彰，让审计与被审计双方在对立中实现统一。

权责发生制增加银行的税负。相对于收付实现制，权责发生制会增加银行的税负。尽管贷款降为不良若干天如 90 天以后利息可以挂账，税可以缓缴、停缴。但在极端情况下即贷款最终损失后，已缴的三个月税也不会退回。

增值税核心在增值。涉及银行的第一大税种是增值税，其次是所得税，这两大税占银行总税负95%以上。增值税核心在增值。按贷款利息收入6%征收，未考虑银行同时要支付存款利息、债息等事实存在，不扣除利息支付等于扩大税基，增加银行税负。虽然银行与工商企业增值税税率相同，但税基计算方式方法不同，因此税负更重。合理的做法是对银行的"息差"而不是"利息收入"开征增值税。

银行新核心系统上线的基本要求。信息技术在银行广泛而深入的运用，是现代银行与传统银行的重要区别。银行新核心系统上线是银行技术更新迭代的结果。新核心系统上线应该满足下列要求：（1）已发现的、可能影响当前业务运行的问题要 100% 解决。（2）财务运行必须做到零差错。（3）新系统软、硬件全面超越老系统。（4）培训到位，操作熟练。（5）国际汇路畅通，并且可选择。（6）给国内外所有金融市场和金融基础设施留有接口。（7）账户和结算扩张、扩容能力相当强大。

金融服务公司不能放任不管。在银行等金融机构的周边，聚集越来越多的服务公司，包括通信公司、计算机软硬件提供商、会计师事务所、律师事务所、审计师事务所、金融分析师、智库、独董等。为了赚取更多的费用，或如受到 SEC 的 FD 条例限制（不允许单独拜见公司高管，不允许自行调查），他们突破国家法律底线，制造丑闻，做假账，提供伪证，合伙欺诈，沦为瞒报虚报公司帮凶……误导和坑害投资者。所以，金融监管不能不管金融服务公司。

征信与数据质量。银行业是纯粹的信用行业。银行大部分工作是在避免与失信的人打交道，选择与守信的人做业务。所以，征信工作极其重要。征信数据的质量和应用效率一定程度上决定征信工作的质量和信贷工作效率。所谓征信数据的质量，主要是指数据的真实性、完整性、时效性相统一；所谓征信应用效率，主要是指智能化、标准化、格式化、自动化相统一。

注重更为宏观的经济金融指标统计分析，有助于银行自身认识和经营管理水平提高。银行业习惯于从自身业务、财务角度设计指标并进行统计分析，习惯于自娱自乐。事实上，以人民为中心，以国家为舞台，注重更为宏观的经济金融统计分析，有助于银行自身认识和经营管理水平提高。例如，贷款新增/GDP 可以反映贷款深度，比例高，意味着金融反作用大，货币驱动力和黏合力强；贷款余额/常住人口可以反映银行密度，反映居民杠杆意识、创业精神和债务压力情况；人均贷款余额/人均可支配年收入可以反映居民偿债能力或银行个人金融风险状况；等等。通过总结这些指标在不同地区、不同行业和不同类型企业分布特点，可以预知其市场潜力从而提供更为精准的金融服务。

数据报送原则。因为外部监管和内部管理需要，银行数据报送工作十分频繁和重要。数据报送要坚持准确性、一致性、连续性三原则。准确，是数据的生命；一致，是数据的品质；连续，是数据的价值。准确性反映的是银行实事求是精神之有无，一致性体现的是银行统计工作组织能力之高低，而连续性代表银行老练、成熟的程度。

银行必须明确对外报送数据的统一出口，切实杜绝"数出多门"相互矛盾现象；要厘清数据管理职责分工，明确数据管理归属，切实形成各负其责、齐抓共管局面；各部门一把手要对本单位数据治理负最终责任。此外，要提高数据精细化、标准化、自动化管理水平，提升统计自动归集、分析整理和监测水平，采用先进技术手段，逐步实现统计报表各项指标自动生成。

贷款不良与行员腐败、客户犯罪的联系。银行不良贷款背后，一般都有腐败和犯罪存在。但要查处、取证并不容易。因为获得贷款的人，以一搏十，以较小的贿赂骗得银行大笔贷款最后核销、放弃了，是"值得的"。换句话说，不良客户不会主动暴露行贿事实和银行内鬼。只有抓了他们，拘留了他们，才会透露秘密，说出受贿者。所以，处理银行不良资产，要真正责任追究到位，教训总结到位，一定要向公安系统刑事报案。

对利率、汇率变化无动于衷的财务主管不是合格的企业财务主管。利率、汇率变化亦即资金价格变化，意味着企业的资金成本上涨或下跌，影响是显而易见的。然而，某些甘于被围猎的、私心太重的或者能力不足的企业财务主管却视而不见、听而不闻。自以为是，想着顺其自然、随行就市，反正水涨船高呢！资金价格涨了，产品或商品价格也会相应涨，企业的负债成本可以"百分之百"转嫁给下游企业或最终消费者，银行所谓的"贷款窗口期"是不存在的。这些人不知道，在低利率时期举债，成本更低，竞争力更强，未来利润空间更大。或者明知如此，因为既得利益关系，损公肥私，拒绝挑选条件更为优惠的银行及其贷款。这种现象是一种披着合法外衣的违法违纪行为，或者懒政怠政不负责任行为，应该纠正。

银行成本的三道防线和一条底线。守住成本防线，银行才能行稳致远，做百年老店。成本防线有三条：第一条是资产成本线，即全部成本除以全部资产（$\sum C/\sum A$），这条防线是银行真正的成本底线，必须牢牢守住，不能破，否则，要出现资不抵债、清算破产或行政关闭。所谓保本，保的是这条线，即任何金融产品价格或收益不低于这条线。第二条是贷款成本线，即以贷款对应的资金成本除以贷款余额（$\sum LC/\sum L$），成本计算由高及低依次纳入，直到贷款余额与对应负债中资金数量相等。显然，贷款成本线高于资产成本线。两条线中间即微利空间、定价空间、调控空间。贷款成本线好比城墙，守住这条线，银行主业不会有问题。不仅保本了，还有微利，银行相对安全。第三条防线，以筹资成本最高的负债类品种如政策性银行债券的加权平均成本为对外贷款和融资基础成本。这条线上再加税费、风险成本、利润基点等，银行对外融资肯定赚钱，而且可以做到利润最大化。这条线好比边境线，是最大的外围线。守住它固然好，营利能力强，但一线、前台部门的压力较大，竞争力较弱。

银行会计要成为高管的高参。一般地说，财务服务业务，业务为财务做贡献；财务是业务运行的结果，业务是财务形成的原因。进一步说，银行会计要成为银行高管的高参。这需要自觉和能力。财务部门可以发现业务运行中很多问题。《吕氏春秋》讲："有道之士，贵以近知远，以今知古，以所见知所不见。故审堂下之阴，而知日月之行，阴阳之变。见瓶水之冰，而知天下之寒，鱼鳖之藏也。"财务部门合理分析、及时提醒，对银行经营管理相当重要。首先，总量分析，整体判断。比如，资产、负债、所有者权益等指标是否在规模上、增速上都算适度？资本充足率及不良率、核销率、损失率等指标是否还在警戒线之下？ROE、ROA 等指标与同业比较是否属于正常？等等。其次，结构分析，具体判断。比如，哪类负债拉高（低）了成本？哪类费用推高（压低）了开支？风险成本有无行业性、区域性差异？如何奖优罚劣、比学赶超？如何让人力资源和财务资源配置更加合理？等等。财务分析既要有大写意，也要有工笔画；既要遵循监管规定，也要帮助经营管理；既要全行合唱，也要分行独奏。"一刀切"有利于滥竽充数的人。银行财务人员要有主人翁意识、是非概念以及精细化管理能力。

第八章
公众银行

关键词：上市的目的和意义　　形象的塑造与维护

第一节　上市的目的和意义

提要： 公众银行本质上是集体所有制银行。加强党对经济金融工作全面领导后，许多长期没有解决的难点攻克了，许多事关长远的大事、要事办成了。股票注册制是件大好事。银行股交易欠活跃是正常的。ROA 和 ROE 代表的意义不同。P/E 是判断上市银行有无长期投资价值的关键指标；换手率则是判断上市银行有无短线操作可能的主要指标。上市做不到一白遮百丑。股份化、上市的目的是让银行拥有更加完美的公司治理。

公众银行。 银行是企业，同样可以招股募股、增资扩股、股份制改造，可以通过上市成为公众公司、公众银行。尽管作为法定高杠杆企业，银行对股本的渴求没有一般企业强烈和急迫。但资产增长速度比一般企业快，资本充足率约束又硬，所以，补充资本对于银行来说也算常事、要事、法定事项。

公众银行本质上是集体所有制银行。 按所有制性质划分，银行可以分为私人（家族）银行、国有银行、公众银行（股份银行、上市银行）三种。公众银行本质上是集体所有制银行、志趣相投者（public）的银行、股份持有人银行。因为股票可以买卖，股权可以转让，股东可以随时"更换"，这个事实上的（de facto）集体经济组织，由于成员不固定而呈现出一种非确定性的每个交易日都在变化的公众假象。真正的公众银行是国有银行即全民所有制银行。上市银行实质是集体银行或集体所有制银行、部分公民银行、少数人拥有的银行。

股票发行注册制终于开始了。 加强党对经济金融工作全面领导后，许多长期没有解决的难点攻克了，许多事关长远的大事、要事办成了。股票发行制度改革就是长期没有解决的难点之一，而注册制的实施就是事关长远的大事要事一件。

股票注册制是件大好事。 推行股票注册制，功莫大焉！尤其对没有经过原始资本积累阶段的中国社会、长期而普遍缺资本金的中国企业重要且必要。但一定要同时加大投资者风险教育和上市公司欺诈惩戒力度，包括用好集体诉讼等制度安排，提高刑事处罚和经济处罚力度等。

银行股交易欠活跃是正常的。 其一，银行稳健经营特点和风格，反映在股价上波动不大，交易上不太活跃。其二，银行股盘子普遍大，不易操控；不少银行股是指数股，敏感，易引起监管部门关注。其三，银行股是综合股，是宏观经济晴雨表，它的业绩是企业平均业绩。一般企业此消彼长，对银行财务和业务影响几乎为零。其四，银行的 ROE 比较高，适合长期投资，适合分红，而不是炒作。

ROA 和 ROE 代表的意义不同。资产回报率（ROA）代表资产扩张的意义。资本回报率（ROE）代表入股的价值。这两个指标高于社会平均水平，意味着资产扩张和增资扩股可持续。反之，既不宜扩，亦不宜增。

P/E 是判断上市银行有无长期投资价值的关键指标；换手率则是判断上市银行有无短线操作可能的主要指标。P/E 说白了就是靠每年分红的话要多少年才可以回收投资。比如，P/E20 年即相当于年回报 5%，P/E50 年即 2%。回报高低是相对的。相对什么呢？相对一年期定期存款利率，一年期国债收益率，等等。如果计划长期投资必须看 P/E，越低越有价值。反之，短线操作要看换手率。换手率高意味着交易活跃，可以短期内买入卖出。

银行上市如演员上台。银行上市后，名气大了，资本足了，但盯的人也多了。银行上市如演员上台，形象好，演技高，则掌声如潮。反之，嘘声一片，演不下去。上市与否，银行自己要掂量掂量。上市，是荣誉更是责任；是动力更是压力；是信用更是信任。

银行上市意味着身上多了一副"枷锁"（责任）。上市的好处是明显的：资本夯实了，资本补充渠道多了；经营指标灵敏了；股票交易方便了；公司治理结构完善了；社会关注度、知名度高了……但是，身上也多了一副"枷锁"即《证券法》等法规的监督约束。上市成为公众公司，不是什么荣誉，不是什么特权，而是一份责任——一份更大的社会责任。

上市做不到一白遮百丑。银行股权不是债权，没有到期偿还的说法。不要了怎么办？不要了可以转让，于是有了银行股票交易（二级、流通）市场。股东可以换，股金不能动，股权不允许抽走，要永远留在股份公司里。上市最大的好处是：股票可以买卖，股权可以流通，股票、股权有了高度流动性，仅此而已。银行要时刻自省自重，展示良好形象。一个自负的银行，一个自我合理化银行，一个自以为上市即修成正果的银行是不会进步的。

切不可引狼入室。寻求决策自由和经营自主，摆脱原有的依附与控制，股份化不失为一个好办法。但操之不慎，引狼入室，则效果适得其反。严一点，最多不舒服；引狼入室是有生命危险的。所谓"狼"，是指那些居心不良，入股银行是名、掏空银行是实的人和企业；是指那些用银行牌照为自己非法集资的人和企业。这些人和企业像披着羊皮的狼搅乱金融秩序、祸害金融市场，必须认真防，坚决打，包括严格禁止股东及其关联企业、壳公司从本行贷款！

银行个股与银行股。具体某一家银行的股票谓之个股，所有上市银行的股票可统称为银行股。个股表现取决于银行自身的经营业绩和潜力，所以，个股的表现差别很大。有的涨，有的跌；有的P/E高，有的P/E低；有的市值膨胀，有的市值缩水。"几家欢喜几家愁"！银行股属行业股，既代表行业整体情况，也反映宏观经济运行和走势。因此可以编制一个专门行业指数即银行股票指数。这个指数对银行监管部门和经营主体观察宏观经济形势、检视行业平均状况都很重要和必要。一叶知秋，但春、夏两季未必没有枯枝败叶吹落！一两家中小银行关闭、破产、摘牌并不可怕，可怕的是整个银行业处于危机状态、萧条阶段，这意味着整个经济形势严峻、糟糕相当一段时间了。冰冻三尺，非一日之寒。银行之冰，乃经济长时间寒冷的结果。

上市容易退市难。符合上市条件的银行都可以申请上市。但必须持续经营好，始终守住底线，不逾红线，避免触碰退市警戒线，即确保不出现大到无法填补的资不抵债，不发生危险到不可解救的经营和支付危机，不犯严重到不可原谅的违法行为。否则，可能面临退市风险。俗话说，上山容易下山难。同理，上市容易退市难。上市，增加了股票流动性，买卖可能赚取价差，持有可以定期分红，总之，有多种选择，且每一种选择都充满希望。退市不同，退市是监管部门和证券交易失望至极，大股东绝望的眼神，散户们愤怒的表情，机构投资者惶恐的心理，市场流传的笑话，利益相关方在充满不确定性的事件中激烈争斗的开始。总之，退市不是什么好事！

　　股份化、上市的目的是让银行拥有更加完美的公司治理。法定基本经济制度、政体等对银行内部治理和外部管理影响深远。它们不变，股权化、上市无异于换汤不换药，歪嘴和尚念经，貌合而神离。银行股份化、上市原本是很严肃的事，有时意味着脱胎换骨、洗心革面。最显著的变化应该是公司治理标准化、现代化和银行经营理念市场化变革。其中包括：董监高分工与制衡，决策程序化、民主化，权力与责任对等，业务分工与融合，资产负债匹配，前中后台分开，数字化、智能化，等等。把上市理解为高管捞钱分钱的机会，输送利益的渠道，贫富分化的借口，摆脱政府监管和宏观调控的手段，打造银行独立王国的平台，是完全错误的，比原封不动还恶劣。非上市银行，比如纯粹国有银行也有一套治理哲学和治理方法。东施效颦、邯郸学步是不行的，搞什么"三权分离"也是可笑的。除了形式上接近上市银行外，没有任何实际意义。因为不存在利益冲突，所以不需要互相牵制；因为由同一组织委任，代表同一组织意志和利益，个人有违纪违法行为，有群众、上级组织及其派驻机构监督，并且比董、监更强大，所以不需要西式的公司内部的"三权分离"架构。

第二节　形象的塑造与维护

提要：招股说明书要实话实说。衍生品市场不能变成投机市场。银行退市多数情况下不是因为能力问题而是因为道德问题。市值管理是为了展示银行的稳健。防控风险方面不要神化银行资本。银行广告切忌误导公众。中介机构在确保公众银行真实性方面的作用是有限的。选择优秀的银行投资。信息披露的要害在全面真实。仅仅公布不良率对银行资产质量整体判断是不够的。

招股说明书要实话实说。欺诈是证券市场最严重的犯罪类型。招投说明书必须实话实说，一点不能作假。投资风险自担的前提是，没有被误导、欺骗、强制，投资者自己拥有完全的决策权，交易是在坦诚自愿、平等公正、敞开和谐的基础上完成的。因为不实宣传导致投资失误和失败，发布者是要依法道歉和赔偿的。

衍生品市场不能变成投机市场。衍生品市场的原意是，发现价格、套期保值、锁定成本。一定要防止脱离现货市场需要的投机行为和蓄意的洗钱犯罪。不能把预防风险的市场和工具变成制造风险的市场和工具。金融机构参与商品期货、期权交易要严格限制乃至禁入。参与金融产品期货、期权交易也不能超过其现货（如外汇）套期保值的需要。

银行退市多数情况下不是因为能力问题而是因为道德问题。进步和发展是历史规律，经济金融没有例外。银行部门是综合部门，可以集中展示这一规律。个别银行表现不佳甚至摘牌退市、关闭破产等是可能的，但不影响银行业总体进步和发展。要强调的是，能把银行整垮，多数情况下不是因为高管层无能，而是因为道德问题：对银行不忠诚、不老实，吃里爬外、三心二意，内外勾结、输送利益，贪污受贿、权钱交易，弄虚作假、洗钱犯罪，等等。

市值管理是为了展示银行的稳健。股价上涨，市值增加，说明市场看好这家银行；否则不看好。看好，当然高兴，这不只是管理层虚荣心满足了，每一个股东也都在"浮盈"乃至变现实赚中喜气洋洋、兴高采烈。因此，除了担心股价虚高终致泡沫破裂外，除了增资扩股、稀释股份，赚取更多新股溢价外，上市银行一般不会采取别的什么动作。反之，市值缩水，市盈率过低，上市银行会申请回购、增持以稳定或提升市值，向市场和投资者展示银行的稳健，增强市场对本行的信心。当然，银行的稳健和优异本身是决定性的。

防控风险方面不要神化银行资本。银行资本要求相对较低。一般企业资本／投资或者说出资比例至少 20%，银行只要 8%。因为银行是典型的高负债企业。试图用资本约束资产扩张或许可以。幻想"资本充足"即可自动防控风险太幼稚。因为银行信贷资产在变化中很难做到静态分类准确，动态调整及时。风险权重也未必科学。资产在描述和统计上是结果而不是预期。现实中，出资人公信力或信用等级比资本约束更管用。即使没有资本或者有一点资本，只要有国家背景，是政府办的，存款人都放心得很。所以不要神化银行资本。相反，私营银行真的破产，即使有高达 20% 的资本充足率，与巨额损失相比，依然是大大的不足。所以，银行上市的目的仅仅出于资本金考虑，太平庸。

财、法、高管。公众银行治理是一项复杂的、庞大的系统工程。但不否认重点、要害存在。王安石在《度支副使厅壁题名记》中写道：

"夫合天下之众者财，理天下之财者法，守天下之法者吏也。吏不良则有法而莫守，法不善则有财而莫理。"这段话对公众银行治理也很有启发。可以说，财、法、高管三者是公众银行治理三要素。习近平总书记曾叮嘱金融界领导："管住人、看住钱、扎牢制度防火墙。"[①]可谓古今一理，大道至简。银行不营利，队伍都会散掉，股东也要上门质询、发火；没有一套合法的、有效的制度规矩，银行是经营不下去的，也是赚不到钱的。然而，依法经营，义利兼顾，把银行办好，关键还在于高管率先垂范，身先士卒，德才兼备。

花钱做广告不必也不值。银行的口碑和形象是在日常服务中形成的、树立的。花钱做广告，不如花钱提高服务质量和能力。广告的效应是一次性的，如果银行服务质量和效率不高，服务态度和能力不行，客户是不会相信的。口碑和形象是银行最好的广告，而最好的广告是免费的。

银行广告切忌误导公众。美国银行在《人物》（*People*）杂志（2022年6月27日）刊登广告说："With the right finance partner, every day feel like Independence Day. That's what U.S. Bank is for."如果说银行是财政，这样的广告或许是对的。然而，银行不是财政，无论如何借银行的钱是要还本付息的，借和还的感觉也完全不一样。杠杆率太高或者说债台高筑、偿付能力不足，不仅不能独立自主，相反会掉入债务陷阱，被法律束缚甚至完全失去人身自由。银行业应该是且必须是世界上最诚实最诚信的行业。银行不能自欺，更不能骗人。其言行必须一致，承诺必须兑现。广告词与公众的理解有出入即有误导之嫌，而误导是

---

① 习近平：《论把握新发展阶段、贯彻新发展理念、构建新发展格局》，中央文献出版社 2021 年版，第 309 页。

蓄意欺骗，银行耻之。

中介机构在确保公众银行真实性方面的作用是有限的。券商及其保荐人、公证人、律师事务所、会计师事务所等，都属于证券市场中介机构。为了股份化，为了上市，银行要支付给它们大笔费用，以确保向潜在投资者提供的材料真实、客观、全面。事实上，银行诚实，不需要什么中介证明；银行不诚实，中介"依据"其提供的假数据、假情况而出具的格式化报告、鉴证自然也不靠谱。所以，逻辑和实践都证明：中介在确保公众银行报告、说明书等真实性方面的作用是有限的、非必要的，支付给它们的费用基本上算制度性浪费。应该改变。比如，从必须聘请中介到非必要不聘请，其中必要情形包括：事实确有争议、数据令人怀疑、财务和业务真实性有实名举报等。这样可以节省许多诚实的公众公司和上市银行的费用，鼓励它们一如既往地维护自己的诚实形象，培养自己的诚实品质，让它们真正感受到诚实的好处。

选择优秀的银行投资。资产利润率、现金分红率、P/E 率、不良率、拨备率、资本充足率、差错率等指标，都是判断银行优劣的依据。此外，一些非量化情形也值得关注。经济发达地区的银行比欠发达地区的银行潜力大，老银行比新银行稳重，国有控股的银行比私人资本控制的银行可靠，心存敬畏的银行比唯利是图的银行规矩，股票换手率、员工离职率高的银行比低的银行动荡不安，零售银行比大额、批量银行辛苦、劳动生产率低，信贷集中的银行（除非政府项目）比信贷分散的银行危险，管理团队素质好的银行比差的银行值得信赖，负面舆情频发的银行一定焦头烂额甚至病入膏肓。

散户可以盯着一个上市银行的股票反复买进卖出。（1）散户的资金量比较少，他们不是机构投资者，其行为不足以对上市银行股票的价格产生影响，更不可能兴风作浪操纵渔利。与其撒胡椒面，不如盯着少数影响大盘、代表趋势的银行股低进高出、先进后出，买跌卖涨、上下其手。（2）银行是典型的综合股、大盘股、趋势股。稳定性好，分红率高，不会大起大落，最适合散户盯投。进可以小赚，退可以分红。稳赚不赔，至少不会大幅亏损。（3）任何一只股票，价格波动都有区间，有中位数。时间跨度越长，区间和中位数越明显、越准确，贱买贵卖时点越清晰，操作越简单。（4）散户个人精力和信息资源有限，盯着一只股票买卖，心中有数、胸有成竹，能有效避免上当受骗、冲动跟风甚至内幕交易。

信息披露的要害在全面真实。信息披露对上市银行及其相关方都很重要。公众依靠它决定是否投资，监管依靠它判断是否合法，银行依靠它自查自评，决定下一步怎么走。信息披露的关键在真与假。真才有意义，假是犯罪。投资者要有自己的分析和判断，不能盲目相信报告和律师事务所、会计师事务所鉴证。事实、逻辑成立与否要看一看、听一听、想一想。何况银行财务、业务统计与填报本身具有一定弹性和空间，允许主观因素在内。例如，资产五级分类有客观的量化标准，也有主观的判断在内，所以分类很难做到精准。又如，利润规模与拨备规模此起彼伏，不良率高低与核销出表大小密切相关。所以，看银行要系统、全面、客观，不要被个别指标牵着鼻子走。问题银行总是与问题信息并存，隐瞒事实总是与隐瞒犯罪同在。

仅仅公布不良率对银行资产质量整体判断是不够的。信贷资产管理要有全生命周期概念。五率即正常率、关注率、不良率、核销率、损失率，分别代表信贷资产全生命周期各个阶段依次递进、每况愈下的状态。上市银行仅公布不良率是不够的，可能误导投资者。不良率为零或者很低，可以表明银行经营好，资产质量高；也可以表明银行不良资产移至表外多，从而核销率高。

观察客户反常行为。法律允许公众银行以营利为目的。假定其他因素不变，银行营利能力主要取决于利差。假定负债成本不变，利差又取决于贷款利率高低即银行与客户的价格谈判。一个成熟的银行家很容易发现，客户出价太低有两种可能：一是他非常精明计较同时认真守信；二是他的贷款项目收益预期比较差，利润不足以支撑正常利息开支，项目可行性令人怀疑。反过来，银行贷款利率无论多高，客户都有两种可能：一是他可能从事非法的暴利行业；二是他压根没有打算偿还本金，居心叵测。

银行估值。企业价值＝企业的股权价值＋企业的债权价值。银行是企业，价值计算公式没有例外。上市银行，或拥有二级市场资产、一级市场收益不确定资产的非上市银行，都需要估值。估值的方法多种多样，但真实性、准确性、时效性是估值必须遵循的原则。深入剖析银行价值，有利于银行经营管理和对外信息披露、市值管理。资本市场普遍采用的银行估值模型，集中在估测银行合理市场定价上，目的是寻找机会进出、买卖该行股票，赚取价差。银行不能满足于此，必须建立自己的估值模型，深入全面地掌握银行自身价值，提高管理针对性，增强银行自信心和经营自觉性、主动性，真正做到心中有数、胸有成竹，谋定而后动。

银行股"三低"要辩证看。银行业是综合性行业，位于产业链上端。银行业的表现是宏观经济观察窗口之一，尽管存在时滞。对银行业的信心反映对中国经济未来的信心。然而 2022 年前后市场这方面的信心是不够的。有学者做过分析：尽管中国金融业具备很强的市场竞争力，但金融机构的市净率和市盈率很低。从中美英三国银行对比来看，中国银行业的市净率仅为 0.63，英国为 0.96，美国为 1.22。市盈率同样如此，中国为 5.3 倍，英国和美国都是 10 倍以上。中国保险业和券商的市净率和市盈率反而高一些。银行利润很高但市场估值不高，导致一系列问题，包括资本补充难度加大等。银行行业估值中枢大概是 5 倍，地产行业下跌严重但估值中枢也还在 10 倍左右，饮料行业估值中枢在 40 倍左右，计算机行业估值中枢大概也是 40 多倍。说明资本市场对中国金融业的未来并不乐观。其实，上述结论是一方面，中国上市银行市净率、市盈率、估值中枢等"三低"现象不是好事，政府应该高度重视经济走势和潜在风险。古人说：未雨绸缪，一叶知秋。政府应从银行业的市场表现预判经济前景，提前谋划和应对。但是，另一方面，"三低"也可能因为银行股流通盘子太大，不好"炒"，股价不易操控，对投机者没有吸引力。与此同时，许多上市银行的现金分红率超过定期存款利率、国债及金融债收益率，适合长期投资。因此，银行股换手率较低。从这一点上讲，"三低"现象又恰恰说明人们看好银行业，相信经济基本面长期稳定向好！

第九章
风险控制

关键词：风险本质和原因　　风控经验及原理

第一节　风险本质和原因

提要： 银行业是高风险行业。银行要牢记主线，守住底线，不碰高压线，呵护生命线。资产风险掩盖与后延。"最后一关"意识要牢固树立。不良资产处置好比医生救死扶伤。宁可备而不用，不可用而无备。流动性储备过多是有代价的。银行系统最大的风险源于经济崩溃。

银行业是高风险行业。 利差或价差是银行的收益，本金或本钱是银行的风险。银行为本金百分之几的利差、价差，冒本金全部或部分失去的风险，既是勇气，也是无奈。银行业天生是高风险行业。它必须推崇契约精神，依靠诚信政府，审慎开展每一笔业务。

银行四线划分。 发展是银行的主线，风控是银行的底线，禁令是银行的高压线，利润是银行的生命线。银行要牢记主线，守住底线，不碰高压线，呵护生命线。

外部总损失吸收能力风险加权比率的弦外之音。监管要求，外部总损失吸收能力风险加权比率从 2025 年 1 月 1 日起不得低于 16%，从 2028 年 1 月 1 日起不得低于 18%。尽管与资本充足率 8% 的要求相比，这个比例已大幅提高，银行似乎变得更为可靠。但与整个或大部分资产损失相比，仍然是小巫见大巫。信心足了，但不能迷信。

资产风险掩盖与后延。银行为掩盖信贷风险，常采用借新还旧或续贷的手法，后延还款期，将当期的风险留给未来和后人，所谓用时间换空间，有意或无意逃避责任。事实上，这是徒劳的！真正出现风险后，无论什么时候暴露，后延至何时，最初贷款发生日期、续贷日期以及有关当事人和事实的记载清清楚楚，因此，责任清清楚楚、无法推卸。

银行资产不良与损失形成的原因。银行资产不良与损失形成的原因，有天灾，更有人祸。天灾是法定核销制度存在的原因，也是银行业被定性为风险行业的原因，包括自然灾害和经济运行、产业更新迭代等微观主体难以控制的风险。人祸包括的情形很多，但最主要的是内外勾结、吃里爬外、搞利益输送和利益交换、损公肥私……一句话，就是有腐败和犯罪的存在。由于存在腐败与犯罪，有人弄虚作假，有人作风不实，有人有法不依、有规不循，有人明修栈道、暗度陈仓，有人权钱交易。

风险提示函。银行业是经营资金风险的行业。在银行内部，通常都设有专门的部门管理风险。如何管理风险，人们在不断地探索。风险发现、预警、隔离、管控、化解等技术手段不断进步。其中，风险提示函拟定、发出、整改反馈等，是一个好的创新做法。风险管理更加精准，防范化解责任更加明确，监督检查更有依据，因此提示机制需要不断完善。

"最后一关"意识要牢固树立。 银行内控不仅体现在部门间横向制约上，也体现在上下级纵向签字把关方面。每一层级的管理人员都应该树立"最后一关"意识。不要看见部下签了就放心签，也不要以为还有更大的领导随后审签就闭着眼睛过。一定要把自己这一关当作"最后一关"来把守。唯有如此，内控、责任、担当，才算得上融入银行管理系统的血液。

银行性质不同，风险偏好和管理有区别。 银行因性质不同而具有不同的风险偏好和管理要求。例如，从事大额、批量业务的银行与零售银行在客户集中度控制上应有区别，前者应明显高于后者。又如，商业银行与政策性银行在项目和领域介入方面的考量也会不一样，前者比后者更看重利益。银行的特色源于银行的性质，不存在一样的风险偏好和管理要求。

金融风险五特征。（1）隐蔽性。可以通过新的更大的负债来掩盖旧的相对小的风险敞口。（2）复杂性。冰冻三尺，非一日之寒。一果多因极为明显。（3）突发性。借新还旧中断、市场声望失去，突然爆雷。（4）传染性。因为同业往来。（5）危害性。涉及公众利益（存款、投资等），影响社会稳定。

风险分析。 银行风险分析既要看宏观层面指标正常与否，又要看具体风险客户经营财务状况如何。一般风险是一个个具体风险的综合结果。风险固然要有总体判断，更要有具体指证。具体风险没有了，总体风险也就没有了。所以，要发挥"风险提示函"作用，建立监管处罚反省制度，分析风险案例成因，查漏补缺，亡羊补牢……从而不断提高银行风险管理水平。

不良率就是银行"煤矿里的金丝雀"。中国成语"穷鸟触笼""飞蛾扑火"比喻绝望、危险。英文有一句类似的习惯用语："The canary in the coal mine."欧美煤矿工人一度携金丝雀下井，察其烦躁、生死状况，判断坑道有毒气体浓度，决定是否撤离、逃生。所以，煤矿里的金丝雀代称即将到来危机的信号。做银行的人，也要经常把"金丝雀"带到身边，察知银行经营状况和趋势。银行"煤矿里的金丝雀"是什么？是不良率。而正常率、关注率、不良率、核销率、损失率等"五率"变化即金丝雀由生而死、每况愈下的过程。

不良资产处置好比医生救死扶伤。正像人不可能不生病一样，银行不可能没有不良资产。不良资产处置，犹如医生救死扶伤。找原因，可以叫诊断。升优，可以叫妙手回春。重整，相当于调养。转让，好比转院。核销等于病危通知。封存，等于死亡证明。回收率，即治愈率。提高回收率，是银行不良资产处置团队矢志不渝追求的崇高目标。

司法集中管辖不能成为地方保护主义遮羞布。欠债还钱，天经地义。欠债不还，债权银行依法起诉、法院依法判决和强制执行理所当然。企业欠多家银行的钱不还，引起多地多起诉讼查封是正常的。司法集中管辖的目的是更好地处理案件，更好地化解债务危机，更好地保护当事人合法利益，惩治个别企业个别人转移资产、侵吞资金、故意逃废债务等违法行为。司法集中管辖不能异化为地方保护主义遮羞布，算计银行债权方式方法；不能让银行心痛、无奈，让骗子嚣张、逍遥。

声誉管理。叔本华讲：名声最高级，必须由他人承认，够资格的人很少，因为其总会取得非同寻常的成就。荣誉不同，无须赢取，可就是不能够丧失。只要一次不当行为，荣誉就会丧失殆尽。而真正欣赏自身价值的人，宠辱不惊。联想到银行的声誉管理，我们不难发现：声誉对于银行这样的信用机构有极端重要性，以及声与誉有区别的必要性。声，名声，即口碑，由银行自身努力并取得同业仰慕的异常成就构成。例如，谁不说这是一家好银行呢！誉，荣誉，即偶然的个别表扬。例如，这家银行营业网点去年获得某协会评选的"AAA级服务机构"称号。所以，银行的声誉管理，说到底是涵养机构的价值，厚植机构的文化。

隐性债务分析。政府信用等级明显高于企业，这是隐性债务产生的重要原因。政府主动作为，又控制土地，拥有定价、征税等权力和庞大的国有资产，放债银行放心，这是隐性债务规模推高的原因。清理隐债、限制隐债都是对的。但是，隐性债务显性化并没有改变政府负债的现实和偿债的责任。仅仅把政府排除在信贷市场之外，或者压减政府对银行的负债，社会信用关系会更紧张。允许地方政府直接负债，本质上是财政对银行的挤出。因此，隐性债务的清理和限制，对政策性银行经营模式来说是巨大挑战。与政府的规划对接，在其中找方向和切入点可以，但具体谋划要市场化，要帮助客户实现业务可持续，投资可回收。而这，是否与政策性银行的性质、定位、功能吻合，拭目以待。

宁可备而不用，不可用而无备。银行是有风险的，不管是人为因素引起，还是不可抗拒因素导致，都需要拨备。宁可备而不用，不可用而无备，这是"一"个原则。达到监管部门规定的拨备覆盖率如150%（拨备额／不良贷款额）和拨备率如2.5%（拨备额／贷款余额），这是"二"条底线。这两条底线都可以因为银行业整体资产质量虚实情况不同而作出调整。拨备率 / 覆盖率 = 不良率，这是"三"个指标的数量关系。按上述标准，不良率容忍度在 1.67% 即 2.5% / 150%。换句话说，不良贷款与拨备覆盖率呈反比；贷款余额与拨备率成反比。拨备多少合适？这是一个严肃的问题。低于监管标准，不允许；高于监管标准可以，但是过高有利也有弊。利有三点，弊也有三点，合计六点：有利于覆盖中长期风险和深层隐蔽风险，有利于非零售银行（大额、批发、长期）贷款风控，有利于监管口径不良贷款（特殊、秘密）处置；不利于股东分红，不利于不良及时处置，让人怀疑资产分类的真实性。

流动性储备过多是有代价的。 银行要满足即时支付需要，必须有最低规模流动性储备，包括利率最低的央行存放、同业拆出、买入返售、收益率相对高的债券投资以及外汇等。即使结构优化，加权平均收益率仍低于同期贷款利率。因此储备过多是浪费，是有代价的。流动性储备像个资金池：进水口包括存款、当期贷款回收大于发放差额、新增债券资金大于到期兑付资金差额等；出水口相反，包括取款、当期贷款回收小于发放差额、新增债券资金小于到期兑付资金差额等。因为取款自由、贷款发放不确定等原因，流动性储备是必须的。但是过多（正像一开始指出的）收益率与贷款利率相比是低效和浪费；与较高的债券筹资成本相比可能出现倒挂，尤其不应该。银行精细化管理或者说精打细算体现在很多方面，流动性储备管理是其中之一。

"合规风险"的提法未必准确。 合规哪来的风险？银行界所谓"合规风险"实质是违规风险：因为没有遵守法律、规则和准则，可能遭受法律制裁、监管处罚、重大财务损失和声誉损失。理论上说，依法经营、合规经营没有风险。遭受处罚的原因是违规，违规才会有被处罚的风险，才会有代价。如何管控违规风险，必须坚持全覆盖：总部各部门、各地分支机构、各业务环节、重要岗位，都要纳入违规风险管控。零容忍：发现违规行为，除了外部惩罚外，内部也要惩处。促发展：正确处理发展与合规的关系，做到两手抓两手硬。重预防：代价不能白掏。要从违规受罚的地方爬起来，洗心革面，重新做业务。重点防控洗钱风险、关联交易风险、内幕交易风险和大案要案发生。

银行系统最大的风险源于经济崩溃。审慎的目标是防控风险，这是没错的。但仅站在银行的角度规定，比如合理杠杆和债务水平、资本及资产风险权重、流动性比例、保证金比率、外汇管制等是不够的，也是不可能真正防控住的。企业是银行的衣食父母，生息资本寄生在产业资本身上，所以，银行系统性风险一定源于经济全面崩溃，而不是自身这样或那样的小毛病。所以，为实体经济服务，促进实体经济发展，巩固实体经济基础，确保实体经济基本面向好，是审慎政策理应追求的首要目标。

第二节　风控经验及原理

提要：风险必须可控、可承受。争取零风险，允许小风险，避免大风险，坚决防止颠覆性风险。风险条线的人的五大职业品德。风险化解工作模式。银行风险主要来源。预期信用损失法实施要注意三个平衡。信用体系建设任重道远。核后"三不放松"。"安全"是银行信贷工作的第一目标。银行风险宜防微杜渐。贷款风险内在于商品与货币之间的矛盾中。正常率、关注率、不良率、核销率、损失率等五率之间存在一定的内在逻辑。客户的信用差距就是银行的信用陷阱。

预期信用损失计算计提的目的是确保银行经营稳健。银行的制度缺口和 IT 系统漏洞往往是骗子的切入口。逾期未必不良，核后未必损失。防范和化解银行风险永远在路上。贷款风险项目既要追究民事责任，更要追究刑事责任。处置金融风险首先要抓捕酿成金融风险的责任人。

风险必须可控、可承受。银行业既是信用业，也是风险行业。没有风险是不可能的，但必须可控、可承受。不然，轻则银行发展不可持续，重则破产清算，影响社会稳定，损害百姓切身利益。

银行风险管理目标。银行风险管理目标应该是：争取零风险，允许小风险，避免大风险，坚决防止颠覆性风险。

风险条线的职业品德。勇于暴露，善于处置，精于分析，敢于追责，长于防控，是风险条线的人的五大职业品德。

压力测试。压力测试是一种情景假设和预判预防。具体说，代入自变量预判预防未来因变量，并回答因变量结果即压力承受能力是否还在可控范围内，或者说，是一种极端条件下银行生死存亡可能性预演。

风险化解工作模式：一二三四五。一个目标：提高受偿率或减少损失率。二到：任务到部门，责任到个人。三级：联络人制度。四早：识别、预警、暴露、处置。五率：正常、关注、不良、核销、回收。

银行利润指标要看拨备后的。银行贷款是有期限的，计息有起止时。银行利润不仅要看拨备前，更要看拨备后。拨备前利润未考虑存量资产质量，未考虑"或有损失"，所以是表面的、不靠谱的。只有拨备后的利润是实的。

拖欠对债权、债务人都是不利的。在一个法治社会，拖欠对银行不利，对债务人也不利。对银行而言，不良率上升，拨备增加，当期利润、银行声誉和财务健全性受损。对债务人而言，除非可以真正逃废，否则也不利。因为资产价格上涨速度一般赶不上利息和罚息累积速度，何况大多数实物资产存在折旧问题，窟窿只会越弄越大。

化险挽损要大于或等于转劣。化险挽损的资产是银行存量风险资产，而转劣资产是增量风险资产。如果化险挽损资产大于转劣资产，则银行不良率同比下降。反之，不良率上升。二者相等，不良率不变。一间好的银行应该减少存量风险资产，控制增量风险资产，确保不良率持续下降，或处于较低水平。

银行风险主要来源于三个方面。一是自然风险。地震、洪涝灾害、病毒等导致贷款客户损失。二是技术风险。贷款客户因为技术更新迭代而失去市场。三是人为风险。坑蒙拐骗，内外勾结，欺诈腐败等，造成贷款损失。银行风险防范重点是人为风险。

预期信用损失法实施要注意三个平衡。预期信用损失法实施要注意三个平衡：一是平衡好主观与客观判断，二是平衡好一般风险与具体风险，三是平衡好历史风险与新增风险。三个平衡的目的是使预期信用损失计算更准确，拨备计提更充足。

重视吸损能力建设。银行进入处置阶段，是否具备充足的吸收损失和资本重组能力，涉及关键业务和服务功能的连续性，涉及风险应对方案的可操作性。所谓总损失吸收能力，是指可以通过减记或转为普通股等方式吸收损失的资本和债务工具的总和。通俗地说，即所有者权益之多少和债转股能力之大小。银行是以营利为目的的商业组织。一个自身经营不善、资不抵债的机构接受存款和其他资金在市场上运作，是令人不安的。所以，对银行总损失吸收能力的监测和监管，是完全必要的、正确的。

信用体系建设任重道远。政府是信息的集散地。信息包括个人信用信息、企业信用信息等。推进信用体系建设靠银行力量是不够的，一定要依托政府组织，听取政府号令，制定失信惩戒法律，设立专业征信中心或公司收集处理有关市场主体信用信息。这样，让那些行贿人、骗贷人、给银行造成不良和损失的企业与个人寸步难行。

统筹国内、国外风险防范和化解。银行业务有境内、境外之分，本币、外币之别。但防范和化解风险要统筹推进。例如，外债转内债、贷款转货款式"两转"做法就很好。统筹了国内、国外风险防范和化解，其中，与进口商协同行动至关重要。

资产分类要动态调整。情况在变化，正常、关注、次级、不良、损失等也在变化。资产分类要动态调整，即及时、准确、客观、全面、审慎反映资产当前状况和质量。这里讲的"审慎"是指分级分类保守一点，风险评估全面一点，拨备提充足一点。

讲信修睦。大同，是中国传统理想社会称谓。"讲信修睦"是这个社会一大特色。《论语》说："人无信不立，业无信不兴，国无信则衰。"俗话说：欠债还钱，天经地义。一句话，讲信、守信是中华传统优秀文化亮点之一，是数千年来中国民间、商界和官方借贷活动可持续的根本原因。中国特色社会主义银行理论吮吸、借鉴了类似的优秀传统思想。

核后"三不放松"。（1）核后回收特别是依法催收不放松。（2）纯洁队伍，持续追究责任不放松。不让责任人、犯罪嫌疑人把核销当保险，高枕无忧万事大吉。风险背后的腐败要一查到底。风险、腐败暴露到哪里，法纪责任追究就到哪里。（3）损失原因分析、犯罪案例解剖、制度漏洞堵塞、监督缺陷修补等工作不放松。吃一堑，必须长一智！

为什么"安全"是银行信贷工作的第一目标？以利差 1 个点为例，本金损失 1 意味着 100 倍的正常信贷业务白做；以利差为 50 个 bp 为例，本金损失 1 意味着 200 倍的正常信贷业务白做。如果从工作量的角度考虑，一笔不良的处置，通常是数倍、数十倍、数百倍正常业务的工作量。所以说"安全"是银行信贷工作的第一目标。

守曰信。《近思录》是南宋朱熹和吕祖谦合编的一本理学入门书，收录周敦颐等"四君子"语录十四卷 622 条，其中卷一讲到"守曰信"，银行经营者读此三字应如获至宝。除交易业务特别是衍生品交易业务外，银行风险尤其是贷款风险基本源于客户不守信用。什么时候客户"砸锅卖铁"也要偿还到期贷款，银行的春天就真正到了。即使遭受些非主观故意造成的损失，银行也认了。

90％与10％。逾期 360 天，启动清算破产程序，估计损失在 90％及以上的金融资产，按照监管法规要求，须全部列入损失。违约、不良部分债务超过全部债务 10％，按同一监管法规要求，银行要把其拥有的其余 90％债权一并纳入不良。前者似乎把损失夸大了一点，后者类似以偏概全、株连九族。这对银行来说无疑是自然的、保守的、稳妥的做法，然而对客户来说，这是极不信任的表现。

银行风险宜防微杜渐。宋朝何坦《西畴老人常言》："故祸几始作，当杜其萌；疾证方形，当绝其根。讳乱而不早治者，危其国；讳病而不亟疗者，亡其身。"做银行的人，要善于利用国家制度优势，见微知著，抓早抓小，避免发生重大经营风险或流动性危机。

贷款风险内在于商品与货币之间的矛盾中。货币作为一般等价物，随时随地可以转化为具体商品。而具体商品却没有货币那么幸运。于客户，借款简单还款复杂，借钱难还钱更难；于银行，贷款风险内在于商品经济本身，伴随着商品转变为货币的整个艰难过程。

银行风险分析。银行的风险都源于具体的不成功的信贷和金融交易。不同维度观察、分析、研究、应对这些不成功的信贷和交易活动，构成了银行风险管理的核心内容和实质要求。银行的风险分析必须兼顾一般与特殊、抽象与具体、指标与项目。银行的风险分析报告一定是具体的、明确的和个性化的。

坚守风险化解原则。一是坚持攻坚战和持久战相结合。防范和化解风险是金融业、银行业的永恒主题，所以，要有打持久战的思想准备。同时，要有重点、难点概念，集中火力攻坚，啃下难啃的骨头。二是奖惩分明。化解风险有功者要奖，造成风险损失者要罚。三是把家底彻底弄清楚，特别是已损失的和可能损失的贷款要彻底弄清楚，做到心中有数，随时更新，充实拨备。四是严肃追责。五是吸取教训。在风险化解过程中查漏补缺，为银行经营管理不断完善做贡献。

五率之间应有一定的逻辑。正常率、关注率、不良率、核销率、损失率等五率之间存在一定的内在逻辑，即比率应越来越低，反之，问题越来越严重或不真实。比如，关注率过高，高于同业很多，说明指标存疑：其中某些贷款要么已恢复正常，要么已劣变为不良。关注率应该是一个过渡性指标，贷款可能正常了，也可能劣变了，不能没完没了地处于"关注"状态。

信用差距。"信用差距"（credibility gap）这个词很好地表达了一种现象：言行不一、表里不一。差距越大，信用越差。对银行来说，客户的信用差距就是银行的信用陷阱。所谓风控，说到底就是缩小客户信用差距，防止银行掉入信用陷阱。

风险防范和化解理念至关重要。理念是行动的先导，也是统一思想的模板。银行风险化解理念包括但不限于：（1）欠债还钱，天经地义。对信用违约依法处置，对逃废债行为坚决打击。（2）防止不断推高企业杠杆率。（3）确保风险情况心中有数。（4）强化金融机构风险主体责任。（5）平衡稳增长与防风险关系。既不可草木皆兵，亦不可高枕无忧。（6）看住人，管住钱，扎牢制度的笼子。等等。

公允价值变动对损益的影响。银行经营最讲究稳健。贷款、息差等指标相对稳定，而证券、股权等指标随行就市，其价格变动影响资产价值的计算，成为利润管理的最大不确定性因素。一些银行以公允价值计量的金融工具，比如被动持有上万亿元的上市公司股票、非上市股权等，公允价值变动导致的损益在营业收入中的比例相当高。这是需要特别注意的。银行经营管理必须做到及时、准确估值，同时将公允价值变动影响控制在一定范围和幅度内，确保银行稳健经营。

信用保险。叔本华在《处世智慧》第四章用诗一般的语言阐述了保险的重要性和必要性："不要忽略向凶神献出牺牲。我的意思是，如果能够杜绝'不幸'的侵袭，对于花费一些时间、心力和金钱，放弃舒适，或是缩小目标、克制自己，我们不可犹疑。最可怕的不幸也是最遥远最不可能发生的。参与保险是公众对'忧虑'的祭坛所献出的供品，保险行规最能说明我所提出的这条规则。现在就去取得保险单吧！"对银行来说，贷款损失是最大的"凶神"和"忧虑"。购买信用保险，就是银行对"凶神"和"忧虑"的祭坛献出供品。当然，银行要有自己的尽职调查，有自己的判断，可以依靠保险夯实信用结构，但不能依赖保险，做甩手掌柜！

信用与风险。银行界讲的"信用风险"，实际上有自我矛盾（paradox）之嫌：若讲信用，云何风险？若有风险，云何信用？不过银行界这里讲的"信用风险"准确地说是"贷款风险"：贷款不良乃至损失的可能性。古今中外，守信都是美德。中国有一诺千金的季布，西方有极其诚信的皮西厄斯（Pythias）。社会信用高低与贷款风险大小成反比。身处一个诚实守信的社会或时代，是银行之幸。坚决维护社会信用是行政、司法等部门能为银行做的最重要的事情，也是给予银行的最高奖赏。良好的社会信用应该始终成为金融生态的核心要义。当外部环境不适合银行正常运作和生存发展时，银行的内控、风控、"三查"无论多么健全和严格都无济于事。

预期信用损失。预期信用损失计算计提的目的是确保银行经营稳健，"相关信用风险不会被低估"。关键有五点：一是"期"，看未来多长时间，时间越长，不确定性越大。目前法定为"季"。二是"信用"的定义，涉及统计口径和预期对象。定义越窄，银行风险损失估计越少，所以监管要求资产"充分覆盖"，准备"有效覆盖"。目前法定范围是债权和或有负债，统称"信用风险敞口"。但以公允价值计量且承担信用风险的其他金融资产也包括在内。三是风险权重确定和三个阶段划分与调整，影响计提比例和拨备规模。而权重的确定因人而异、因行而异，乐观者与悲观者预期的结果相差很大；逾期天数是阶段划分标准，但不是唯一标准。监管要求"坚持实质性风险判断原则，根据对信用主体信用状况和还款能力的分析，判断信用风险是否显著增加"是对的。在这里，分行一线员工的意见建议和判断很重要。四是内政外交、宏观微观走势预断能力。能力越强，则预期结果越准，损失管理越到位。五是采用违约概率/违约损失率模型法评估预期信用损失。计算结果看似精准，但计算过程会有主观夸大或缩小的情形，具体说，参数、权重等确定因人（行）而异，所以预期与实际能否一致需要长期积淀和总结分析提升。

系统性重要金融机构认定与风控。美国财政部长耶伦 2023 年 4 月宣布了美国金融稳定监督委员会（FSOC）的一项提案，修改非银行机构被认定为系统重要性机构的方式，加强对保险公司、私募股权公司、对冲基金和共同基金公司以及加密货币等新兴行业的监管。

　　系统性重要金融机构认定，原意在抓主要矛盾，稳住市场基本盘，守住不发生系统性、全局性金融危机的底线。但事实上，不同体制下风控重点不同：在中国，国有或国有控股金融机构一般采用总分制，并在党组织的坚强领导下，接受综合监督和专业监管，发生危机的概率几乎为零。相反，那些属于地方的、行业的、民营的却没有列入系统重要金融机构名录的中小机构，从风险防控的角度来看更值得关注。风控，它们才是重中之重！所以，美国金融稳定监督委员会的提案是明智的、值得借鉴的。

反电信网络诈骗法与银行的义务。诈骗活动主要为了钱，而银行是钱财集散地，是账户管理和支付结算中心，因此银行的制度缺口和 IT 系统漏洞往往是骗子的切入口。银行有义务维护客户存款等金融资产安全，防止电信网络诈骗。2022 年 12 月 1 日起施行的《中华人民共和国反电信网络诈骗法》第四十条规定有下列情形之一的，银行业金融机构、非银行支付机构要承担法律责任：

（一）未落实国家有关规定确定的反电信网络诈骗内部控制机制的；

（二）未履行尽职调查义务和有关风险管理措施的；

（三）未履行对异常账户可疑交易的风险监测和相关处置义务的；

（四）未按照规定完整、准确传输有关交易信息的。

惩戒、处罚措施包括：责令改正，警告，通报批评，罚款，责令停止新增业务，缩减业务类型或者业务范围，暂停相关业务，停业整顿，吊销相关业务许可证或者吊销营业执照，对其直接负责的主管人员和其他责任人员罚款等。

资产质量管理。资产质量管理的原则应该是做实资产质量，还原历史真相。因为首笔贷款发放与该笔贷款转劣存在时间差，或者说，贷款资产质量存在滞后效应。不良率可以是当期贷款资产质量状况，也可以是历史累积的贷款资产质量结果。转劣贷款回计发放期并与当时贷款余额比才是当时真实的不良率。因此，在银行，前任遗留问题后任来解决的现象很普遍。当然，前任创业后任败家的情况也是有的。资产质量管理的难点是在多目标中寻求平衡。因为资产分类、不良率的计算影响拨备、利润等多个财务指标。此外，还涉及客户评级授信、征信采集和市场信用形象。平衡是一门技术，也是一门艺术。办法是内外有别。对某些特殊客户特殊贷款资产分类做特殊处理，即内调外不调，下调信息也不对外披露，违约但暂不进征信系统等。目的是以时间换空间，更好地维护资产安全，亦即退一步是为了进两步。

逾期未必不良，核后未必损失。 在银行资产分类中，贷款回收逾期若干天即须降为不良；在不良贷款中，起诉、判决、执行后若干天仍然不能回收的贷款即可申请核销。仿佛"时点触发"说一不二，没有任何弹性。事实上，逾期未必真不良，核后未必真损失。尽管一般而论现行做法并没有错，且便于操作统计，业界核后回收率又偏低（<5%）。但对于一个守信的客户来说，经营一时困难不等于永远困难，财务一时紧张不等于永远紧张，更不等于背信弃义、赖债不还。面对宏观政策的突然调整、市场的突然变化，银行需要宽容一点、耐心一点，需要与客户一道同舟共济、共克时艰。即使按照监管要求对逾期贷款和不良贷款做技术性处理（分类和统计调整），也不能对本质上恪守信用的客户存有丝毫偏见和成见。

全面风险管理原则。 目前，银行业金融机构全面风险管理遵循四项原则，即匹配性原则、全覆盖原则、独立性原则和有效性原则。目的两个字：稳健。其实，银行业最大的风险是人的风险，特别是总分行主要负责人和具体经办人员。而人的风险主要表现在贪腐。银行业是一个古老、严谨的行业，相对于其他任何行业，制度够多了，程序够完备了，外部监管也够严了。为什么会出现重大风险案件呢？事实证明，问题不是出在风险原则和制度上，而是出在有法不依、有规不循，原则和制度成了稻草人、泥菩萨。多数不良和损失项目在开发、评审、发放过程中与正常回收项目一样没有一点瑕疵，好得很！直到降为不良、核销出表、打官司、内外部追责、反腐抓人，才知道前期调查不实、申报材料虚假、评审走过场的背后存在权钱交易和个人贪腐。

贷款风险项目既要追究民事责任，更要追究刑事责任。 贷款风险形成的原因，有天灾，更有人祸。人祸又分内鬼和外盗。事实证明，人祸大于天灾。核销制度安排，主要应对天灾等不可抗拒因素导致的损失。而审计、监督监察、管理监管等制度安排，主要防止人祸。不过，金融风险背后的腐败和犯罪仍十分严重。以前，银行在处理贷款风险项目时，基本上停留在民事诉讼层面，较少启动刑事报案。即使报案，有关部门也未必立案。伪造出资、虚构项目建设进度、挪用贷款、材料做假、担保做假等，也未必能构成刑事报案的依据。这不利于银行界化险挽损，不利于社会信用体系建设和诚信风气形成，也不利于公平公正等价值观传播。骗子、老赖和洗钱者逍遥法外，是对银行和老实人莫大的侮辱与伤害。

处置风险的秘籍。 处置金融风险首先要抓捕酿成金融风险的责任人。命令他们从实交代，坦白前因后果，并制成录音录像，给受害者观看。目的是让受害者清楚了解风险机构资产负债及损失情况，明白政府是帮他们的，而不是他们的对立面。其次，要拿出行之有效的处置方案，尽快公布有关处置原则。例如，成立官方组织专司处置；一定数额以下的本金全额偿付，解放多数人；一定数额以上的本金打折方法；承诺从严从重惩罚有关责任人，包括监管部门腐败和失职渎职人员；全力追讨资产，挽回损失，尽可能提高受偿率；等等。

资产质量分类、分级，既具客观性，也有主观性。 如约还本付息或损失，事实清楚，不存在任何臆测，所以说客观；相反，关于不利影响分析、较大较小损失判断、趋势预测等具有明显主观性。因此，准确分类、分级做实银行资产，一要看监管标准高低、松紧、宽严；二要看银行自身理解力和执行力；三要看高管道德涵养、政绩观特别是实事求是的品德。

不良资产分级与处置不同。银行资产分类，恰如老庄的"道"：每况愈下。从九级到十二级资产质量在不断恶化、劣变直至损失。实践中，不良资产处置与三类、四级划分关系不大。第一，损失即非资产，资产即未损失，所以"损失资产"说法有逻辑错误和表达错误；第二，不良资产要么优化，要么劣变，没有第三种情形。劣变资产处置，要么重组，要么转让（卖掉），要么打官司追索，然后差额核销，账销案销。如此而已，没有兴趣和必要再贴个标签供奉在那里。

资产质量分类原则。（1）真实性原则。资产质量分类结果应真实、准确地反映信贷资产风险水平。（2）及时性原则。按照借款人履约能力以及信贷资产风险变化情况，及时、动态地调整分类结果。（3）审慎性原则。信贷资产的资产质量分类不确定的，应从低确定分类等级。（4）独立性原则。信贷资产质量分类结果取决于在依法依规前提下的独立判断，不受其他因素影响。

资产质量分五类十二级。资产质量按风险程度分为正常、关注、次级、可疑和损失等五类。后三类合称不良贷款。五类贷款又细分十二级。一是正常类。借款人能履行信贷合同，没有足够理由怀疑贷款本息不能按时足额支付。其中：（1）一级（正常一级）：借款人经营状况极好，偿债能力很强。营利能力很好，连续保持良好的还款记录。产品市场份额较高，所在行业前景好。（2）二级（正常二级）：借款人经营状况良好，偿债能力较强。财务状况一直较好，营利能力比较好，利润率保持稳定。所在行业或多或少具有周期性特征或因技术、管理等方面的变化而受到影响。（3）三级（正常三级）：借款人经营状况良好，偿债能力充分。财务状况、营利能力和现金流量可接受，所在行业具有明显周期性特征，且较容易受到外界变化影响。

（4）四级（正常四级）：借款人经营状况良好，偿债能力较为充分。财务状况、营利能力和现金流量基本可以接受，所在行业具有明显周期性特征，且容易受到外界变化的影响。二是关注类。尽管借款人目前有能力偿还贷款本息，但存在一些可能对支付能力产生不利影响的因素。其中：（1）五级（关注一级）：借款人能够履行信贷合同，经营情况基本稳定；但宏观经济、市场、行业、项目建设、企业改制等变化，可能对其现金流量、财务状况、持续经营、获利等产生一定的不利影响。（2）六级（关注二级）：借款人能够履行信贷合同，但经营情况出现不稳定迹象；宏观经济、市场、行业、项目建设、企业改制等变化，可能对其现金流量、财务状况、持续经营、获利等产生不利影响。（3）七级（关注三级）：借款人能够履行信贷合同，但经营情况不太稳定；宏观经济、市场、行业、项目建设、企业改制等变化，可能对其现金流量、财务状况、持续经营、获利等产生较大的不利影响。（4）八级（关注四级）：借款人能够履行信贷合同，但经营情况不稳定；宏观经济、市场、行业、项目建设、企业改制等变化，可能对其现金流量、财务状况、持续经营、获利等产生很大的不利影响。三是次级类。借款人履行信贷合同的能力出现明显问题，完全依靠其正常营业收入无法足额偿还贷款本息，即使执行担保或采取其他必要措施，也可能会造成一定损失。其中：（1）九级（次一级）：借款人还款能力出现明显问题，完全依靠其正常营业收入无法足额偿还贷款本息，但通过依靠股东注资、担保等还款来源或手段，可能造成较小损失。（2）十级（次二级）：借款人还款能力出现较大问题，完全依靠其正常营业收入无法足额偿还贷款本息，即使依靠股东注资、担保等还款来源或手段，也可能会造成一定损失。四是可疑类。十一级：借款人无法履行信贷合同，即使执行担保、依靠股东注资或采取其他必要措施，也肯定要造成较大损失。五是损失类。十二级：在采取所有可能的措施或一切必要的法律程序之后，贷款本息仍然无法收回，或只能收回极少部分。

不良贷款的多重影响。不良贷款率居高不下甚至越来越高，发生在单个银行身上，必将引起监管当局重点关注，乃至限制业务，处罚责任人，让股东们寝食不安，影响银行自身健康、生存与可持续发展。不良贷款率居高不下甚至越来越高，发生在整个银行业，必将引起政府和社会普遍关注，导致金融危机，财政或／和中央银行出面救助，银行业整体拨备水平下降直至大面积、大范围增资扩股，银行贷款利率不断攀升，融资难、融资贵，融资环境进一步恶化等。从社会学、伦理学等非经济学角度来看，不良贷款存在意味着银行欺软怕硬，劫良纵恶，转移损失。假定其他情形不变，银行只能从守信者身上"剥皮"，多取息，弥补自己在失信者身上造成的损失即风险成本，满足生息资本的本能和欲望。

风险管理永远在路上。银行业是经营风险的行业，必须学会与风险共存，同时，不为风险所吞噬。

风险管理没有最好，只有更好；存量风险没有最低，只有更低。

风险管理是动态的，不是固定不变的，不能刻舟求剑。风险在哪儿冒出来，风险管理的重点就在哪儿。

旧的风险化解了，新的风险又冒出来了，风险化解不会一劳永逸。

风险管理既是全面的，也是有重点的。风险管理要有底线意识。涉及银行生死存亡、可持续发展的风险点，必须高度重视，并发出风险提示函，成立专责小组，及时予以制止和化解。

潜在风险客户、事件，必须提前预警，全程监控，必要时发出风险提示函。收到提示函的部门和单位要回复采取的措施及其效果。

要成立监管处罚单位或建立部门检讨制度。监管部门发现问题并予以处罚，被监管单位或部门负责人要做检讨，当事人要被追责甚至罚款。被监管处罚的地方，不只是违规违纪的地方，也是风险隐患和制度漏洞所在之处。查漏补缺，止于至善。不能屡查屡犯，一错再错。

风险案例剖析对风险管理的意义，就像尸体解剖对病因、病理分析和治疗方案改正一样重要。

老老实实办银行。实事求是，既是共产党人的精神品格和哲学信仰，也是银行家应有的职业品德和事业追求。隐瞒风险，该记入不良资产的不记入；虚增利润，该拨备的不拨备；等等，都是做银行不老实的表现，而不老实是银行经营管理的大患。

合规经营、依法经营，是银行对监管部门的最大尊重和最好尊重。而违规、违法，既是银行经营管理明摆的风险点，也是对监管部门的极大不敬。

防范和化解银行风险永远在路上。银行业是高风险行业。形成风险的原因，有天灾更有人祸。防范和化解金融风险还须解决许多重大问题，包括预防预警和处置、制度设计和完善、监督问责惩治与教育相结合等。必须强化金融稳定保障体系建设，同时预先依法将类似的或事实上的金融活动全部纳入监管。不留死角，不打擦边球，不允许养虎为患。系统外将非法金融活动如 P2P 防住；系统内将股东行为和账外经营冲动按住，严格股东与债务人身份隔离，坚持一本账、账外无经营。将股东关联交易和银行账外经营定性为严重金融犯罪。

第十章
国际金融

关键词：国际金融活动原则　国际金融实践体会

第一节　国际金融活动原则

提要：国际金融业务的重要性。不要轻易被"储备"迷惑。不管进口什么都比贷款损失好。和平是金融之福。本币国际化是大好事。本币国际支付结算份额应与发钞国国际贸易规模和地位基本相称。外汇敞口既可以是风险敞口，也可以是盈利窗口。国际信贷与减免的前提。白银曾作为国际贸易结算货币。近代国际收支变化背后的复杂原因。国际化或成为世界货币，是任何一国货币的理想与夙愿。内保外贷不可等闲视之。外贷要当内贷、自贷审核！内保、或有负债，要当真负债来管理。莫做"接盘侠"。维护国家金融主权，警惕国际金融风险累积和转移。高度重视银行工具化、武器化问题。国别债务风险化解要对症下药。

国际金融业务的重要性。国际金融业务的重要性，不能仅从量或规模的角度考虑，也要从国家利益和民族利益的角度考虑。与国内业务"肉烂在锅里"相比，国际业务涉及国家利益和民族利益，所以，它更加敏感，更需要审慎。

不要轻易被"储备"迷惑。外汇储备多，似乎国家实力强，偿债准备充足，贸易盈余不少。实际上，要看储备怎么构成。有的是实力强，有的不是。例如，靠财政对外举债，然后存入本国中央银行作储备、充债信，即相当于借债，外债增加而偿债能力没有提高甚至恶化，贸易也可能处于逆差状态。所以国际信贷特别是主权贷款决策不可轻易被一国的储备数迷惑。

不管进口什么都比贷款损失好。银行在国际市场上切忌单打独斗。生息资本最好伴随国内可靠的实业资本走出去。反之，回归时尤其是遇到风险乃至损失时，最好与本国进口商协同，不管进口什么都比贷款"打水漂"强。况且，加大进口能促进对方经济发展，迅速提升债务国偿债能力，于双方都有好处。

和平是金融之福。和平是世界之幸，也是金融之福。这一点，某些生在和平环境里的银行人未必清楚。2022 年前后埃塞俄比亚内战，通货膨胀接近 30%，外汇储备只够三周的进口。类似这种状况，就金融谈金融是找不到出路的。非经济因素对金融安全和运作的影响往往难以估量。危邦不入，乱邦不居，做国际信贷的人要牢记这一点，绷紧国别风险弦。

本币国际化是大好事。2021 年，银行代客人民币跨境收付金额达 36.6 万亿元，同比增长 29%，收付金额创历史新高。收支总体处于平衡状态，全年累计净流入 4000 亿元，占比微不足道。

本币国际化是一件大好事。程度越高，本国经济融入世界越深越广。

促进本币国际化一靠贸易特别是互补式双边贸易，二靠投资特别是双向投资，三靠旅游、留学等人员往来。而这一切的基础和前提是币值稳定、经济发达和民族自信。

主权基金盈亏与世界经济预期强弱相关。 2022 年 10 月 28 日，挪威央行投资管理公司官网披露，当年第三季度，挪威政府全球养老基金的回报率为 – 4.4%，亏损 4490 亿挪威克朗，年内亏损额增加至 2.13 万亿挪威克朗（约合人民币 1.495 万亿元），创下金融危机以来的亏损新高。截至三季度末，挪威政府全球养老基金的规模为 12.22 万亿挪威克朗（约合人民币 8.58 万亿元），是全球资产规模最大的主权基金之一。

主权基金巨亏意味着全球开放的资本市场表现较差。而资本市场只是实体经济窗口、宏观经济晴雨表。主权基金巨亏的实质是全球经济预期出了问题。当然，也可能是个案，即挪威养老基金操作失败。

战争债券发行及其投资风险放大。 2022 年 10 月 28 日，加拿大总理特鲁多宣布加拿大将发行五年期乌克兰主权债券，个人可以通过加拿大银行购买，发行债券所获得的资金将通过国际货币基金组织提供给乌克兰。

战争从来不是什么好事，但它又是政治和解与外交和谈失败的必然结果，是地缘冲突的终极形式。战争打的是武器和意志，消耗的却是白花花的银子。因此战争会增加债务及债务凭证投资风险。历史上某些战时债券至今没有兑付，发行主体可能都不存在了，找谁兑付呢？

洋和尚传的都是真经吗？ 在崇洋媚外者眼里，洋和尚传的才是真经。言为人师，行为世范，怎么做都对！是与非在他们那里愚蠢地简化为洋与土。自从 2023 年伊始，硅谷银行破产，紧接着瑞信、富国银行等美西方银行岌岌可危，国人尤其是境内外存、外投者像遭到雷击一般，毫无防备，欲哭无泪。其中某些人更是天真可笑，指望他们曾经不信任的国内银行去接盘他们一直坚信不疑的外资银行，确保他们的利益不受损失，这可能吗？办银行，然后破产，让存款和投资打水漂，世界上还有比美西方国家更"文明"的偷盗和抢劫方式吗？

本币国际支付结算份额应与发钞国国际贸易规模和地位基本相称。 SWIFT 数据显示，2022 年 11 月，全球支付中人民币占比由 2.13% 跃升至 2.37%，仍居第五位；排名第四位的日元占比降至 2.54%，为 8 年来最低水平。这是好事但不足以沾沾自喜。本币国际支付结算份额应与发钞国的国际贸易规模和地位基本相称。现在，中国是世界上第一大贸易国和第二大经济体，全球支付中人民币占比提升尚有很大的空间。

外汇敞口既可以是风险敞口，也可以是盈利窗口。 银行拥有外汇，是其国际化和拥有多元资金实力的标志。不论注资抑或市场购汇，外汇的存在，由于汇率波动和本币结算要求，形成外汇敞口和浮盈、浮亏现象，直接影响银行财务报表，特别是利润指标。因此，如何管理外汇敞口成了经营管理层必须面对的课题，换句话说，外汇资金必须根据汇率变化趋势，做好买卖准备。踩准点，则盈利；相反，则亏损。不理不睬，靠天吃饭，这个"天"就是外汇市场：本币升值，则外汇浮亏；本币贬值，则外汇浮盈。所以，外汇敞口管理归根到底是根据汇率变化买卖外汇。外汇敞口本身，既可以是一个风险敞口，也可以是一个盈利窗口，关键看管理人对汇率趋势判断是否精准。高手如端木赐，"亿（臆）则屡中"。

国际信贷与减免的前提。美国经济学家威廉·伊斯特利在《经济增长的迷雾》第六、七章中说，贷款并未导致一些穷国经济增长。对于政府行为没有改变的国家来说，提供债务减免没有意义。"正是由于糟糕的管理才导致了巨额的债务。同样，糟糕的管理如果不改变的话，通过债务减免所提供的补助并不能使穷人受益。"这是部分事实，也是应有的逻辑。国际贷款中饱私囊，或者没有发挥要素黏合、财富催化作用，当然不会导致经济增长。减免可能让腐败行为合法化，而追讨肯定让穷人雪上加霜。所以贷款主体的责任心、良知和约束效果，在国际信贷活动中必须考虑。

从石油美元到天然气卢布。主权货币要成为世界货币或区域结算货币，除了经济、金融、支付系统、军事等硬实力和享有币值稳定良好声誉等软实力外，与一种天然的、稀缺的、必需的、难以替代的国际大宗商品贸易捆绑在一起也是分不开的，尤其在初始阶段。石油美元、天然气卢布就是活生生的例子。人民币走出去或人民币国际化，国际贸易和投资使用人民币必须盘点和思考：中国有什么他国必须购买的大宗商品？世界对中国依赖度最高的产品在哪里？这些产品是否牢牢掌控在政府手中？

语言、语言战与国际金融规则。国际金融规则可能照顾成员国共同愿望，但更可能体现强国金融市场意志。规则都是强者定的，这是事实，也是规律。在影响规则制定的众多因素中，以何种语言为通用语言无疑是一个重要的因素。英语以4∶15速度无休止扩张至今，让许多在本土注册的跨国机构工作的人有"异乡人"的感觉。百年前美国90%的大学要求学生学一门外语，而现在有这样要求的大学降到25%。世界"语言战"如火如荼，目的是争取更大的话语权。中国要介入乃至主导国际金融规则制定，提高金融经济实力固然是根本，推广汉语、打赢语言战，也不可忽视。

境内银行境外贷款余额管理。即已提用未偿余额不得超过中国人民银行、国家外汇局规定上限：境外贷款余额≤境外贷款余额上限。

境外贷款余额上限＝境内银行一级资本净额（外国银行境内分行按营运资金计）×境外贷款杠杆率×宏观审慎调节参数

境外贷款余额＝本外币境外贷款余额＋外币境外贷款余额×汇率风险折算因子

境外贷款余额及上限的计算均以人民币为单位，外币境外贷款余额以提款日的汇率水平折算。境内银行基于真实跨境贸易结算办理的贸易融资不纳入境外贷款余额管理。一级资本净额或营运资金以最近一期经审计的财务报告为准（采用银行法人口径）。中国人民银行、国家外汇局根据宏观经济形势和跨境资金流动情况对境外贷款杠杆率、宏观审慎调节参数、汇率风险折算因子进行动态调整。

可见，境内银行境外贷款管理的核心要求是：（1）实行限额管理；（2）限额与资本金挂钩；（3）贷款杠杆率和调节参数由监管当局灵活掌握；（4）以人民币为计算货币。

境外贷款用途规定。境外贷款原则上应用于境外企业经营范围内的相关支出，不得用于证券投资和偿还内保外贷项下的境外债务，不得用于虚构贸易背景交易或其他形式的投机套利性交易，不得通过向境内融出资金、股权投资等方式将资金调回境内使用。可见，境外贷款用途规定体现了对真实境外实体经济的支持及其物质生产经营活动的重视，尽管让银行承担贷款用途的跟踪监测和监督勉为其难。

外汇敞口：浮盈也要纳税。外汇余额及其价格（汇率）变动不仅影响财务稳健，也影响税负。浮盈当真盈，也要缴纳所得税。尽管浮亏也当真亏，可以少缴所得税。但毕竟影响银行老成持重的形象。财务指标特别是利润、税费随着汇率波动大起大落。况且当浮亏额大于非汇率因素产生的利润时，税务当局并不即时退税，只可往后抵扣若干年。所以，银行能缩小外汇敞口要尽可能缩小。这不只是对外展示本行财务稳健的需要，也是防止本行真实财务损失可能发生的需要。

白银曾作为国际贸易结算货币。马克思在《欧洲的金融危机——货币流通史片段》中讲："从十七世纪初起，亚洲，特别是中国和印度，对欧洲和美洲的金银市场一直起着严重的影响。白银是这些东方国家的唯一交换手段，由于同东方进行贸易，从西属美洲大量输入欧洲的财宝。"[1] 马克思这段论述给中国货币史研究界一个重要提示：（1）中国历代货币研究不能自我孤立、自我封闭，一些变化必须放到国际市场上去分析、判断；（2）白银的确是中国历代交换手段，但不是唯一手段。马克思这里讲的"唯一"，应该是指大宗商品国际贸易结算货币。因为铜钱价值偏低，结算和运输不便；纸币信用差，不被接受。

近代国际收支变化背后的复杂原因。马克思谈到白银在美洲、欧洲和亚洲间流动，事实上，这论及国际收支变化背后的复杂性。马克思说："只是到后来，英国的仁慈强迫中国进行正式的鸦片贸易，用大炮轰倒了中国的围墙，以武力打开了天朝帝国同尘世往来的大门，金属货币流通才发生这样一个明显突出的转折。在中国的白银这样流往中印边境的时候，中国的太平洋沿岸地区又为英国和美国的工

---

[1] 《马克思恩格斯全集》第12卷，人民出版社1962年版，第71页。

业品所充斥。于是，在 1842 年，现代贸易史上第一次真的发生了白银大量从亚洲运往欧洲的事情。"① 马克思这段论述清晰地告诉我们：国际收支（白银流动）是国际贸易的结果，而国际贸易又是国际产业和非产业因素的结果包括军事力量比拼，如马克思提到的鸦片战争。所以，国际金融包括国际收支等问题，必须放到国际政治经济军事大背景下去思考和应对。

本币成为世界货币的重大意义。本币成为世界货币意味着：（1）从金融角度来看，世界实现了"大同"和统一；（2）本国中央银行事实上成了世界中央银行，向全世界征收铸币税，让全世界消化其多余的货币；（3）在货币政策上（主要是利率和汇率政策）自由操控，作出有利于本国的宏观金融调控，甚至给他国酿造金融危机；（4）廉价商品大量涌入，超发货币却从未导致相应通胀，美国是典型；（5）将世界经济牢牢捆绑在本国经济战车上，纵横捭阖，让他人欲罢不能。总之，本币成为世界货币意义重大。银行在从事国际信贷业务过程中，一定要积极主动营销本币，促进本币国际化。

国际化：本币离世界货币有多远？国际化或成为世界货币，是任何一国货币的理想与夙愿。正像任何一国演员都想成为国际明星一样。特别幸运的是，国际化或本币离世界货币有多远可以计量。比如，（1）跨境本币收付总额及其同比增长率；（2）跨境本币收付额占跨境本、外币收付额比例；（3）境外主体持有境内本币资产；（4）离岸市场本币存款及本币交易量等。这些指标都是本币国际化计量指标。

多边金融机构。要牵头成立一家多边金融机构是十分艰巨的，

① 《马克思恩格斯论中国》，人民出版社 2018 年版，第 17—18 页。

但也不是不可能的。首先，诚心诚意邀请潜在的股东，精诚所至，金石为开。其次，商量着办，不能以老大自居，更不能独断专行。再次，制定合理规则，例如，按地区初次分配股份，再按本地区成员GDP比重细分股份，同时建立平衡机制顾及各方利益，大股东拥有否决权，小股东合起来也应拥有否决权。再如，纳天下英才而用之，不预设国籍门槛。最后，确定并追求大家认可的理念，如绿色环保，成员间在道义上取得一致，同时坚持利益共享。

内保外贷。内保外贷不可等闲视之。外贷要当内贷、自贷审核！内保或有负债，要当真负债来管理。

担保费不是意外财，是替人作保费、调研血汗钱、异常忧虑金、失信代偿饵：借款企业讲信用，饵便是可口的食物；不讲信用，饵便是要命的钩。银行不要为了区区的担保费，而轻易替人担保。

内保外贷，内外一家（同一法人内外分行），等于风险没有转移，贷后管理责任不清，外贷分行以为内保分行了解客户、可控风险；内保分行以为外贷分行了解客户、可控风险。结果，借款人没有分行监管，处于真空状态，这类业务应该禁止。

莫做"接盘侠"。在国际金融活动中，最忌讳做"接盘侠"，即用自己的贷款去替人还债（到期债券或到期贷款），先前的债权人九死一生似的解放了，自己成了"接盘侠"、冤大头。这种事情之所以不能做，是因为它违反常识和逻辑：到期债务不能偿付，说明债务人已深陷财务困难，怎么能轻信妄为不做深入调研和推理就跳进去！难道作为债权人自己会比前人更聪明、更幸运、更有办法吗？存量债务危机还不足以证明债务人的经营能力令人怀疑？所谓融资再安排，难道不是掩耳盗铃、自欺欺人、推迟风险暴露、祸害下任的把戏吗？

监管者要对消费者（存款人、投资投保人、客户）负责。2022年12月，美国消费者金融保护局（CFPB）表示，富国银行同意与该机构就与按揭贷款、汽车贷款和透支费用相关的管理不善行为达成37亿美元的和解协议。CFPB在一份声明中表示，该银行被勒令支付创纪录的17亿美元民事罚款，并"向消费者提供超过20亿美元的赔偿"。其中，17亿美元罚款用来弥补多年来对数百万客户的不公正对待，以致一些人失去汽车或房屋的指控；超过20亿美元的赔偿部分则将补救汽车贷款、按揭贷款和存款账户"普遍管理不善"带来的损失。显然，CFPB以维护消费者合法权益为己任，而不是护犊子，与某些不良银行内外勾结损害客户利益。这是完全正确的！

职业道德和职业素养不能丢。从事国际金融业务的人，职业道德和职业素养不能丢。不管是上级交办的业务，还是买了出口信用保险，都不能够把职业道德和职业素养束之高阁。交办是信任，不是推脱责任的理由和酿成损失的借口。出口信用保险让本行利益有了进一步保障，但国家利益和民族利益并没有因此更加稳固。因为买了出口信用保险就高枕无忧、万事大吉，这是不对的；也不要因为大部分损失最终由出口信用保险公司弥补而幸灾乐祸。从事国际金融业务的人要有职业道德和职业素养：认真地、细致地评审、论证，实事求是地报告、请示，负责任地建议、决策。

全球资产定价之锚。美国10年期国债收益率一直被看作全球资产定价之锚。可是，2022年10月，美国10年期国债收益率上升到4.284%。根据以往经验，10年期国债收益率达到1.5%，即被国际金融市场视为风险临界点。这个锚似乎难以稳住世界金融、经济这艘船了！

国债收益率大幅上升，全球利率水平水涨船高。有的国家贷款利率，比如，匈牙利年利率达到 16.69%，已相当之高！

　　资产定价之锚到底是银行利率还是黄金价格、国债收益率，需要进一步探讨。一般而论，隔夜拆借利率即基准利率更像是资产定价之锚（参照标准）。10 年期国债收益率对市场来说是个强烈信号、长期提示，资产定价一定会参考它，但它本身并不是真正稳定的锚（定海神针），它会随着经济冷热、资金供求、币值变动等显得时而合理、时而不合理，它远远没有银行同业隔夜拆借利率反应及时、敏锐、确切。

　　维护国家金融主权，警惕国际金融风险累积和转移。2022 年 9 月美国通胀率维持在 8.2% 的高位，剔除波动较大的能源和食品价格，仍创 40 年来新高。10 月 31 日，欧盟统计局公布的初步数据显示，欧元区 19 国 10 月的通胀率预计将达 10.7%，超过 9 月的 9.9%，再次打破 1997 年以来的历史纪录。

　　与此同时，黄金市场交易变得活跃。11 月 1 日，世界黄金协会最新发布的《全球黄金需求趋势报告》显示，三季度全球黄金需求（不含场外交易）同比大增 28% 至 1181 吨。三季度的强势表现也将今年迄今为止的黄金总需求拉回至疫情前水平；其中，尽管投资需求收缩显著，但消费需求和央行购金还是有力地提升了黄金的整体表现。

　　俄乌战争引发的能源和食品价格上涨是推高通胀的主因。然而，鹬蚌相争，渔翁得利。根据 S&P Global Commodity Insights 的数据统计，2022 年第二、三季度，在美国运营的上市油气公司的净利润总额达到 2002 亿美元，是美国油气行业有记录以来最赚钱的六个月。美国液化天然气运营商 2023 年盈利有望达到 590 亿美元，比 2022 年增加了一倍，轻松弥补 2013—2020 年 450 亿美元的亏损。

　　不言而喻，能源公司赚的是消费者的钱。为应对通胀，美欧央行纷纷提高利率——一次又一次提高利率。相应地，一些发展中国

家，外债压力大的国家，要么跟着提高利率，维持汇率稳定而抑制本
已脆弱的经济；要么不提高利率，任由外资进出，国内货币贬值，承
接通胀，被欧美薅羊毛、割韭菜。

有人以"世界开始憎恶美联储"为题，抨击美联储引发的"加
息潮"将世界经济推向衰退。

事实再次警醒我们，保持国家金融独立自主和坚持资本项下适
当控制是重要的、必要的。由于政策自主和外汇管制，通过操纵货币
价格转嫁风险并从中获取渔翁之利的概率大大降低。不过，国内商业
银行和美元、欧元拥有者也应该随机应变、高抛低吸，减少外汇风
险敞口；央行要与商务部门合作，扩大进口缩小敞口，切不可沽名钓
誉，守着储备无所作为。

高度重视银行工具化、武器化问题。由于俄乌战争，美欧加大
对俄罗斯金融系统的制裁，包括将俄罗斯银行机构踢出国际资金清算
系统（SWIFT）等。作为反击措施之一，2022 年 10 月 26 日，俄罗斯
发布一个由 45 家银行或在俄银行分支机构组成的名单，禁止外国投
资者交易名单中的银行股份或出售名单中的银行分支机构。名单包括
意大利联合圣保罗（Intesa）、瑞信、奥地利奥合（Raiffeisen）、花旗、
匈牙利 OTP、意大利裕信（UniCredit）等银行在俄罗斯的分支，以及
俄罗斯 Yandex 银行和 Ozon 银行。

银行一向被看作典型的市场经济组织、第三产业代表、金融专业
服务机构。由于地缘冲突和政治需要，银行日益被工具化和武器化。
敌对双方都利用银行甚至强迫银行制裁对方。又是账户查封、资产冻
结与没收（例如，英国金融制裁执行办公室在 2022 年 11 月 10 日表示，
自俄乌冲突升级后英国对俄罗斯实施史无前例的制裁以来，英国政府
冻结了总计约 184 亿英镑的俄罗斯资产。这比针对其他所有受制裁国
家的冻结金额多出约 60 亿英镑），又是汇路阻断、交易禁止，从而让

银行被迫转入冲突，承担巨大业务风险和永久性声誉损失！

2023 年 3 月，美国当局与瑞士当局合作，寻求瑞银就全部或部分收购陷入困境的瑞信达成协议，以挽回市场对瑞士信贷的信心。尽管瑞士央行 3 月 16 日同意向瑞士信贷提供 500 亿瑞士法郎的贷款以增强其流动性，但市场对瑞士信贷的信心仍然不足。17 日，瑞士证券交易所的瑞信股票较前一交易日下跌 8.01%，法国兴业银行、德意志银行等多家大型银行限制开展与瑞信相关的新交易。知情人士称，瑞信每天的存款流失高达 100 亿瑞士法郎。瑞士金融监管部门不得不拟订并公布救助瑞士信贷的新计划。众所周知，瑞士银行业一直以为客户保密著称，国家一直以中立闻名于世。不少国家和地区的钱无论清白肮脏都流入了瑞士成为中国古人所说的"藏镪"。造成瑞信危机的原因众多，但可以肯定的是，瑞士银行业不管主动抑或被迫放弃为客户保密，配合国内外政治军事外交活动，泄露客户信息，冻结、没收客户资产，总之，银行工具化、武器化是重要原因之一，反过来也可以说，危机是两化恶果之一。

国别债务风险化解要对症下药。国别债务风险形成的原因多种多样。有资金使用效益差的原因，有资金被挪用甚至贪腐的原因，有遭制裁和禁运从而影响出口的原因，有经济不景气的原因，有政治动荡、国家动乱的原因。总之，国别债务风险形成的原因多种多样。

为此，债权银行要具体情况具体分析，对症下药防范和化解国别债务风险：一国一策、分类施策。

债务危机论。西方国家主导的国际金融组织谈到穷国债务危机时，像大慈大悲救苦救难的菩萨。实际上，它们脸上流的眼泪更像鳄鱼的眼泪——假慈悲。它们只想让其他债权国割肉出血，自己却一毛不拔。并且，舆论上颠倒黑白混淆视听，仿佛债务危机是它们以外的债权人挖的坑或一手造成的，恩将仇报理所当然。而一旦自己出点钱，摇身一变即成了救世主。忘了大家都是贷款机构，性质是一样的。人家承诺缓债、降息在它们眼里都不是根本解决办法，是踢罐子，没有人响应。本金减半才是真正的重组和诚心诚意。其实，债务危机首先是债务人自身的原因和责任，是贷款被滥用、挪用甚至被贪污的结果，是国内经济政治危机的表现。债务危机不可能是贷款行造成的，如同饥饿不可能是曾经出借口粮的人造成的一样显而易见。其次，债务危机需要债务人与债权人双边磋商，口惠而实不至的机构没有资格评头论足指手画脚，把自己资产安全放在第一位的金融组织没有资格去劝说、诱导其他金融机构削减乃至放弃合法贷款及权益。最后，再严重的、急迫的债务危机，一旦债权人不催不逼、主动延期即可缓释，走出危机。用时间换空间，恪守信用，总比惹怒债权人从此不再与其开展双边经济金融合作强。

第二节　国际金融实践体会

提要：国际融资要十二分谨慎。超额抵押是震慑不是勒索。福费廷是进出口行为引发的免追索票据买卖业务。中国平均外汇套保比率 9.87%。国际信贷业务"四张牌"。国际信贷范围最好不要超出国家的势力范围。主权信用取决于主权本身。不要轻信中间人。批零结合才能打通国际金融服务"最后一公里"。不要小觑货币兑换业务。资本输出要与商品进口同时推进。国别利率相差较大。从贷款发放到工程款支付结算时间越短越好。国际信贷要紧随商品输出、贸易顺差之后。外债转内债、贷款转货款。国际借贷币种的选择：本币最好。DDP 是减债、减贫的好方式。国际业务经验之谈。一级资本债 ≠ 股本，不能先于股本减记。从 LIBOR 到 SOFR 转换。

国际融资要十二分谨慎。如果说国内放款要十分谨慎的话，那么国际放款要十二分谨慎。

超额抵押是震慑不是勒索。银行放款特别是跨国信贷，要求客户提供超额抵押即抵押品现值远远超过贷款本息，好像客户的财产在银行眼里很不值钱似的，从而引起部分客户不满和旁人不解。实际上，这种做法只是震慑不是勒索。无论抵押品价值多少，一旦出现偿付危机，通过法院拍卖，银行主张的始终小于客户拖欠的本息。

金融网红（finfluencer）。将金融业务移植到网络上，或者利用网络平台宣讲、咨询甚至开展金融业务，金融服务的时空限制便解除了，这是网络时代金融领域出现的新现象，也是国际金融业务新动向或者说金融业务国际化全球化新方式。所谓"金融网红"就是一个例子。按照维基词典解释，金融网红是指：An influencer who gives advice on financial investments。这些人粉丝众多，头脑灵活，能说会道，收入可观。

福费廷是进出口行为引发的免追索票据买卖业务。福费廷（forfaiting），即未偿债务买卖，也称包买票据或票据买断，就是在延期付款的大型设备贸易中，出口商把经进口商承兑的，或经第三方担保的，期限在半年至五六年的远期汇票，无追索权地售予出口商所在地的银行或大金融公司，提前取得现款的一种资金融通形式，它是出口信贷的一种类型。在这里，银行等于替人讨债，将商业信用变成银行信用，是服务出口商的一项金融业务。

外汇套保比率。外汇套保比率等于人民币外汇远期及期权签约额除以对客即期结售汇金额加人民币外汇远期及期权签约额。2020

年，中国平均外汇套保比率 **9.87%**。套保比例高低受多种因素影响，但主要看外汇资产管理需要，看汇率变化对资产估值进而对利润指标的影响，看客户的汇率敏感度和对其国际贸易投资收益的影响。对于外汇资本金多、负债中外汇比例高的银行，套值保值是必要的和必须的，因此套保比例不会也不应太低。

国际信贷业务"四张牌"。 第一张牌——主权业务，贷款由对方财政或主权基金担保，比较靠谱，除了危地、乱邦。第二张牌——同业业务，特别是对方为公众银行或所在国排前三名的银行。这类贷款相当于国际转贷款，利用对方熟悉当地政治、经济、项目、客户等情况优势。第三张牌——国企业务，即支持本国实力雄厚、诚实守信的国企"走出去"，包括项目贷款、并购贷款等。第四张牌——零售业务，即融入当地，派员工、设机构，根据当地法规服务境内外中小私营企业和双方民众。不过，以商业银行为主，政策性银行做不了。

国际信贷范围最好不要超出国家的势力范围。 一个国家是有势力范围的，国际关系因此有亲疏远近之别。势力取决于实力，亲疏取决于利益，远近取决于地理位置和信仰差距。银行的国际信贷范围最好不要超出国家的势力范围。超出，不可控，有危险。也不能不分亲疏远近地放贷，让亲者痛、仇者快，助纣为虐或为虎作伥。谁是朋友？谁是敌人？谁应该支持？谁应该远离？这是国际信贷业务的首要问题。外交和军事不能影响的地方，银行是绝对把控不了的。在外交和军事对抗的国家开办银行无异于给斗争双方提供牺牲品。

国际信贷业务风险：利率和汇率因素。 国际信贷风险，除了信用风险外，还有利率和汇率风险。比如，贷款利率固定而资金成本浮动（例如，成本价与美国国债收益率挂钩）或相反，导致息差剧烈波动甚至倒挂亏损。避免这种情形的最好办法是两头浮动或两头固定，确保息差不变。又如，非本币贷款与本币换算记账，会因为汇率变动而出现浮盈浮亏。为了避免这种风险，首先，国际业务最好使用本币。其次，选用汇率相对稳定（币值相对稳定）的货币。

国际信贷业务的困难在哪里。国际信贷业务的困难：在一个完全陌生的环境中胜出，即在一个不同的政体、不同的文化和习惯、不同的语言和法律、不同的竞争对手、不同的历史和地理环境中胜出。国际业务要紧紧依靠项目单位，利用手中信贷权促成项目按计划推进；做实担保抵押；只与实力雄厚的同业开展合作；充分利用本国政治和外交对项目所在国的影响力，团结本国企业，维护本国利益。

两手抓、两手都要硬。在国际信贷合同和投资协议洽谈过程中，引资国都希望双方按商业原则推进。而银行、出资方由于不了解、不确定，心中无数，总希望政府层面介入，例如，主权担保、政府承诺等，消除风险隐患，清除法律障碍。这是一对矛盾，但可以理解。有为政府和高效市场必须结合，对国际投资、信贷业务很重要。市场主导也好，政府干预也好，不是绝对的、片面的，怎么有利和把事情做成怎么来！

不要迷信主权信用：主权信用取决于主权本身。一般地说，主权信用级别高于商业信用。相应地，主权政府筹资成本低于商业筹资成本。银行更愿意做主权贷款或主权担保贷款，觉得放心。事实上，主权信用取决于主权本身，危地乱邦债务风险相当大。债务重组（债权打折）是常事，一笔勾销或拒不承认（耍赖）也有可能。且理由充足，什么条约不平等呀，什么政客腐败呀。一句话，不想还或无力还。

不要轻信中间人。眼见为实，耳听为虚，不要轻信中间人。不管中间人信用如何，合作历史怎样，其所介绍的国际信贷业务都必须谨慎，绝不允许外方（买方）举债买了中间人（卖方）的货然后把银行（买方信贷）坑了。发生这种情况，一是要立即下调中间人（卖方）的信任等级，收缩合作规模；二是要建立并严格执行风险分担机制，即将可能产生的贷款损失的一定比例（≥销售利润率）约定由中间人（卖方）承担。以上，既不是情景假设，也不是空洞说教，而是某些银行血的教训。

批零结合才能打通国际金融服务"最后一公里"。大额、批量、政策性国际信贷业务开展要主动与小额、零售、支付结算网络发达的商业银行（比如，中国银行海外子行）服务优势结合起来，打通跨国金融服务"最后一公里"，支持和有效管控国家境外重大合作项目建设。

不要小觑货币兑换业务。在众多的国际业务品种里，货币兑换业务很不起眼，却收入可观，买卖价差类似利差，且操作比较简单，成本和风险几乎为零。跨国企业和国际雇员在本行开立的账户越多，进出资金越大、越频繁，则货币兑换业务越兴隆、越赚钱。有的银行海外分支机构或子公司货币兑换收入已超过利差收入。从这一点上说，银行最不愿意看到区域货币形成。

使用当地语言的意义。做国际业务，使用联合国语言特别是英语，这是目前世界普遍做法。然而，大多数人使用的语言仍然是当地语言。银行业务的本质是信用，而信用的基础是信任，即尊重、沟通、理解、协同。学会当地语言，使用当地语言，有助于直接沟通，拉近距离，建立互信，增强亲和力和凝聚力，提高业务合作成功概率。

用当地的道理教育当地的人。每一个国家、每一个民族都有自己独特的价值观。同时，也拥有普世价值，如诚实守信，只是用以表达的语言和方式方法不同而已。国际信贷资产出现不良是正常的，与债务方谈判是技术也是艺术。拿对方关于诚信的箴言、俗语唤醒对方诚信意识和良知就是艺术。做国际金融业务仅仅了解金融知识是不够的，当地的文化历史和风俗习惯等也要了解。

翻译的底线。国际金融活动中，翻译是必备的。会见谈判、合同文本拟定、法律纠纷处理等都需要翻译。信达雅是翻译工作者的理想和追求。虽然时时处处做到很难，但守住底线、避免误解是可以做到的。比如，Bumi 是印尼语，地球的意思。"Bumi 资源"是印尼一家矿产资源公司。有人音译为"布米资源"给人造成误解，以为这是一家农产品公司。尽管音译本身无可厚非，特别是本土现成语言中没有对应字词表达且音义又巧合，如饮料"可口可乐"家喻户晓。印尼语 Bumi 是地球一词的发音，与中文布米概念完全不搭界。中文布米是衣食资源，不是地球矿产资源。所以这里要采取意译，即"地球资源"，不宜采取让人误解的音译。诗曰：

> 翻译讲究信达雅，音义一致难上难。
> 印尼地球音布米，谁将土石御饥寒？

资本输出要与商品进口同时推进。从商品出口到国际信贷（资本输出）是一国经济进入新阶段的标志，是飞跃，是进步，是质变。国际信贷业务开展，为本国资本寻找出路，同时让对方增加债务。确保国际信贷资产安全的根本办法是增强债务国的生产能力和出口能力，而不是任其债台高筑、债务缠身，让债务压垮。任何一笔国际信贷都必须以增强债务国的生产能力和出口能力即偿债能力同时增进本国人民福祉为宗旨，而不是挖坑、做陷阱。

国别利率相差较大。一般讲，贷款利率＝成本（资金成本、税费成本、风险成本等）＋利差。贷款利率市场化以后，国内利率也会因客户不同而不同，但似乎没有国别利率相差悬殊。政治越稳定、经济越发达的国家银行贷款利率越低，相反，政局越动荡、经济越落后、债务负担越重的国家获得资金的难度越大、成本越高。银行确定给这类国家及其企业、项目放款的利率，不仅看自己的成本和利差，还看对方在国际市场筹资的价格。

从贷款发放到工程款支付结算时间越短越好。"兵马未动，粮草先行。"贷款发放和资本金到位进度应该快于、工程进度。验工结算是原则，所以工程进度应该快于工程款支付结算进度。相反，意味着工程承包商垫款增加，资金压力加大，真正干活的人拿不到钱，拿不到报酬。久而久之，必然影响工程的进度和项目效益按时发挥。不符合银行、业主、承包商任何一方的利益。所以三方要相向而行，缩短资金（资本金＋贷款）到工程结算款支付的时间。银行要利用甲方优势，适当穿透，敦促业主按时验工、及时支付。既要确保工程进度和质量，又要防止业主故意拖欠，维护承包商合法利益。在国际信贷业务中，尤其要防止外方业主刁难、欺负、伤害承包商同胞。

国际信贷要紧随商品输出、贸易顺差之后。贸易顺差反映在国际收支上也是顺差。出口国钱多了、外汇多了，要寻找出路。银行要主动作为，把多余的钱放出去。多数政府将外汇储备投向发达经济体国债，或购买大宗战略商品。银行账上的外汇一般源于企业和居民个人未结汇的外币存款。随着顺差扩大，这一部分资金也会越来越多。银行必须将它们运用出去并且获取息差。运用不出去，则银行存款利息支付压力加大，甚至去金融市场"空转"。从宏观层面来看，一国境外外币投资和贷款总额应尽可能接近境内储备和存款金额。所谓"尽可能"指的是扣除法定准备金（备付金）。理论上，外汇投资收益率、外汇贷款利率应高于外汇发钞国的通胀率。

顺差、逆差与国际信贷。贸易持续顺差意味着国内外汇不断累积。通俗地说，国内有钱了。毫无疑问，这是国际信贷或资本输出的前提和基础。除非本国货币是世界货币如美元，或对方储备货币如中外央行货币互换。资本输出是商品输出的结果，同时是商品经济进入更高层级和更新阶段的产物，是进步，是好事。但是资本输出多了，国际信贷资产多了，质量和安全就成了问题。"债务陷阱"既害人也害己。避免债务陷阱，最好的办法是帮助对方提高生产能力和出口能力。授人以鱼，不如授人以渔。鼓励进口，保持一定逆差，确保国际信贷到期偿付。简而言之，顺差是国际信贷的前提和基础；而逆差是国际信贷资产安全保障措施之一。一味追求顺差有利于国际信贷规模放大，而无助于国际信贷资产安全回收。商务、海关、出口企业的贸易和外汇顺差可能是银行境外信贷资产回收的噩梦和本国民众的画饼。相反，逆差有利于人民币走出去，有利于银行信贷资产安全回收，有利于物价稳定、人民福祉（物质生活水平）改善。总之，出口顺差→国际放贷→进口逆差……是一个轮回，一个良性循环！这个循环表明：（1）国家有强大的制造能力；（2）产品有广阔的国际市场；（3）利润和利息双收，经济与金融互动；（4）贸易投资可持续，信贷回收有保障。

"两转"才能让世界经济活起来。所谓"两转"，指的是外债转内债、贷款转货款。这里的关键是加大进口。让外债变成进口商债务，让银行贷款变成出口商货款，通过轧差，尽可能平衡。这样，贸易、金融乃至双边经济、世界经济才能活起来并且可持续下去。当然也有困难：出口商≠债务方，进口商≠债权行。但对于国家和政府来说，他们是可以协调的、统一的、结清的。现在的情况是，一旦出现支付困难、债务危机，除了催收、威胁、起诉，就是谈判、重组、减免、延缓，似乎没有别的办法。显然思路不够开阔，就事论事，不曾跳出债务看债务。许多债务国资源是丰富的，出口意愿是强烈的，只要资源变资产，产品变商品，国家统筹平衡，化债和发展立竿见影。

国际借贷币种的选择：本币最好。国际借贷活动中选择何种货币或哪几种货币组合，意义深远影响深刻。一般来说，越近似世界货币的货币，越容易被选中，因为债务方在世界范围内采购自由度越大，生产要素组织也越方便。但是双边项目或本国牵头项目要尽可能选择本币贷款。人民币走出去与中国企业走出去、中国产品和服务走出去要同步和关联。如果中国的产品和服务不能完全满足项目需要，那么配备一定比例的外币是可以的。总之，用本币做国际信贷货币，既是本国经济实力和要素声誉的象征，也是双边深化合作、行稳致远的金融保证。银行界必须树立本币营销意识。急不了，也慢不得。本币在国际信贷和支付结算中的比重应该同该国在国际贸易和投资中的份额相适应。否则，工作没有做到位。

平等和尊重在国际信贷活动中的重要性。国际信贷活动本质上是不同国际组织、不同国家及其银行、企业之间借贷关系的形成过程。在这个过程中，尊重和平等相待是极其重要的、敏感的话题。尤其是债权国，不可附加任何额外条件，提出过分要求；更不可趾高气扬，颐指气使，摆出一副救世主样子。举债不是乞讨，放贷不是捐赠。国际信贷是国际资金交易。双方签订的是在平等自愿基础上达成的一笔合同，而不是一方屈辱于另一方的一份契约。乘人之危、高利敲诈是最遭人忌恨的。即使在双方完全正常的情景下，说话、表态也要特别注意。

DDP 是减债、减贫的好方式。 债务换发展计划（Debt for Development Program，DDP）是债务重组的一种方式。其主要做法是：签署债务转换协议（外债外汇换成债务国自己货币）→在受援国设立基金（财政注资）→成立双边管理委员会→确定具体发展项目→监管资金到位及项目执行情况→项目审计→债务转换完成。银行往往是债权人，大部分大额债权是要追索的。个别小额的又难以回收的债权，可以与国际合作部门商量，通过 DDP 实施债务换发展计划，既改善当地民生弱项，又提升银行道义和声誉。

外汇资产冻结、没收风险。 外汇者，非本币也，主要由发达国家和外贸逆差国货币构成。越接近世界货币地位的主权货币如美元越有可能成为大多数国家的外汇资产。于是问题出来了：那些辛辛苦苦积攒美元等外汇并存在美国或其盟国银行的国家、机构、组织、企业、个人，其外汇越有可能被美国等国家威胁、控制、摆布、冻结、处置乃至没收，从而形成巨大风险。例如，伊朗被认为有超过 1000 亿美元的资金被冻结在伊拉克、韩国、日本、加拿大等国的银行中；阿富汗中央银行有数十亿美元资金被冻结在美国……所以，坚持国际收支平衡，不只是世界经济可持续发展的需要，也是确保国家海外资产安全的需要。外汇不是越多越好、越多越安全。

国际业务经验之谈。 （1）政治考虑。谁是朋友谁是敌人，这是国际信贷业务的首要问题。必须支持朋友，主张正义，推进人类命运共同体建设。（2）安全评估。危地不往，乱邦不入。刘易斯说得很好："资本投资的政治保证至关重要……在生产性投资合理地摆脱了任意的剥夺之后，经济中资本主义部门的迅速扩大才可能开始。"[1]（3）商业可行。银行是企业，是商业机构。资产源于负债，可持续是国际信贷业务应该追求的目标。要给政治、外交添彩，而不要给政治、外交抹黑。在信用记录差的国家开展业务要特别审慎。银行是其信贷资产风险责任主体。（4）贸易协同。期限再长的信贷也有到期偿还的时候。商品、劳务与货币都可以成为偿付源。增强债务国偿付能力是现代国际金融活动重要特征。而贸易协同尤其是债权国加大进口力度和规模，利人利己，可以极大减少信贷风险。（5）结伴而行。除主权贷款、同业贷款外，境外普通公司贷款、项目贷款一定要借助本国最有实力、最讲信用的企业。纯粹的外国公司信贷要慎之又慎。（6）自知之明。再融资安排或者说做"接盘侠"之前，要明晰自身的优势和劣势。（7）责任到人。不同国家、不同项目，银行内部要有明确的小分队。小分队成员应该是国别专家和项目专家，是负责任、有本事的人。

国际金融经营理念。银行在推进国际金融业务特别是国际信贷业务时，国家领导人出席见证可以说是肯定、支持和鼓励，但绝不是担保、抵押。银行对潜在的信贷风险，必须独立判断、预估和把控，必须平衡好国际合作与风险控制，明白见证不能丝毫替代贷款"三查"。

银行做国际信贷业务，要深度了解国家外交大政方针和多边、双边关系走势，必须依托使领馆和代表处，做好项目落地和信贷风险控制，把好事办好。

阿富汗在美资产的命运与启示。2022 年 2 月 11 日，美国总统拜登签署行政命令：解冻阿富汗中央银行在美资产 70 亿美元，并从中

---

① ［美］刘易斯：《经济增长理论》，周师铭等译，商务印书馆 1999 年版，第 260 页。

拨出 35 亿美元赔偿给"9·11"事件受害者家属；剩下 35 亿美元用于所谓阿富汗人道主义援助。我由此想到，贸易必须追求平衡，顺差赚得每一分钱外汇，都是本国人民的血汗和资源。把它变为储备并存放国外或者购买国外资产，看似安全，实际上最不安全和经济。阿富汗是一个深刻教训：钱在谁手里谁说了算。即使两国关系正常，外汇资产所有国也要承受发钞国通胀损失。所以外汇储备绝非多多益善！

一级资本债 ≠ 股本，不能先于股本减记。2023 年 3 月，瑞士金融市场监管局宣布：瑞信 172 亿美元一级资本债减记核销。一级资本债比一般债券收益高，因此是人们最愿意持有的资产之一。一级资本债虽较一般债券风险高，但毕竟不是股金，风险比股金低。银行破产时，债权人有权优先于股东拿回债券本金。瑞信并没有破产，只是被收购，股权未冲销、归零，怎能以持有高收益债券的资金来源可能存在问题而直接减记呢？资金来源有问题，第一，须核查。第二，须起诉和判决。第三，出现资不抵债和流动性危机时，法定程序是先由股东负责并承担损失，而不是拿一级资本债持有人先开刀，即使他们的资金来源真的存在问题。瑞士当局临时修改法律，随意颠倒风险损失承担次序，开恶例于当世，必将损害公司法精神和权威，伤害全球债券市场和瑞士政府形象。

资本充足率可以低于法定水平吗？2023 年 3 月 23 日，瑞士金融市场监管局（FINMA）表示，其减记瑞信的附加一级资本（AT1）债券，依据的是债券发行说明书和瑞士联邦政府委员会的《紧急情况条例》。FINMA 已指示瑞信完全减记其 AT1 债券，并立即通知相关债券持有人；二级债券不会减记。FINMA 此前宣布，瑞银收购瑞信的交易将"触发"瑞信 AT1 债券被"完全减记"。这是欧洲规模 2750 亿美元的 AT1 市场发生的最大一次债券减记事件。

据了解，AT1 债券是在全球金融危机之后推出的一种证券，设计目的是在一家银行的资本充足率跌破一定水平之后承担损失。显然，这种"设计"类似某些保险合同暗藏的"诡计"：法律和监管当局十分看重资本充足率，不允许低于法定资本充足率，低于或可能低于法定标准，银行必须立即准备补充资本，怎么允许出现"一家银行的资本充足率跌破一定水平"的情形？怎么可以预设、预备一个冤大头、替死鬼（比如 AT1）替这种反常的、坑人的、当局与银行合伙诈骗投资者似的情形埋单呢？

美元定价基准：从 LIBOR 到 SOFR 转换。 美元定价基准，从 LIBOR（London Interbank Offered Rate，伦敦同业拆借利率）到 SOFR（美国国债担保美元隔夜利率，由纽联储在政府债券营业日东部时间上午 8 点左右公布前一营业日对应利率）转换，是英国伦敦向美国纽约转换，是美元离岸市场向在岸市场转换，是主观报价向客观交易转换，是同业利率向担保利率转换。因此更具真实性、可靠性，同时美联储施加影响也可能更方便了。这次转换，IT 技术不应该是问题，基准形成和计算也不应该是问题。问题是存量客户的接受程度，而接受程度又取决于新的定价基准对贷款利息成本计算结果的影响是升还是降。尤其是转换时是升还是降，转换后是更平稳还是更不确定？趋势是升还是降？所以，存量贷款协议转换需要一家一家地谈，存量贷款合同需要一份一份地签，谈和签的原则和前提是客户的利益不因转换而受损。当然，双方也可以不转换基准，采用固定利率计息。此外，作为当今世界第二大经济体、第一大贸易国和外汇储备国，中国也应该推出自己的外币定价基准。

第十一章
银行家

关键词：银行家的素养　银行家的思维

第一节　银行家的素养

提要：自律是必要的但不是充足的。有点常识、良知、责任心。做银行也要先做人。做钱生意的人不可被钱迷惑、束缚。银行的风格基本上取决于银行家的性格，银行的业绩取决于银行家的能力！避免达克效应。一心一意办银行。时间不会让行员自动成为银行家。银行是很实在的、认真的、一板一眼的。慎之又慎是银行家应有的人生态度和职业特质。做一个有道德的银行家。难则自省。立志、责任、求贤。事可俗而人不可俗。哲学家未必是银行家，但银行家必须是哲学家。广博的心智是金融投机家的心智。职业修养永远在路上。银行家应该成为时代的楷模、道德的标杆。银行家要有宏观视野。信是银行人最基本的品性。知行合一。

自律是必要的但不是充足的。对银行管理者来说，自律是必要的但不是充足的，必须在自律的基础上约束他人。放纵自己，难以服众；明哲保身，律己不律人，也不是一个合格的管理者。

常识、良知、责任心与风控。 除了个别当事人腐败、内外勾结、有意为之以外，银行员工只要稍微有点常识、良知、责任心，就不会让那些明显可能产生不良的贷款在评审和发放上毫无顾忌地通过。

做银行与做人。 做事先做人。同样，做银行也要先做人。古人说：德不孤，必有邻。道德是最好的朋友。做银行不仅要遵循银行经营的基本规律，也要学会做人：在客户最需要的时候给予帮助。即雪中送炭而不是雪上加霜。做人做到位，客户忠诚度可以极大地提升和巩固。而忠诚度是银行业绩的稳定器。

银行哲理之远近。 宋朝程颐说："圣人之言，其远如天，其近如地。"① 银行哲理何尝不如是？为实体经济服务，防范和化解信贷风险，加强同业合作等说法，"其远如天"；而具体项目评审、合同签订、资金支付、价格确定、抵质押条件设置等可谓"其近如地"。远近结合，银行经营之道才能说清、讲全、可操作。

做钱生意的人不可被钱迷惑、束缚。 《警世通言》第二卷有一句话："莫把金枷套颈，休将玉锁缠身。"做银行的人要仔细体会。银行虽然做的是钱生意，但不可被钱迷惑、束缚，钻到钱眼儿里去，忘记办银行的初心和使命，即为实体经济服务，为民生福祉进步助力。

初心、想象和判断。 里查德·罗伯茨《施罗德》一书告诉我们银行初心、想象和判断之重要。不忘初心，方得始终，解释了该行悠久的历史；改革创新，富于想象，诠释了该行爬坡过坎、风雨兼程的过去；见微知著，顺势而为，说明了该行的成功！

---

① 《近思录》卷三。

　　银行家并不是铁板一块的一伙人。有人的地方都有左中右，有好人坏人一般人。小说家和戏剧家通常把银行家描绘成夏洛克式冷血、邪恶之徒，为富不仁、唯利是图的家伙。而事实上，在这个队伍中，有稳健而节制的，有训练有素、涵养很好的，有心怀天下、精忠报国的。并且，这些人是大多数。

　　银行与银行家的性格。马丁·梅耶说："银行业也许是大企业中最具有个人色彩的企业。"安·桑普森说："银行乃是一种足以发挥个人性格的人的企业。"因为银行都是生息资本的化身，经营对象和经营方法等具有同质性，所以，银行的风格基本上取决于银行家的性格，银行的业绩取决于银行家的能力。

　　假若你是对方。天下兴亡，匹夫有责。银行兴亡，每一个行员都有责任。假如你是对方，你怎么想？怎么干？你对每一个部门有什么要求？对每一个行员有什么期待？这些期待，现在的你是否已做到？"居庙堂之高则忧其民，处江湖之远则忧其君。"如果一家银行上下都有忧患意识，能换位思考；有主人翁精神，愿齐心协力，这家银行是不会差的。

　　避免达克效应。凡事需要自信，做银行也不例外。但是不能把自信和能力混为一谈。达克效应提醒我们：你越是认为自己做得好，就越有可能高估自己，停滞不前。你必须承认任何一个人在某一方面可能比你强；你必须承认你会犯错误，有完全意想不到的地方；你必须承认你原有的知识和经验可能不再适应……做银行的人要有闻过则喜的胸怀，从善如流的自觉。三思而行，不做观念和知识的奴隶。实事求是，履职尽责。

银行工作有张有弛。银行是无数市场主体之一，回避竞争是不可能的。但竞争不是银行的唯一。"竞争如果被视为人生的主要事情，那是太残酷，太执拗了，它使肌肉过于紧张，心思过于集中，如果作为人生的基础，连一二代人都难以维持。"银行必须有张有弛。团结紧张，严肃活泼，应该成为银行一种常态。银行不只是一个经济组织、专业队伍、竞争平台，也是一个政治组织、合作载体、文化组合。

一心一意办银行。古人说："一心可以丧邦，一心可以兴邦，只在公私之间尔。"①如果把"邦"换成银行，这句话同样适用：要一心一意办银行。一心者，公心也；一意者，集体意识也。银行是在服务实体经济的过程中实现自身的经营目标的。银行员工绝不能把银行当作徇私舞弊的地方，把贷款发放当作个人寻租的机会。那样做，于个人、于银行都是危险的。

时间不会让行员自动成为银行家。时间是一个奇怪的东西，它会让所有的人同时自动地长大变老，但不会让他们自动地成为专家、学者、好人。终生学习，一生修炼，才能成为能人、好人。

知行合一止于至善。实践出真知，在实践中体悟、总结归纳的东西往往最可靠、最实用。但不能陷入经验主义泥潭。必须把握规律、尊重规律，承认普遍性与特殊性同时存在并同时作用。银行经营管理要知行合一，既要遵循一般规律，又要结合时空变化。以问题为导向，拿结果论英雄。

银行是很实在的、认真的、一板一眼的。一是一、二是二，像

① 《二程集》。

柜台上的现金、账上的数字。做银行的人千万不要装，最终要看结果、效果。假装勤敬，伪装忠廉，经不起历史和实践考验，也逃不过行员鹰一般的眼睛！装样子是心虚、无能的表现，是苦肉计的变种。

人与事不能脱节。银行部门大致可归为两类：管人与管事。管人不管事，势必跟着感觉走；管事不管人，指挥协调难度大、效率低。在事中识人用人，方可谓公道正派、公正客观；在人中派活成事，方可谓事在人为、事事如意。人事不能脱节，不能分离。

慎之又慎是银行家应有的人生态度和职业特质。弗洛伊德说："人生就像是弈棋，一步失误，全盘皆输，这真是令人悲哀之事；而且人生还不如弈棋，不可能再来一局，也不能悔棋。"这话对做银行的人来说尤其适用。慎之又慎应该成为银行家的人生态度和职业特质。贷款大量不良、投资巨额损失意味着存款和债券兑付危机，而一旦如此则悔之晚矣！

不折腾。治大国者若烹小鲜，这是老子的名言。清朝有人解释说：烹小鲜不可扰，治大国不可烦。烦则人劳，扰则鱼溃。简而言之，道法自然，不折腾罢了。道家一直认为无为而无不为，相信垂衣裳而天下治。应该说这一解释是符合老庄哲学的。联想到银行管理又何尝不如此？治大行者若烹小鲜，银行的性质、定位、经营方向和模式等，不可摇摆，不可折腾。初心不忘，使命在肩，要做一家有定力、有恒心的银行！

银行家的道德。银行家应该讲道德。但生息资本本质上是缺德的：它让成功的、骄傲的客户更加骄傲甚至恣意妄行；让困难的、失败的客户雪上加霜，看不到一丝希望。嫌贫爱富的同时又薄情寡义。

将自己在失信客户身上遭受的损失以风险成本的方式转嫁给守信的人，从而推高整个社会融资成本。没有能力惩恶扬善，却知道认怂损信。对大客户给予更多的优惠和更好的服务，轻视和忽略小微客户的合理需求……所以，银行家的修养在于对生息资本本性的认知与克制。

做一个有道德的银行家。弗洛伊德说："一个有道德的人是一个心里一感到诱惑就对诱惑进行反抗，而决不屈从于它的人。"银行家是要讲点道德的。银行以货币为经营对象，钱就在眼前、身边、手里，经不起它的诱惑，就可能走上违法犯罪道路。"罪犯身上一般有两种基本特征：无节制的利己主义和强烈的破坏性冲动。"按照弗洛伊德这个说法，做一个有道德的银行家，首先要公私分明、见得思宜；其次要循规蹈矩，不去破坏银行内外部规定程序和制度，或者违反公序良俗，做伤天害理、卑鄙龌龊的事。

难则自省。银行经营者特别是一线工作人员（俗称做市场的人），开疆拓土一旦遇到困难便抱怨外部环境如何恶劣，找出一大堆客观原因自我合理化，搪塞敷衍。殊不知古人云："君子之遇艰阻，必思自省于身，有失而致之乎？有所未善则改之，无歉于心则加勉，乃自修其德也。"[1]比如，价格为啥没有优势？同等条件为啥客户选择他行？担保、抵押是否过于严苛？合作过程双方是否愉悦？平时工作做得如何？等等，自省于身，"以善及人，而信从者众，故可乐也"[2]。

立志、责任、求贤。宋朝程颐说："当世之务，所尤先者有三：一

---

① 《近思录》卷二。
② 《近思录》卷二。

曰立志，二曰责任，三曰求贤。今虽纳嘉谋，陈善算，非君志先立，其能听而用之乎？君欲用之，非责任宰辅，其孰承而行之乎？君相协心，非贤者任职，其能施于天下乎？此三者，本也；制于事者，用也。"[1] 办银行亦如是：立志、责任、求贤。立志，即明方向、定目标、定性定位；责任，即选好、用好、管好中层干部；求贤，即招聘一支忠诚、干净、担当的行员队伍。此三者，亦银行经营管理之本也。

事可俗而人不可俗。银行专做银元铜钱（中国古代主币）生意，天天与资金打交道，铜臭熏天、俗不可耐是自然的、必然的。但是，要真正做好银行，事可俗人不可俗。"人之所随，得正则远邪，从非则失是，无两从之理。"[2] 银行人须怀清高出世之心，入世做至俗之事；简言之，入世俗脱恶俗，出淤泥而不染。须从正专一、高洁自守、量能度分、进退合道、顺理安行、知几固守。若事俗人亦俗，唯利是图，见钱眼开甚至贪污受贿，则不徒害己，亦且伤银行。当然，不想俗要与不敢俗、不能俗一体推进，经济金融风险、银行呆坏账方可大幅下降。

强势与弱势。有人说银行强势，也有人说银行弱势。社会上，不同的人感觉不同；银行里，不同的人感觉也不同。其实，银行是做生意的，银行与客户的关系是契约关系，是平等的、自愿的债权债务关系，双方遵循等价交换原则，不存在谁强势、谁弱势问题。强弱"感觉"源于处境或地位。信用可靠的、实力雄厚的、处于垄断地位的所谓优质客户，银行争着抢着为其服务，哪有什么优越感？而普通客户申请贷款、抵质押财产、欠债被起诉等感觉好不了。根据正态

---

[1] 《近思录》卷八。

[2] 《近思录》卷七。

分布原理，说银行强势的人会多于说银行弱势的人。此外，银行内部真正负责的人，放款想到收款的人，希望稳住好客户的人，也不会趾高气扬、盛气凌人。只有别有用心的人，以权谋私的人，不负责任的人，才会故意刁难客户，显得很强势。一个行员按原则办事，按规矩办事，不是强势是责任。一个客户不计成本、不论方式、千方百计甚至委曲求全弄贷款，不是弱势而是存心骗贷。

理念、技术与应用。从光波说、多普勒效应到警用雷达再到超速罚款，很好地诠释了从科学到技术到日常应用的过程。同样，银行哲学理念是科学层面的事，从哲学理念到体制机制即制度层面，是一次飞跃。而从体制机制即制度层面到银行日常业务开展，如网上或柜台存、贷、汇，是第二次飞跃。两次飞跃实现了从抽象到具体、从理念到行动的转变。在这里，银行经营哲学及其理念成了银行经营制度和实践之源。反过来，理念本身又在实践中不断修正和完善乃至创新。哲学家未必是银行家，但银行家必须是哲学家。一家银行的前途和命运相当程度上取决于银行负责人的理念。

思维惰性对银行经营的危害。思维惰性表现为盲从。盲从的原因有两个：一是特立独行吃过亏，二是跟着"一把手"有好处。按照趋利避害原则，多数人选择"不想那么多""活着""领导说咋办就咋办"等。这种思维惰性在银行也是存在的，并且危害不浅。他们面上言听计从，一旦出事责任推得干干净净。工作主动性更是一点没有，遇到困难束手无策，或者表现出事不关己、高高挂起的样子，或者大事小事一律请示，貌似忠厚实则一点也不担当。金融市场瞬息万变，思维惰性要不得。这样的人多了，银行守成难，创新更难。

银行家的资质。银行作为一个行业和职业，应该给予其必要的、充分的尊重。但是，不能因此神化银行，以为非某类人不能经营和管理。纽约银行由汉密尔顿 1784 年创办，曼哈顿银行由其政敌艾伦·博尔 1799 年创办，而两人都是政客；1812 年创办的纽约市银行即今天的花旗银行由塞缪尔·奥斯古德任首脑，而他是个军人；同年创办的美洲银行由卸任的财政部部长奥利弗·沃尔科特任董事长。1877 年约翰·汤普森创办大通银行时已是 75 岁的白发老翁。总之，银行的主要功能是筹集资金，虽然没有 J.K.加尔布雷斯说得那样简单，"银行创造货币的方法竟然简单得连头脑也没有了"。但是，也没有某些人鼓吹得那样玄乎，只有经过他认可的人，才能经营和管理。

银行家的心智。心智分两种，即广博的和深刻的。博而弱，深而窄，各有千秋。一个事无巨细，记忆惊人；一个条理分明，把握规律；一个形象思维；一个抽象思维；一个讲战术、细节；一个讲战略、趋势。在论述广博心智时，皮埃尔·迪昂这位英年早逝的法国天才说："广博的心智是金融投机家的心智，他们从一大堆电报中推断遍及全世界的小麦或羊毛市场的行情，放眼一瞥即下判断，当市场上涨或下跌时，他是否必须去冒险。"① 需要补充的是，真正的银行家和长期投资人的心智必须是深刻的、有条理的。一线人员的心智、金融市场投机者的心智绝非运筹帷幄者心智，后者必须把方向、管大局、定战略。

银行家的职业修养永远在路上。银行家的职业修养包括但不限于贷则不疑，疑则不贷；不了解的事，不信任的人，不给贷款；签约不焦急，履约不迟缓；与债务人同舟共济，方能驶向共赢的彼岸；扑

---

① [法] 皮埃尔·迪昂：《物理学理论的目的与结构》，李醒民译，商务印书馆 2011 年版，第 76 页。

下身、沉下心，深入基层、客户、项目、行业、市场；不干糊涂事，不算糊涂账；宁可保本，不可贪利，利令智昏，吃过一次亏，不上二次当；算大账，算综合账，算长远账；相信行员，不如相信行规；贷前失误贷后补，利率过低结算补；同业追捧的客户，要见好便收，悄悄退出，等到大家都想退出某项目和客户时，已经跑不了了；再好的客户也有衰落的时候，鸡蛋不能放在一个篮子里，授信必须有上限；会做人的人，也会做银行；客户牛时巴结，不如客户熊时帮助；锦上添花不如雪中送炭；小客户以量取胜，大客户以质成功；放款时想到收款时自然谨慎有余；客户出手大方，银行须倍加小心；不要看高管钱多少，要问底层工资收入如何；银行是一个本分可靠、老实放心的行业，永远只跟实干家、厚道人在一起；等等。职业修养没有最好，只有更好！职业修养永远在途中。

银行家的公众印象。安东尼·桑普森（Anthony Sampson）在其著作 *The Money Lenders*（1982 年英文版，1989 年中文版）中大量而生动有趣地描述了银行家的公众印象。比如，比其他人更富些，过着公侯王子式生活，磨炼有素、慢条斯理，总感到时间就是金钱，习惯于贷款生活，处境狼狈，令人憎恶，吝啬鬼，决不会受到人们的赞赏（如列宁说，他们专靠"剪息票"来掠夺全世界；如美国西部当年新成立的州统统禁止银行开业）。谨慎过头，一定要把任何事物化作数字，不愿意过于标新立异，做不出什么好事，安德鲁·杰弗逊要在银行这个野兽的头上踏上一只脚，将它置于死地……公众对银行家的印象恰如盲人摸象，都对又都不对。人的言行和性格的确与其所从事的职业相关，每一个人的身上多少都存在职业留下的烙印，银行家的身上不可避免地留下银行业的特点。但是人类的价值取向以及对美好事物的追求是一样的。银行家应该成为时代的楷模、道德的标杆。即使身不能至，亦必心向往之。唯其如此，银行家才能真正受到人们的尊重！

银行家应该有自己的世界。"银行家总爱把每个国家编以顺序号码，按政治与经济指标、可比的统计数据或 1.25‰ 的利率差距来编号，这就像对待信用卡的客户一样，依据其等级来对每个国家划分类别。"① 从不同的维度，按不同的标准，可以对世界进行划分，这是确定无疑的。银行家最关心的是存款的来源和充足性（财政和居民富裕程度），贷款的安全和收益率（国家安全系数和客户盈利能力），因此，银行家完全可以从自己最关心的角度，对世界进行评价和划分，从而形成银行家心目中的世界，这个世界是银行家开疆拓土和运筹帷幄的国别地图或地区作战图。没有这样的地图，银行的经营管理必然陷入盲目与随机甚至危险状态。

银行家要有宏观视野。银行不是隐士，不能离群索居，不能自我孤立。银行的外部环境是具体的、生动的，有时是残酷的。关门办银行是没有出路的。银行管理者必须关注银行的外部环境，具备宏观视野。要抓住机遇，顺势而为。比如，LPR 改革让利率市场竞争更加白热化，成本管理更难；客户存贷款招投标制度让存款和信贷市场更严峻。以上两项制度使银行利差进一步缩小了。又如，汇率变动让外汇敞口风险扩大，浮盈浮亏对银行财务稳健冲击加剧；地方信用级别不同，银行区域信贷策略不一样。总之，银行经营管理要有宏观视野，力争在大局中定位，在大势中定向，在宏观大背景下做好微观主体的经营管理。

信是银行人最基本的品性。仁义礼智信五种品性，信是银行人最基本的品性。"人之所以为人者，言也，人而不能言，何以为人？

---

① ［英］安·桑普森：《金融巨子》，钱曾慰译，世界知识出版社 1989 年版。

言之所以为言者，信也。言而不信，何以为言?"① 简言之，人的本质是言语，言语的关键在诚信。无信不是人，对于银行来说，尤指债权债务双方。银行仁不及慈善家，义不及侠客，智不如科学院，礼不及外交官，唯有信无人能及。欠债还钱，天经地义，这是对债务人的说法。作为放贷机构，银行是债权人，也有一诺千金（承诺）问题、无信不立（授信）问题、言行一致（发放）问题、海枯石烂（合同执行）问题。银行是最讲信用和最守信用的机构，是信用的代名词。银行人应该成为社会信用的楷模，成为社会信用的宣传队、播种机、先行者。不讲信用、不守信用的人亦属银行害群之马，应该清除出去，他们与银行这类机构的性质格格不入。

信仰、意志、威望和实践成功。 银行及其分、支机构，子公司都是一个个集体，客观上需要领导。而领导的素质必须适应这个集体，有信仰、意志、威望，带领集体走向成功。关于这方面，弗洛伊德有非常精彩的论述。他说："一个集体是一群驯良的动物，没有统治者就无法生存。它对忠顺的渴求是那样强烈，竟至会出于本能地甘愿受任何一个自封为集体之王的人的统治。虽然通过这种方式，一个集体对领袖的需要已经为迎接这个领袖的诞生而开拓了道路，但是这个领袖还需在个人的素质上适应这一集体。为了唤取这个集体的信仰，他自己必须深深地沉溺于对某种强烈信仰（某个观念）的狂热盲信之中，他必须具有某种坚强的、征服人心的意志，才能使这个毫无自己意志的集体接受他的意志"。"威望是由某个个人、某一作品或某个观点煽动起来支配我们的东西。（威望分人为的威望和人格的威望两种）无论哪种威望都有赖于成功，如果遭到失败，这些威望就会丧失。"对于银行领导来说，政治信仰、国家意志、群众威望同样必要

---

① 《春秋榖梁传·僖公二十二年》。

且重要。而实践成功即银行稳健经营与否是关键。

知行合一。财联社 2022 年 10 月 10 日报道，诺贝尔经济学奖本年度得主揭晓：美联储前主席（2006/2014）伯南克及两所大学教授道格拉斯·W. 戴蒙德（Douglas W. Diamond）和菲利普·H. 迪布维格（Philip H. Dybvig）。

他们的研究显著加深了人们对银行在经济中所扮演角色的理解，改善了社会应对金融危机的方式。他们研究发现避免银行倒闭至关重要，规范金融市场和应对金融危机意义非凡。他们阐明了银行存在的必要性、如何使银行在经济危机中不被挤兑以及银行倒闭如何加剧金融危机。

要使经济运转，储蓄必须用于投资。然而，这里有一个矛盾：储户希望在意外支出的情况下立即提取他们的资金，而企业和借款人需要知道他们不会被迫提前偿还贷款。在他们的理论中，戴蒙德和迪布维格展示了银行如何为这一问题提供最优解决方案。

然而，他们的分析也表明，这两种活动的结合如何使银行容易受到有关它们即将倒闭的谣言的影响。如果大量储户同时跑到银行取钱，谣言可能会使银行发生挤兑，从而使得银行倒闭。政府通过提供存款保险和充当银行的最终贷款人，可以防止这些危险发生。

戴蒙德演示了银行如何执行另一项重要的社会功能。作为许多存款者和借款者之间的中介，银行更适合评估借款人的信用度，并确保贷款被用于比较优良的投资项目。

伯南克分析了 20 世纪 30 年代的大萧条，这是现代历史上最严重的经济危机。此外，他还指出，银行挤兑是导致危机变得如此严重和持久的一个决定性因素。当银行倒闭时，社会将储蓄用于生产性投资的能力被严重削弱。

读完财联社的报道，银行人或许都笑了：这些常识和通行做法有什么深奥，居然也可以获诺贝尔经济学奖！然而，需要反问的是：对银行将储蓄转化为投资这一功能认识及银行声誉风险和流动性风险管理之必要、重要，存款准备金、再贷款、存款保险等一系列制度性安排是与生俱来的吗？是理所当然、无师自通的吗？不是！如果没有一批学者清醒的理论思考，没有一堆银行深刻的实践总结，这些常识和通行做法不会从天上掉下来、地下冒出来。可以说，这次诺贝尔经济学奖的颁发，是对银行管理理论与实践的高度肯定和褒奖。

名实不辨则后患无穷。讲到名实，不得不提及历史上三个人。一个是许由，他说："子（尧）治天下，天下既已治也；而我犹代子，吾将为名乎？名者，实之宾也；吾将为宾乎？"① 一个是孔子，他说："名不正则言不顺，言不顺则事不成，事不成则礼乐不兴，礼乐不兴则刑罚不中，刑罚不中，则民无所错手足。故君子名之必可言也，言之必可行也。君子于其言，无所苟而已矣。"② 一个是曹操，他称赞王修说："君澡身浴德，流声本州，忠能成绩，为世美谈，名实相符，过人甚远。"③ 总之，名正言顺、名副其实是中国优秀传统。银行或其下属投资、租赁、证券、基金等公司要牢记初心使命，恪尽职守，不能说一套做一套，见利忘义，偏离主责主业，或者正而不足、邪而有余，风腐一体，酿成风险事件的同时葬送个人前程。经验表明，多数风险源于出险机构主要负责人名实不辨，耍小聪明。

银行人的心态变化。民国时期，浙江兴业银行有个叫陈伯琴（1894—1942）的有心人，将自己短暂的一生全部献给了银行基层工作。他在天津数年的阶段总结材料中，阐述了银行人的心路历程，即

---

① 《庄子·逍遥游》。
② 《论语·子路》。
③ 《与王修书》。

初始阶段牛犊心理。他说："初生牛犊不为虎，非犊之智力足以制虎，犊不知虎也……吾人置身社会，最初之时，不但自视甚高；且莫不视事甚易，凭其一往直前之勇气，以为我之智识才力，何事不能措置裕如。"中间阶段老鼠心理。他说："及经验愈多，智识愈富，所受之打击既多，而胆量亦因之日小……往往极细微之事，亦必加以极谨慎之考虑……银行日日在惊涛骇浪之中，求其生活……故服务银行之人，资格愈深，在得深切之认识后，胆量亦随之愈小。加以……欺诈之事日多。耳濡目染，更觉环境之可怕。一往直前之勇气，销磨殆尽矣。"终极阶段即稳中求进辩证心理、成熟心理。他说："若事事觉其环境恶劣，不敢放手，则不进即退，终必落伍。倘银行行员均以老成持重为唯一宗旨，则其结果，必至均存'明哲保身'多一事不如少一事之心。个人方面，虽可减少不少责任；而银行方面，则无形中失去不少发展营业之机会，亦大可惧也。"[①] 所以，稳中求进，是银行经营的基本原则，是成熟银行家的基本标志。

第二节　银行家的思维

提要：精打细算要成为银行家的性格特征和职业癖好。行员精神饱满，工作饱和，是银行管理渐入佳境之一标志。银行经营工作必须具备"三力"，即市场判断力、政策领悟力、项目执行力。要约束银行股东。对外讲成绩对内讲问题。董事会职权不宜过多、过细。保障员工享有平等的晋升发展环境。银行的分支机构要立足当地即扎根当地、服务当地、依靠当地。管面子有时候比管票子和位置还重要。银行干部要能上能下。贵我目前。欢送与欢迎同样重要。离职率高，银

---

① 陈伯琴：《伯琴笔记·病起杂忆（二）》。

行主要负责人要反思。管理一家银行，要有层级意识。聪明智慧应该用在好事善事大事难事上。做银行要专注。纯洁队伍。总部要有差异化概念。好人才能办出好银行。银行必须走高质量发展道路。避免晕动症。好银行风气好。办银行要有千秋万代的想法和打法。从"试错法"到"数字驱使精准行动法"的转变。优秀的银行必有一支优秀的队伍。培训极其必要。薪酬要有差距，但差距不能过大。银行要特别关注、关心、关爱员工的心理健康。各级领导要学会派工派活。刻舟求剑式的做法与银行经营管理灵活性要求相背离。银行不应该给经济不平等火上浇油。坚持"九一九"工作法，扎实推动战略规划落地见效。银行科技应用是银行业生产力象征。

精打细算。精打细算要成为银行家的性格特征和职业癖好。例如，如何压减超额流动储备，如何化解外汇敞口风险减少浮亏，如何用一手资金替代二手资金降纸负债成本，等等，要认真谋划运作。

人际关系。在中国的国有银行里，人与人之间不是清清爽爽的同事关系就是规规矩矩的上下级关系；一般称同事、领导，不称老板、打工仔。因为彼此间不存在雇佣劳动关系，换言之，都是党和国家的干部。

"两饱"的重要性。行员精神饱满，工作饱和，是银行管理渐入佳境的标志之一。精神饱满，意味着行员向上向善；工作饱和，意味着大家踔厉奋发。银行最忌萎靡不振，无事生非。管理者要善于激励，敢于派活，不能任人消沉、懒散。要身先士卒，率先垂范，精神振作，勤政为行。

远近适宜。对所有同事都要保持距离，做到远近适宜，不远不近，亦即同事之间清清爽爽，上下级之间规规矩矩。

银行经营"三力"。做好银行经营工作必须具备"三力"，即市场判断力、政策领悟力、项目执行力。判断准了，则事半而功倍；领悟透了，则少走弯路；执行强了，则效果明显。

银行经营逻辑。银行经营首先要符合历史逻辑。银行经营是一个持续的、不间断的过程；是一部历史，因此存在历史规律，必须遵循历史规律。其次要符合理论逻辑。所谓理论主要由常识构成。比如，利息源于利润，银行不为实体经济服务，相当于缘木求鱼。最后要符合实践逻辑，银行的经营决策必须具有可操作性。

银行经营要稳中求进。稳中求进，是所有工作的基调，银行经营工作没有例外。因为贷款损失具有倍数效应，所以稳中求进于银行尤为重要和必要。以息差 1 个百分点为例，贷款 1 元的损失意味着 100 元存贷款业务工作归零。

银行经营管理能力。银行经营管理能力体现为领导力、引导力、组织力和号召力。党委、董事会、高管层重在领导力建设。规划、评审和发展等部门重在引导力提升。分支机构和前台业务部门重在组织力培养。宣传、群工等部门重在号召力加强。

薪酬与业绩不挂钩利弊分析。薪酬基本固定，与银行和个人业绩几乎不挂钩。这样，效率可能欠缺些但公平绰绰有余；物质动力不充分但员工精神压力较小。

要约束银行股东。银行是公众机构，涉及公众利益和社会稳定，必须对其股东进行约束，如用自有、合法、闲置资金亲自入股，诚信无欺，变更告知，损失吸收，配合风险处置，除分红外没有其他任何非法利益诉求等。

反对的意义。 兼听则明，偏信则暗。所谓兼听，就是听取不同的意见，特别是反对意见。反对意见并不好听，所以，兼听成了个人涵养和领导艺术的体现。银行业是一个较高风险行业，行领导又不是神，因此于行员，提出反对意见就是一种责任（obligation to dissent）和勇气；于领导，择善而从是一种胸怀和智慧。

为什么要对外讲成绩对内讲问题？ 银行是最高信用组织。面子比票子还重要，因为面子没了，票子是经营不下去的。所以银行的声誉管理极其重要。讲成绩是为了对外树立信心和形象；讲问题是为了使银行更稳健，真正取信于民。内外有别，不是二选一。

为什么行员喜欢去市场部门工作？ 罗素讲："一切需要技巧的工作都能给人带来快乐，只要那技巧要求变化，或能精益求精。"罗素的观察很好地解释了银行行员特别是年轻人为什么喜欢去市场部门工作，因为市场瞬息万变，需要应变能力和技巧，极富挑战性、成就感。

独立董事岗位不是神龛：只拿钱，不干事。 独立董事占公司董事1/3，表决权股份超过1%的股东可以提名一位。设置的目的是，确保银行决策独立、公正、客观、诚信。独立董事必须勤勉尽责，不能只收钱、不做事，把岗位当作荣誉和照顾。

董事会职权不宜过多、过细。 银行董事会职权，除公司法规定外，还有十五项。董事会职权过多、过细，其结果必然过滥。一是捡了芝麻丢了西瓜，眉毛胡子一把抓，忘了主要矛盾和矛盾的主要方面，劳而无功。二是容易与管理层冲突，不利于分工协作，影响效率和效益。董事会必须管大事、解难事。以问题为导向，用结果来说话，支持和信任管理层。

董事要尽职尽责。监管规定：董事应当每年至少亲自出席 2/3 的董事会现场会议；因故不能亲自出席的，可以书面委托其他董事代为出席，但独立董事不得委托非独立董事代为出席。一名董事原则上最多接受两名未亲自出席会议董事的委托。在审议关联交易事项时，非关联董事不得委托关联董事代为出席。然而，现实中，许多部委董事、国有股权董事是挂名董事，并不亲自出席会议，也不委托其他董事代行职责，而是随便指派下属敷衍了事，极不严肃。

晋升机会平等。银行员工晋升，结果平等是不可能的。只有出类拔萃的人，才能做领导，因此领导永远是少数。但可以也应该做到晋升机会平等。监管要求"保障员工享有平等的晋升发展环境"是完全正确的。不过，现实中，"近水楼台先得月，向阳花木易为春"现象是有的。大多数银行总行员工的晋升机会远远高于其分支机构的员工。

愿景、文化、理念、秩序。监管要求银行树立高质量发展愿景，推行诚实守信、开拓创新的企业文化，树立稳健合规的经营理念，遵守公平、安全、有序的行业竞争秩序。这几点都没有错，但没有行业特色，放之四海而皆准。银行的特色在哪里？在绝对信用和审慎精确，在各自的功能和性质。

绩效薪酬延付与追索。按监管要求，银行应建立绩效薪酬延期支付和追索扣回制度。关于追索、扣回的规定，同样适用于离职人员和退休人员，延付期限不得少于三年。这个规定很好。好处归自己，损失归银行，这不公平，应该约束。但实际操作有难度，一是责任认定，二是追到哪一级，三是责任在不同部门之间如何分担。

当地意识：立足当地、深耕当地、服务当地。银行的分支机构要立足当地即扎根当地、服务当地、依靠当地。立足当地开展业务特别是国内人民币业务，谨慎开展外地业务，是防控风险所必需、了解客户所必要。跨省业务必须由总行部门牵头，具体可由总行客户部门牵头，有关分支机构可以参与。不能让机构在本地而业务在外地。

管面子。管面子有时候比管票子和位置还重要。银行的分支机构需要定期从不同的角度（指标）考核、评比、排名。要在全行形成比学赶超、争先恐后的良好氛围，要增强银行的战斗力和向心力，让愿意干的人、干得好的人有荣誉、受尊重。

银行干部要能上能下。银行经营和管理必须与时俱进，充满生机与活力。相应地，干部必须能上能下，主要是能下，确保人岗相适，人尽其才。什么人在什么情况下应该下呢？下的方式有哪些？如何安排下岗的员工？等等。银行人力资源部门应该有个说法和规矩。做到让下去的人没有怨言，且支持接替他的人，这尤为不易。

贵我目前。有人将阳明心学核心要义归纳为两条：一条是贵我，一条是通今。贵我者，横尽虚空，山河大地，一无可恃，而可恃者唯我；通今者，竖尽久劫，前古后今，一无可据，而可据唯目前。简言之，主观能动十分必要，抓住当下十分重要。横看世界纵观古今，成事不足而怨天尤人、夸夸其谈而痴心妄想者大有人在。做银行说一千道一万，也要贵我目前，即发挥主观能动性，抓住当下。现在做好了，才有银行美好的未来和辉煌的过去；主观尽力了，即使没有达到预定目标也无怨无悔！

欢送与欢迎同样重要。银行员工进进出出是正常的，录用率和离职率过高过低当然不对。罗素说："一个人勉强去做时，会变得玩世不恭，以致在任何事情上都不能获得充分的满足……没有自尊心就难有真正的快乐，而以自己的工作为耻的人就难有自尊心。"所以，欢送老员工如同欢迎新员工，好聚好散，是银行领导和银行人力资源部门应有的态度。既不容易进也不容易出的银行绝不是一家好银行。因为这样的银行既没有心胸，也没有自信。

离职率高，银行主要负责人要反思。有人离职，这很正常。离职率在银行业平均水平上下波动，也很正常。不正常的是，高于银行业平均离职率很多。一家银行离职率偏高，银行主要负责人和他的团队应该认真反思：亲和力出了什么问题？凝聚力到哪里去了？工作环境是不是太恶劣？离职的人是找到了更好的单位，还是对本单位失望之至？等等。纷纷离职，意味着组织分崩离析；人才流失，意味着事业岌岌可危。

层级管理。古人说：两贵不相使，两贱不相役。银行是一个组织。要有分工，要有层级。管理一家银行，要有层级意识。层级意识不是封建等级思想，它是一种行政管理方法。管好下一级，再通过下一级管好更下一级。区分"将将"与"将兵"的关系，才能举重若轻，纲举目张，实现秩序与效率之间的良性平衡。越级指示或请示，一定会架空和伤害中间层，人为制造矛盾。

银行员工的聪明智慧应该用在好事善事大事难事上。中国古人说，勿以恶小而为之，勿以善小而不为。作为一个行业，银行薪酬水平相对高，银行员工的素质、学历也相对高。银行人的聪明智慧应该用在好事善事大事难事上，用在支持经济发展和服务客户上。而不应该用在贪腐上，用在如何内外勾结损害银行利益制造金融风险上。

做银行要专注。做银行要专注，不能什么都做，什么领域都涉及，什么业务都开展，什么地方都去……好高骛远，贪大求全。那样的话，会像毛泽东说的"用双手抱着一大堆鸡蛋的人，鸡蛋堆得满满的，可是一动都动不得，稍一动鸡蛋就掉下来了"①。或者，"用四川人的话来说，是十个手指按住了十个跳蚤，一个也抓不住"②。

无知者办银行是银行大忌。做银行的人如果不知道银行的本质是信用组织，必须对存款人、投资人、付款人等绝对负责，那么，他一定会把银行引向深渊！

纯洁队伍。哪里都有左中右，银行也不例外。银行是社会一部分、国家机器一部件。有能人，有庸人；有好人，有坏人；坏人、庸人的存在是银行内部管理失效和对外损失形成的重要原因。他们是银行机体里的细菌和病毒，看不见、摸不着，却致病、伤身，甚至要命。只有确保银行队伍的先进性和纯洁性，才能确保银行的政治性、人民性和稳健性。德才兼备，以德为先，同样适用于银行组织管理、人事调配和任免。

---

① 《毛泽东年谱（一九四九——一九七六）》第三卷，中央文献出版社 2013 年版，第 621 页。

② 《毛泽东文集》第八卷，人民出版社 1999 年版，第 357 页。

银行经营要守住两条底线。 银行经营有两条底线：一条是成本底线，一条是同业底线。既然是底线，就必须守住。守住成本底线意味着不能低于成本放贷。明显亏损，银行不能做，好理解。同业底线呢？相对难理解。首先是对同业的定义。同业原指同质机构，泛指竞争对手。同业底线包括一般的、普遍的贷款报价水平（利率）、授信条件，以及审批权限等。守住同业底线意味着遵守大多数机构的通行做法，不打折扣不加码，中庸、稳健。

银行不能碰红线或高压线。 银行经营无论目标多高、任务多重、压力多大、情况多特殊，都不能触碰红线或高压线。法律法规、政策文件等明文禁止的行为即红线、高压线，不能碰。模糊地带，要弄清楚再说，不要有侥幸心理、打擦边球思想。

租不如买。 做银行要有"百年老店"思想。营业场所、办公楼等不动产租不如买。况且，地段具有垄断性、排他性、不可再生性，房产升值幅度大过折旧，货币贬值租金上涨，所以"买"比"租"更划算。此外，一般人有恒产才有恒心，而银行业是一个需要恒心的行业。至于银行信用、声誉、形象、实力等也须显示和物化。

见微知著：银行管理的初始印象是如何形成的。 见微以知萌，见端以知末，这是智慧。见微知著不是以管窥豹式的片面，不是因言废人或因人废言式的极端，而是一叶知秋式的逻辑推理。例如，看食堂饭菜，知银行是否亲如一家；看厕所卫生，知银行是否自尊自爱；听底层议论，知银行能否从善如流；听班子聊天，知银行是否团结一致。总之，银行管理要全面、系统，做细落实。

差异化概念。 银行总部要有差异化概念，不能搞一刀切，一把尺子量到底。因为政策背景不一样，客户信用等级不一样，地区信用状况不一样，各分支机构负债成本、风险成本、费用成本不一样，行长经营管理水平不一样。实行差异化管理，总部工作量会比较大，工作人员会比较累，但值得且十分必要。扶优限劣，奖勤罚懒，是最基本的管理方法之一。

心有余悸。心有余悸与惊弓之鸟、谈虎色变、前车之鉴等充满类似的智慧。做银行的人第一次吃亏，可能因为被骗。第二次吃同样的亏，就有点傻了。同一个客户（无论企业、主权国家、同业）不能一次又一次不守信用。什么"恢复放款时似不应以债务方偿还项目已拖欠债务为前提条件"的说法是完全错误的。银行是信用的坚定捍卫者，因为信用是它的生命。

好人才能办出好银行。银行有好、坏之分，这一点不言而喻。何谓好坏？都说好，未必真好。孔子说：好人说好，坏人说坏，才是真好。比如，黑客攻击银行借记卡、信用卡系统而不能得逞，骗子骗贷而不能如愿……坏人不满意银行的防御系统，不是很好吗？当然，好坏是辩证统一的，在一定条件下，可以互相转化。即使一家口碑良好的银行，也有不足和瑕疵，即好中有坏；一家问题银行也有不错的地方，坏中有好。瑕疵熟视无睹，小恙可以演变为不治之症；知错而改，见贤思齐，坏银行也可以逐渐变好。

时、度、效。银行经营管理是一个动态的过程。调整经营政策和推动银行改革要把握好时、度、效。先立后破，稳扎稳打。保持定力，克服急躁。长期目标不能短期化，系统目标不能碎片化。持久战不是突击战，攻坚战不是消耗战。对经济的长期走势和市场变化，要有基本判断和阶段性措施。时机、分寸、效果应该成为银行家经常观察和思考的问题。

提升银行经营管理的统筹能力。银行是一个复杂的系统，银行经营管理应树立统筹协调、系统集成理念。要做到四防：一防顾此失彼，如重视资产端竞争，忽略负债平台和渠道的创新。二防局部合理做法叠加走向负面，如过于强调流程和合规而贻误银行一线业务拓展。三防把整体目标任务简单一分了之，不考虑配套措施跟进，如行业特殊支持贷款，没有一定优惠政策和适当不良容忍度。四防政策执行一刀切，政策制定一劳永逸。一刀切，是官僚主义、主观主义作祟，是懒汉作风。一劳永逸，祖宗成法不可改，是保守和顽固的表现。银行不能与时俱进，是要吃大亏的。

银行经营管理禁忌。银行必须走高质量发展道路，邪路、弯路、粗路不能走。银行既要确定自己的最终目标，也要确定阶段性目标，不能把长期目标短期化、系统目标碎片化。总、分行在布置任务时，要实事求是，执行时不打折扣不加码。银行信贷政策要力求避免脱实向虚，要坚决支持制造业等实体经济发展。不能将房地产信贷作为短期刺激经济的工具和手段，不能帮"资本大鳄"恣意妄为，让其过度依赖金融杠杆，盲目扩张。不能搞一刀切、运动式的减碳，打断经济运行的连续性。不能在吃饭这个基本生存问题上让别人卡着脖子，必须支持农业发展和稳定。在内部管理方面，银行不能搞"福利主义""平均主义"那一套，不能养懒汉。日常开支不能大手大脚、奢侈浪费和过度消费，即使盈利水平高于其他部门和行业，也不行。

避免晕动症。晕动症（motion sickness）是因为大脑收到矛盾的信息，例如视觉系统和本体感觉系统向大脑发送不一致的信号而产生了不适反应。一直以来都有晕船现象（nausea），伴随网络游戏出现，现代社会新增了晕屏现象（cyber sickness），这些都属于晕动症。银行有总部和分支机构，有集团和子公司，总部和分支机构又由不同部门组成。而不同层级和不同部门会向银行决策层发送不一致的信号，换句话说，银行的"大脑"即决策层有时会收到矛盾的信息，从而产生不适反应。如何避免银行决策层出现晕动症，是银行经营管理必须思考和解决的大问题。比如，银行的前台、一线部门可能向银行决策层发出业务开拓不够、任务完不成、审批过严效率过低、速度规模结构不行等要求"进"的信号，而中、后台部门可能抱怨坏账增多、风险扩大、贷前调查不深入不全面不准确等要求"稳"的信号。一个时期到底以进为主还是以稳为主，决策层必须广泛听取意见，深入调查研究，认真比较思考，科学合理决策，尽可能减轻减缓乃至消除矛盾信息引起的不适。

银行分支机构定价权不能搞一刀切。定价权直接影响银行分支机构市场竞争力、灵活应变力。定价权一刀切、一个样，不利于分支机构比学赶超、争先恐后氛围的形成，是一种简单、粗暴的做法，绝非精细化管理应有套路。定价权差异化即根据各分支机构资金成本、管理成本、风险成本、核后回收、累积利润等不同而给予不同的定价权（资金价格动态调整），是银行管理现代化、精细化的一个标志。数据收集、处理技术进步与应用，使得这种差异化（资金价格动态调整）做法成为可能、变得轻松。

逻辑推理：以所见知所不见。银行贷前调查或者说 KYC 十分重要。它既可以是现场的，也可以是非现场的；既可以是直接的，也可以是间接的；既可以重点了解，也可以全面了解；既可以是事实证明，也可以是逻辑推理。地球的半径是 6400 公里，而人类即使采用最硬的钻石，也只能钻入地下 10 公里的深处，可谓相当地浅。庆幸的是，地质学家开发了可间接探测地球深部的技术。比如，通过测量波从震源到地面上的一个或多个监测站所花的时间，地质学家就能推测出地球内部物质的密度。同样，银行可以通过企业支付给普通工人的工资和向政府缴纳的所得税等了解和推测其经营状况。

好银行风气好。银行要办好，风气极其重要。没有一个优秀的银行，风气是坏的。把坏人当"群众"，必然导致是非不分、黑白颠倒、把好人当坏人。让好人寒心、失望等于让坏人得逞、窃喜。公器须公用。私用、滥用、胡乱用危害极大。银行如一盘散沙，不可能形成合力，更不可能办好。而良好风气的形成关键在总行高管和部门、分支行一把手老实做人、踏实办事；坚持以法律为准绳，以事实为依据。关键在全行干部是非清晰，爱憎分明，横向清清爽爽，纵向规规矩矩，上下踔厉奋发，都富有使命感、责任感和集体荣誉感。

从"试错法"到"数字驱使精准行动法"的转变。过往的银行经营管理风格无非两种：一种是保守的做法，即天不变道亦不变，恪守祖宗成法不越雷池一步；另一种做法是因地制宜、与时俱进，简言之，穷则变。而变的方式、方法和内容、结果，谁的心里也没有把握，因此，只能摸着石头过河，西方人称之为"试错法"(trial-and-error approach)。如今进入大数据时代，IT、AI 等先进技术广泛且深度应用于银行系统，传统的"试错法"也随之进入了"数字驱使精准行动法"(date-driven precision) 新阶段。数字银行建设越来越重要、急迫，数据分析和运营越来越重要、必要，精准营销、精准信贷、精准交易越来越成为银行"当代性"的标识。

粗与细。经营银行既要粗也要细，极粗和极细都不行。极粗者，不知千里之堤溃于蚁穴；极细者，不知一叶障目不见泰山。一要看层级。上层领导宜粗不宜细。所谓粗，指把握全局、明确方向、制定目标、管好关键少数。下层、基层员工宜细不宜粗。所谓细，指任务到部门，责任到个人，"三定"清晰，程序合法，依据充足，效果明显。可操作、可追查、可考核、可比较。二要看事情。职责范围内的事要精益求精，职责范围外的事了解、配合即可；合同条款商定、成本收益计算等要细，涉及个人职位、待遇方面的事不宜计较；新业务拓展要细之又细，谋定而后动，常规业务按部就班即可。三要看团队状况。团队中有人责任心特别强，工作细心，为人稳重，可以粗一点。反之，必须细。

苛政与善政。货币政策、信贷政策、利率和汇率政策、支付结算政策、收费政策等金融政策都在国家政策之列，同样有苛善之分。例如，滥发货币导致通货膨胀，默认甚至怂恿高利贷、庞氏骗局等，即属恶政；而助学贴息贷款、专项优惠贷款、普惠金融等，即属善政。伟大的银行应该有羞耻心和荣誉感："勿以善小而不为，勿以恶小而为之。"

筑室道旁。"筑室道旁，三年不成。"因为在路旁盖房而听过路人意见建议，三年也盖不成。比喻众说纷纭，办不成事。银行管理者不能这样，事事请示监管部门，事事报告上级领导，事事不做主，尸位素餐，这不行。监管部门多、上级领导多，群众意见不一致，靠请示行事，靠报告推责，靠议而不决，很多工作便耽搁了。怎么办？内断于心乎！换句话说，自己拿定主意，敢于担当作为。而不是看上去老实、规矩，实际上推卸责任，嫁祸于人。当然，内断于心，也要断对！不要学苻坚，不听别人意见，自我判断又错误，结果吃了败仗。在民主基础上集中，在集中指导下民主，银行的决策就不会错。

严和爱。银行业是严肃认真的行业。但对行员除了严，也要关心和爱护。严管就是厚爱，这句话要正确理解。原则问题上不让步，法律面前人人平等，这叫严管。听之任之，管理宽松软，溺爱，乃至于无法无天，恣意妄为，最后走上犯罪道路，等于害了他们。从这个意义上说，严管就是厚爱。但严管不是吹毛求疵、求全责备，让人动辄得咎；不是把每个行员当圣人来要求，把每件事当伟业对待，不允许有丝毫差错，不允许做任何改正；正常的开支取消了，合法的权益也没有了，这叫刻薄。刻薄者寡恩，寡恩者众叛亲离，哪来什么厚爱？

"三胡"员工最有害。这里说的"三胡"，指胡思乱想、胡说八道、胡作非为。"三胡"员工哪家行都存在，数量虽少但危害极大。银行队伍建设的任务之一，即尽可能压减这部分人，用逻辑和事实治其脑，用理性和品性塞其嘴，用教育和惩戒捆其手足。

银行像一片林子。银行员工，有积极作为的，有消极怠工的；有与人为善的，有害人害己的；有廉洁奉公的，有贪污腐败的；有钻研业务的，有不学无术的；有身心健康的，有精神障碍的……作为银行管理者要善于扶正祛邪，正风肃纪，敢管善管。敢管者，身先士卒、率先垂范者也。正人先正己，自身要过硬。善管者，立足实际、分类施策者也。是非清晰，赏罚分明。了解人、引导人、关心人。管而不死，活而不乱。

优秀的银行必有一支优秀的队伍。谋事在人，成事也在人。优秀的银行一定有一支优秀的队伍。优秀的队伍个个德才兼备，视行如家。

打造一支优秀的队伍比什么都重要。但强调队伍优秀并不等于说银行主要负责人可以平庸。恰恰相反，能否打造出一支优秀的队伍，是衡量银行主要负责人人品、能力素质、亲和力凝聚力号召力等"三力"的重要指标。

银行员工培训极其必要。银行是一个按成文规矩办事的机构。外有监管要求，内有操作办法，并且与时俱进，经常修改完善。成熟的银行高度重视一线员工培训。考试合格上岗等被列为基本要求，属于常规动作。培训工作须压实责任，有部门条线的责任，也有分支机构、子公司块块的责任。银行的业务培训要形成条块结合的规范化培训局面。培训要有范本即标准教材。教材要科学、准确、统一、可操作。银行既要借助外脑，也要注重培养自己的师资和专家。

培养银行的战斗力。银行是金融市场重要主体、参与者、竞争者。市场如战场，近代中国有"商战"一说。那么，银行战斗力从哪里来？如何培养自己的战斗力？这是银行管理者必须思考的问题。有人说，主要靠领导的谋略：运筹帷幄，决胜于千里之外！也有人说，取决于整体素质，大家强才是真强。事实上，上下同心，缺一不可。银行是不是有战斗力，一看领导有没有战略、亲和力、号召力，二看群众有没有战术、凝聚力、执行力。

行员的教育与管理。人民创造历史。银行史是银行员工共同创造的。古人说："成其身而天下成，治其身而天下治。"[1] 又说："新松恨不高千尺，恶竹应须斩万竿。"[2] 发人深省：行员教育与管理是创造辉煌的银行史的基础性工作。每一个行员都能成身治身，何愁银行不能

---

[1] 《吕氏春秋·先己》。

[2] （唐）杜甫：《将赴成都草堂途中有作先寄严郑公五首·其四》。

成、治？清除害群之马，何愁队伍难以纯洁？一些银行员工之所以犯错误，甚至走上犯罪道路，归根到底是因为放纵了自己，耍小聪明。谚语"人能克己身无患，事不欺心睡自安"说的就是这个道理。

银行的用人之道。用人之道，深矣！用一人，得罪百人，不可用也；用百人，得罪一人，用之无妨。人力空间布局，宜学围棋布子；时间考量，当学象棋，顾及下一步及之后的几步。导向正确，则无往而不胜。例如，既然银行基层、一线重要，资产、负债两端是银行"尖端"，则行员提拔概率要高些，以示鼓励扎根基层，战斗在一线，而不是相反。功劳、苦劳要兼顾，规矩老实的老干部要适当照顾。人人都有举荐的权利，但也有"担保""保证"的义务，关键在出于公心，对事业负责，不能把举荐庸俗化，变为拉帮结派、封官许愿、搞小圈子的工具。提拔要有客观标准，免去要有事实依据。没有极特殊情况，都要按部就班，循规蹈矩，一步一步往前走。领导接触多的部门，应该当成"火锅""跑马场"，拟提拔的干部，要到这儿涮一涮、遛一遛。了解，才可能信任和放心。

为什么银行工作人员收入总是处于中等偏高水平。企业是银行的衣食父母。企业经营有好有坏、有盈有亏，并且这是常态。而银行是综合部门，它的利润水平永远处于产业资本的中位线。如果经济有增长，则银行利润必定处于中位线以上。所以，一般而论，银行业收入水平处于社会平均水平之上。

平等与层级。人，生而平等。在法律和道德面前，既没有特殊人，也没有例外事。但一个组织要正常运行，高效运行，有序运行，必须横有部门，纵有层级，形成网格化。否则，会出乱子，形不成合力。银行也是这样。并且，要按照"四个服从"，即少数服从多数、下级服从上级、个人服从组织、全体服从最高决策层，推进各项工作。层级不是等级，分工不是歧视。百川归海，殊途同归。为了一个共同的目标，必须人人恪尽职守，个个勤勉尽责！

党建、团队建设与业务。党建、团队建设与业务，不是两张皮、不相干。党的建设、团队建设搞好了，业务方向就不会偏，经营目标就能实现。党建、团队建设，归根到底，是思想建设、组织建设，理想信念锻造，正确世界观、人生观、价值观树立，而这些恰恰是稳健经营的灵魂和保障。实践证明，行员"三观"不正，行务必然一塌糊涂。银行必须坚持用党建、团建引领业务，用业务业绩检验党建、团建成效。

员工提任概率。实行总、分支机构制度的银行，员工工作单位有总、分支行的差别。总行员工提任概率略高于分支行是可以理解的，因为入职总行的门槛相对高些。但晋级概率高得太多，比如几倍、几十倍，显然不利于强基层和充实一线，不利于银行业务拓展，也不利于干部自身成长。要解决这个问题，必须坚持人事安排"全行一盘棋、总分行统筹平衡"原则和做法，让每个愿作为、善作为的行员都有平等晋升的机会，不因其身处总部或分支机构而有天壤之别。

薪酬体系与银行的动力和压力。承认世界同一性与差异性并存这一事实，是建立科学合理薪酬体系的哲学基础。同一性意味着人人都要生存，人人都要面子，所以薪酬差距不能过大；差异性意味着人在智商情商、体力脑力、生理心理、世界观价值观、能力水平、业绩贡献、岗位责任等有区别，所以又不能搞平均主义。一句话，银行薪酬要有差距，但差距不能过大。首先，薪酬高低要与职位高低、责任大小相适应。高低错乱无异于精神错乱。其次，要与业绩挂钩。同一层级员工，不能干和不干一个样，干多干少一个样，干好干坏一个样。是非不分、良莠不分是绝对不行的。"吃大锅饭"的银行没有动力和压力，没有前途。最后，薪酬跟着岗位走，人岗相适：人能上能下，岗位能够调整，不搞终身制、吃皇粮那一套。

银行要特别关注、关心、关爱员工的心理健康。 "We talk a lot about supporting mental health now. That was not the culture of banking or technology when I started."[1] 这是德意志银行技术主管戈登·麦克奇尼（Gordon Mackechnie）的一句感慨。作为一个团体、一个企业、一个组织，银行也是什么人都有。有意志坚强的，有心灵脆弱的；有无情无义的，有多愁善感的；有积极作为的，有无事生非的；有循规蹈矩的，有违法乱纪的；有身心健康的，有精神出毛病的。银行要特别关注、关心和关爱员工的心理健康。任其自然，于人，于己，于银行业务、氛围和形象都不利。

最适行员数可以测算。 一家银行到底需要多少员工，这是银行管理者特别是人力资源部门要思考的问题。多了，人浮于事；少了，手忙脚乱。多少算"合适"不是领导拍脑袋拍出来的，不是人力部门想当然想出来的，不是业务部门凭感觉感觉出来的，而是财务部门根据业界人均资产、人均利润、人均收入等指标，结合银行自身经营特点分析、比较、测算出来的。测算的底线是保本，中线是边际利润和收入不下降，上线是边际利润和收入上升。底线破了，一个人也不能增；中线守住了，可以不增也不减；上线够着了，可以扩招。增人时要格外慎重，减人时要特别稳妥。

---

① *The Economist*, Nov. 26–Dec. 2, 2022.

银行收入分配导向。银行业是一个拥有相对高收入的行业，名声在外，所以很多人都希望进银行工作。实际上，银行收入分配导向一直在变，到目前为止，也没有找到一个合理的方案。最初银行与机关一样，各层级收入差距很小，吃大锅饭，没啥积极性，有衙门作风。经过改制、上市，似乎动力强了、压力大了，收入级差也一下子拉开了。2022年8月财政部要求金融企业履行主体责任，改善分配结构。期待银行乃至整个社会出现更加公平、公正的收入分配。既兼顾效率，又兼顾公正。

银行各级领导要学会派工派活。罗素《论工作》很有哲理。他说："多数人所做的多数工作，其本身是乏味的……无论他们决定做什么，他们总被'这山望着那山高'的情绪弄得心烦意躁。另外，选择本身便令人厌烦。除了主动性特别强的人以外，人们总是乐于由别人告诉一天中每小时该做什么，只要所要求的事情不是太不愉快就行。"同样，银行工作也是乏味的、烦人的，多数员工是被动的。一方面，要教育行员专心致志、敬业乐业，给予其实现"抱负"的机会，让他们产生荣誉感和自豪感；另一方面，银行各级领导要学会派工派活，切记：无事生非是有害的可怕的，也不符合管理工作要求。

刻舟求剑式的做法与银行经营管理灵活性要求相背离。刻舟求剑——"楚人有涉江者，其剑自舟中坠于水，遽契其舟，曰：'是吾剑之所从坠。'舟止，从其所契者入水求之。舟已行矣，而剑不行，求剑若此，不亦惑乎！"[①]听起来像个笑话，"楚人"看上去像个蠢人。然而，身边类似的人和事时有发生。以银行经营为例。以静态的、时点数计算风险项目回收率或损失率，并坚持将其作为谈判底线，而不

---

① 《吕氏春秋·察今》。

顾该项目随着时间推移，损失在扩大还是盈利在增加，就是渡江的"楚人"的想法和做法。又如，拒绝存量贷款利率下调，坚持说当时对应的资金成本较高。不知过去与现在综合负债成本也下降了，综合贷款利率理应做相应调整。不同意客户融资再安排，等于给别的银行机会，撬掉自己拥有的客户和业务。存量业务不断减少，新增业务又很艰难，以不变应变，进退维谷，与"楚人"的死脑筋有什么区别？

银行不应该给经济不平等火上浇油。 很早以前人类社会就有了剩余及其占有不平等现象。历史上，主要靠战争、变革、瘟疫等事件有效矫正这种现象。进入近现代，"城市化、商业化、金融部门创新、贸易的日益全球化，以及最终的工业化，为资本持有人带来丰厚回报"[①]。收入差不是缩小而是越来越大了。2010 年，世界上 388 个最富的人的财富相当于较穷的 35 亿人财富总和；仅仅过了 5 年，差距继续扩大，财富进一步集中，只需要 62 个最富者了！不平等容易导致不稳定。所幸绝对生活水平上升或者说生存需要基本满足，收入差扩大没有像古代社会那样引爆民愤和暴力。银行等金融部门在经济不平等形成和累积过程中是否也负有一定责任呢？回答是肯定的。银行嫌贫爱富和财富"马太效应"很好地诠释了这一点。首先，金融资源分配不公是经济、收入不平等形成和扩大的重要原因。所以，要消除经济不平等，银行要践行普惠金融，在有偿付能力的前提下，人人享有信贷的权利。其次，利息越高越有利于食利阶层、有钱人，降息是消除经济不平等的重要手段。

银行内部考核。 考核是根指挥棒。银行考核什么，反映银行关

---

① 〔美〕沃尔特·沙伊德尔：《不平等社会》，颜鹏飞等译，中信出版社 2019 年版，第 5 页。

注什么，倡导什么，忌讳什么。首先，银行考核要体现稳中求进工作总基调。银行业是典型的风险行业，必须稳中求进。因此，规模和速度类指标考核比重要降下来，相应地，风险与合规指标比重要提上去。其次，要体现政治性和人民性，在业务拓展中服务政治，落实政策，确保信贷政策与国家产业政策和计划、规划同向而行。再次，要体现银行的性质。商业银行经营效益类指标权重比政策性银行要高。反过来，要低。最后，实事求是，奖优罚劣。考核对象必须是组织，与个人考核区别开来。考核方案和指标设计应科学合理，考核结果公正、客观。通过考核形成比学赶超的良好氛围，而不是意见更大，矛盾更多，关系更复杂。所以，要尽量压减主观印象分权重，降低其对最终考核等级确定的影响。

合格董事与监事。如何评价银行董事、监事履职情况，2021年中国银保监会公布了《银行保险机构董事监事履职评价办法（试行）》（以下简称《试行办法》）。《试行办法》分六章四十七条。对董事和监事提出了很多要求。但总的意思是德才兼备、客观中立、履职尽责。具体包括几个维度：忠实、勤勉、专业、独立、高尚、合规。按照《试行办法》第三十四条规定："董事监事出现下列情形之一的，当年不得评为称职：（一）该年度内未能亲自出席三分之二以上的董事会、监事会现场会议的……"至少许多部委董事、监事很难做到称职从而不被问责。同年稍晚，财政部出台《金融机构国有股权董事履职保障管理办法（试行）》五章十八条，目的是为保障股权董事有效履职，在其信息获取渠道和信息知悉范围，以及派驻金融机构支持开通信息查询权限，及时报送相关资料等方面作出制度性安排，并明确规定他们不干预派驻金融机构日常经营活动。有所为，有所不为，这是对的。

叔本华：用银行术语和运作原理讲哲学。用哲学原理讲银行，不足为奇。用银行术语和运作原理讲哲学，叔本华是个高手。例如，论生活的快乐，他说："开心是直接而立即收获的，它好像是'幸福'的现金，不像其他福分只是支票。"在银行，现金叫 M_0，最具流动性。而支票是票据的一种，非即付，有变造、伪造之虞和"空头"之忧。所以说，活在当下，开心就好！又如，论真正的友谊："正如这个世界流通的不是真的银币，而是纸币，在人生的真实尊重和真正友谊之中，我们所见到的只是那些外表——一些按照原物尽力仿制的赝品。"这里，叔本华以银本位下的纸币流通说明真正的友谊是深藏若虚的。再如，论礼貌和尊敬："礼貌只是筹码——大家公认的假钱，吝于支出是蠢笨的——名达的人大把大把地使用……但是讲礼貌到了损害自己利益的程度，倒好像在可以使用代币的地方，你给的是真钱。"假钱是非法印的，不是辛苦赚来的；代币毕竟不是真币，能花能用为什么不花不用呢？叔本华的比喻十分生动和通俗：人可以虚情假意但不可因此吃亏！这是多么世故和精明呵！再如，论处世智慧："人的性格是不能改变的，忘记别人的坏德性，好像是扔掉辛苦赚来的钱。做到这些你能保护自己，幸免于不智的亲密以及乱交朋友的恶果。"吃一堑、长一智，花钱买教训！反过来说，教训不吸取，等于钱白花了，打水漂了，不明智。再看叔本华用高利贷剥削，说明耐心、定力、等待的意义。"时间是最厉害的高利贷剥削者，如果你要时间预先支付，你得付出最昂贵的利息……强迫时间贷款，所遭受的损失就是所付出的利息……时间用高利贷剥削我们，不能等待的人是它的牺牲者。试图改变时间的步伐，是最浪费的做法。这么说，我们必须谨防不欠时间的债。"在中国，这叫拔苗助长或事与愿违，真正荒谬绝伦！

赚钱并非银行的耻辱。叔本华说："人们爱财是自然的，甚至是必然的……贫困像瘟疫一样，紧紧地依附于人们的生活中，钱财能使人免于这一慢性病的侵害。"银行是企业，是经济组织。赚钱是它的职责所在，无须羞羞答答。但是银行也不能唯利是图，为富不仁。生息资本追求的利息收入，应该以社会平均利润率为标尺。"财富好比海水：你喝得愈多，你愈口渴。"所以，资本的欲望亦须自我节制。资本需要抑制和节制，需要给他们设置红绿灯。

君子之交。叔本华在"论心境平静的来源"时说："在业务上，或是在情谊方面，你与一般人愈事不需要接触，你的生活就愈为理想……与人交往就包藏着阴险奸诈。在表面上我们可能获得愉快社交的消遣，带来的却往往是无法弥补的大祸害。"做银行，不与人接触是不可能的，也是不应该的。但必须与客户保持亲清的关系。君子之交淡如水，说的就是融洽且干净。因为风险背后的腐败行为而受到惩处的人和事，在银行系统屡见不鲜，身陷囹圄而追悔莫及的案例比比皆是。银行人要充分认识到：行贿人的钱源于贷款，相当于对方割我方的肉炒给我吃，令人不寒而栗，必须保持警醒！

行长与行员。叔本华谈到"自我设计"话题时说："建筑工人可能对所建房屋的通盘设计一无所知，无论如何，他不会心中老记挂着设计图样。对于一般人也一样：在他的一生进行活动的每日每时，他很少想到自己一生就其整体而言的路程和特性。"放到银行，一般人指的是行员。作为行长，可不能这样只关注局部和细节。他必须让自己引领的事业具有价值和重要性，必须转向该机构的"蓝图"，运用"认识自己"的格言，知道自己领导的机构真正的使命是什么。因为方向性错误全局性错误是颠覆性错误，不能犯。

叔本华的悲观与银行家的智慧。叔本华是一位富有的银行家的儿子，同时是德国著名的悲观主义哲学家。他在《处世智慧》一书中讲："愚昧的人自古以来总是占大多数……大众之中有 5/6 的人，都在道德上和智力上发生问题，你对一般人所能期望的就是这样……尽量远离他们，不跟他们发生关系。"然而，银行要跟人打交道，银行家不是隐士。离开 5/6 的人，不与他们打交道，银行市场和客户在哪里？因此，银行不能求全责备，银行家的智慧在于：只关心客户的诚信记录和偿债能力。至于其他，不关心，也管不了。

银行的命运的根本不同点。叔本华在《处世智慧》中，把人的命运的根本不同点归结为三类：人的自身、人的所有和人的地位即他人是根据什么看待你的。同样，银行的命运的根本不同点也可以这样划分。银行自身，包括稳健、活力、风格、文化、能力和态度等；银行所有，包括资本及权益、总资产、大楼、网点、牌照，以及其他各种可能占有的一切；银行地位，即外界看法，而外界看法又可以从银行获得的荣誉、级别、排名、地位和名声中明显地看出来。

叔本华的主观世界与银行家的客观世界。叔本华在《处世智慧》中讲："我们所处的世界是怎样的，主要在于我们以什么方式来看待它，所以不同的人看到不同的世界：有人认为它荒芜、枯燥和肤浅，有人觉得它丰富、有趣而充满意义。"同样，在银行不同部门、岗位工作的人，或在同一部门、岗位工作但从不同角度看银行，印象是不同的：信贷部门心中的银行是竞争机构，风险部门眼里的银行是受害者，财务部门理想的银行是赚钱机器，审计部门档案中的银行是淘气的孩子……对吗？对！真对吗？未必！银行在主观世界里可以因人而异，但在客观世界里只能是唯一的、相同的、不可争辩的。银行家必须真实、全面、客观评价银行。财务指标和监管指标是真实的、可计算的、可比较的，换句话说，银行的好坏是客观的、不可否定的存在。

叔本华的启示。叔本华是享誉世界的悲观主义哲学大师。他的父亲是一位富有的银行家，母亲则是一位通俗小说家。在我看来，银行象征理智与认真，而小说象征情感与浪漫，两者的结合就是哲学，就是叔本华式哲学家。尽管叔本华从小厌恶商业，但在他睿智的哲学里，又常常使用资产、负债、本金、利息等概念阐释人生，这是很有意思的一件事。

算大账与算小账。1934年7月，鲁迅先生写了一篇短文叫《算账》，其中说："我虽然并非犹太人，却总有些喜欢讲损益，想大家来算一算向来没有人提起过的这一笔账。"一笔什么账呢？清代的学术成就与汉人的国耻国难孰轻孰重。文章意在提醒国人不要失了轻重，算小账不算大账，吃了大亏还得意扬扬！做银行的人精于算账，最喜欢讲资产负债和损益，同样也有大小账问题：涉及金融政治性、人民性问题是大账，涉及自身赚多赚少是小账；涉及实体经济稳定和发展的是大账，涉及自身局部收入和支出的是小账；涉及国家、民族利益的是大账，涉及内部缓、减、免债是小账……总之，银行要算大账、综合账、长远账。

要准确把握新发展阶段开发金融的工作任务。与以往的发展阶段相比，新发展阶段具有许多新的特点和要求。以习近平同志为核心的党中央对做好相关工作作出了一系列部署和要求。我们要坚决贯彻落实习近平总书记重要论述精神，对标党中央决策部署和工作要求，围绕重点领域、薄弱环节和关键时期，加大开发性金融支持力度。

要做新发展理念的践行行，从根本宗旨、问题导向、忧患意识三个方面完整把握、准确理解、全面落实，推动新发展理念贯彻到开发银行工作的方方面面，真正做到崇尚创新、注重协调、倡导绿色、厚植开放、推进共享，不断提升开发性金融服务国家战略的成效。

要做发展不平衡不充分问题的破解行，坚持以人民为中心的发展思想，促进区域协调发展，支持巩固拓展脱贫攻坚成果同乡村振兴有效衔接，持续加大对乡村建设、教育医疗、养老育幼、小微企业、县域垃圾和污水处理等领域的支持力度，扎实推动共同富裕，不断实现人民对美好生活的向往。

要做国家货币信贷政策的落实行，坚决贯彻货币信贷政策要求，优化信贷结构，聚焦"两新一重"等重点领域、重大战略和经济社会发展薄弱环节加大支持力度，实现"精准滴灌"、直达实体，与实体经济同呼吸、共命运，促进金融与实体经济良性循环。

要做科技自主自强的推进行，始终坚持科学技术是第一生产力，强化基础研究合作，用好科技创新与基础研究专项贷款，助力打好关键核心技术攻坚战，服务产业链供应链稳定循环和优化升级，推进制造业合作计划，提升合作计划支持成效。

要做开拓开放的先导行，主动开拓业务"蓝海"，在科技创新、节能环保、乡村振兴等领域打造新的业务增长点。强化守正创新，做实政策引领融资、统一模式融资、大额批发融资、长期稳定融资"四类融资"。积极服务高水平对外开放，助力高质量共建"一带一路"，塑造我国参与国际合作和竞争新优势。

要做保本微利的特色行，坚持从战略层面正确把握财务和业务的关系，义利兼顾、义在利先，加强系统谋划、统筹安排，严守成本、同业"两条底线"，明确保本微利边界，努力实现服务战略、风险防控和财务可持续的多目标平衡。

要做遵规守矩的合规行，加强制度建设，建立健全一套说得清、行得通、真管用的制度体系。强化制度执行，推动开发银行治理体系和治理能力现代化，规规矩矩做银行、认认真真办业务。加强全行党风廉政建设，守住廉洁底线，真正做到"管住人、看住钱、扎牢制度防火墙"，切实维护国家金融资产安全。

坚持"九一九"工作法，扎实推动战略规划落地见效。"九分调研，一分决策""一分决策，九分落实"，再美好的蓝图愿景、再周密的战略规划，也需要高效的执行能力才能转化为实实在在的成果。我们必须牢固树立大抓落实的工作导向，层层抓落实，一项一项抓落实，抓铁有痕、踏石留印，推动战略规划落到实处、见到实效。

以系统观念谋划落实。战略规划涉及开发银行改革发展各个方面，我们要善于运用系统方法，把历史、现实、未来发展贯通起来审视，把近期、中期、远期目标统筹起来谋划，加强前瞻性思考、全局性谋划、战略性布局、整体性推进，全面协调推动各领域工作，在服务高质量发展中进一步固根基、扬优势、补短板、强弱项，实现发展质量、结构、规模、速度、效益、安全相统一。

以担当作为狠抓落实。要聚焦贯彻落实党中央重大决策部署，聚焦实施战略规划的重点难点问题，深入研究，勇于探索，开拓创新。要引导全行上下把抓落实的重心放在基层一线，自觉到基础差、困难大的地方挑重担，主动到矛盾多、压力大的地方啃硬骨头，敢于向改革发展的痛点堵点亮剑攻坚。强化干部队伍思想淬炼、政治历练、实践锻炼、专业训练，不断提高把握新发展阶段、贯彻新发展理念、构建新发展格局的政治能力、战略眼光、专业水平，提升抓落实的效果。

以科学机制保障落实。要完善抓落实的制度机制，建立健全责任分解、跟踪督办、信息反馈、情况通报、考核奖惩、激励约束等机制，压实责任，传导压力，形成一级抓一级、层层抓落实的局面。认真总结实施战略规划中涌现的好经验好做法，及时上升为制度规范。坚持和完善推动规划有效实施的机制，完善规划实施中的动态监测、中期评估、总结评估机制，提高规划执行力和落实力。

以战略定力推动落实。一方面，保持咬定青山不放松、乱云飞渡仍从容的战略定力，始终保持头脑清醒、判断准确、谋划科学，坚决避免患得患失、犹豫不决、摇摆不定，坚定不移地推动战略规划落地，百折不挠把自己的事情办好；另一方面，也要适应新形势新任务新要求，把握宏观环境和市场条件新变化，对战略规划的科学性、合理性和稳健性进行评估，必要时作出优化和适应性调整。

科技与金融。银行科技应用是银行业生产力象征。科技是第一生产力，银行业科技主要由数据处理涉及的计算机系统和通信设施以及与银行业务密切相关的软件技术构成。硬件主要靠供应商，软件靠高水平业务需求和技术语言转化。银行既需要懂计算机的业务人才，也需要懂业务的计算机人才。

从科技角度来看，银行业是货币财富即抽象财富数据处理业。银行在业务经营过程中，产生大量的货币财富数据，这些数据需要归集、整理、传输、分析、储存。数据必须兼顾可得性、可用性和安全性。

从手工操作（算盘、笔、账簿、印章、柜台等）到计算机处理、存储、保密，是科技让银行如虎添翼、与时俱进，从一个典型的传统行业华丽转身为先进服务业。但是，技术进步并没有改变银行的本质，即存贷汇主业、借贷中介、盈利目标、客户中心等特性。技术进步只让银行业服务效率高了，劳动生产率高了，利率和费率低了，客户方便了，资源配置有效了。

加快设备国产化，是数据银行安全的长久之策、治本之策，要坚定不移。银行与设备供应商可以相得益彰，良性互动。要给国内供应商更多的机会、更大耐心和宽容度。

评估银行科技队伍要看"三力"。首先看班子组织力，包括但不限于亲和力、凝聚力、领导力；其次看队伍的战斗力，包括士气和水平，理想和能力；最后看软硬件保障力，例如，设备先进性、业务支撑力和同业技术竞争力。

责任编辑：曹　春

封面设计：汪　莹

图书在版编目（CIP）数据

银行经营逻辑 ／ 欧阳卫民著. -- 北京 ：人民出版社，
2025. 3. -- ISBN 978 - 7 - 01 - 026681 - 7

Ⅰ . F830.33

中国国家版本馆 CIP 数据核字第 2024NM0776 号

银行经营逻辑
YINHANG JINGYING LUOJI

欧阳卫民　著

人 民 出 版 社 出版发行

（100706　北京市东城区隆福寺街 99 号）

中煤（北京）印务有限公司印刷　新华书店经销

2025 年 3 月第 1 版　2025 年 3 月北京第 1 次印刷

开本：710 毫米 ×1000 毫米 1/16　印张：19.5

字数：252 千字

ISBN 978 - 7 - 01 - 026681 - 7　定价：128.00 元

邮购地址 100706　北京市东城区隆福寺街 99 号

人民东方图书销售中心　电话（010）65250042　65289539